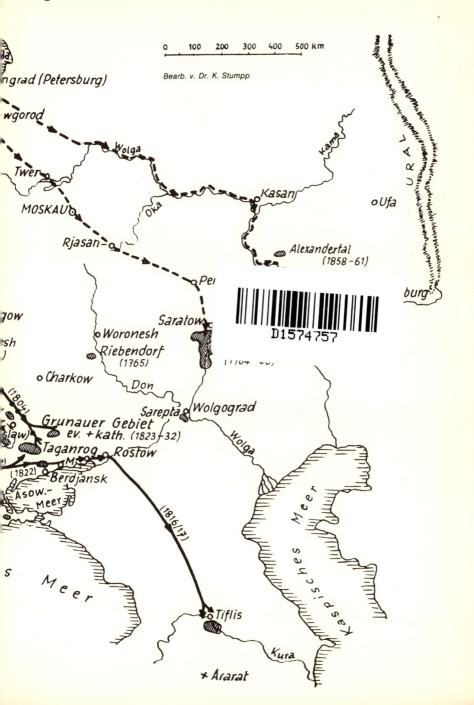

0 100 200 300 400 500 Km

Bearb. v. Dr. K. Stumpp

SCHLEUNING / BACHMANN / SCHELLENBERG
UND SIEHE, WIR LEBEN!

JOHANNES SCHLEUNING
EUGEN BACHMANN
PETER SCHELLENBERG

UND SIEHE,
WIR LEBEN!

*Der Weg der evangelisch-lutherischen Kirche
in vier Jahrhunderten*

Mit einem Geleitwort von
ERNST EBERHARD

MARTIN LUTHER-VERLAG ERLANGEN

© Martin-Luther-Verlag Erlangen 1982

Zweite, völlig neu bearbeitete Auflage
Redaktionelle Bearbeitung: Peter Schellenberg, Erlangen
Einbandentwurf: Helmut Herzog, Erlangen
Druck: Freimund-Druckerei, Neuendettelsau
ISBN: 3-87513-028-6

INHALT

ZUM GELEIT

Aus dem Geleitwort der 1. Auflage (1977)

Der Weg der christlichen Gemeinde ist von ihren ersten Tagen an in der Nachfolge Jesu Christi auf weiten Strecken durch Kreuz und Leiden gekennzeichnet. In unserem Jahrhundert hat die Verfolgung und Vertreibung um des christlichen Glaubens willen ein schmerzliches Ausmaß angenommen. Dabei stellt die Durchsetzung der kommunistischen Herrschaft in Sowjetrußland und, damit verbunden, der Kampf gegen die christlichen Kirchen ein herausragendes Ereignis der Kirchengeschichte überhaupt dar. Die Auseinandersetzung mit dem militanten Atheismus, der herrschenden Staatsideologie in den Ländern des Ostblocks, hat alle christlichen Konfessionen, die großen wie die kleinen, betroffen. Ihr Widerstand war unterschiedlich, demgemäß auch die Methoden der Machthaber. Die politischen Ereignisse, vor allem die wechselvollen Schrecken des Zweiten Weltkrieges, haben den Ablauf der staatlichen Maßnahmen zwischen Verfolgung und Duldung, zwischen Repressalien und Kompromissen, wesentlich mitbestimmt. Das Ende der Stalin-Ära und der danach einsetzende Entstalinisierungsprozeß haben den Religionsgemeinschaften einen gewissen Frieden gebracht. Ob die weltpolitischen Entwicklungen der Gegenwart, z. B. die Konferenz für Sicherheit und Zusammenarbeit in Europa mit ihren auf Frieden und Entspannung gerichteten Schlußbestimmungen von Helsinki, den christlichen Kirchen im Herrschaftsbereich des Kommunismus auf Dauer spürbare Erleichterungen bringen, wird sich erweisen.

Der Hauptangriff der atheistischen Staatsmacht richtete sich gegen die orthodoxe Kirche, die damalige russische Staatskirche. Über die Zahl derer, die sich nach mehr als 60 Jahren noch — oder wieder — zu dieser Kirche halten, gibt es keine Statistiken; die Schätzungen schwanken zwischen 20 und 60 Prozent der Bevölkerung. Es ist wie ein Wunder, daß diese Kirche nach soviel Leiden und Drangsal noch lebt. Das gleiche ist von den kleinen lutherischen Gemeinden in der Sowjetunion (außerhalb der baltischen Staaten) festzustellen, denen das besondere Interesse dieses Buches gilt.

Wie der lange und harte Weg der lutherischen Kirche, insbesondere der des Leidens seit sechzig Jahren, in diesem weiten Land verlief, beschreiben die Beiträge dieses Bandes. Er enthält einen Rückblick auf die nunmehr 400jährige Geschichte des Luthertums in Rußland, der zuletzt 1954 unter dem Titel „Die Stummen reden" von dem 1961 heimgegangenen Johannes Schleuning veröffentlicht und jetzt gründlich überarbeitet worden ist ... Der Lebensbericht von Eugen Bachmann, Absolvent der bis 1935 existierenden Theologischen Akademie in Leningrad, der nach der Entstalinisierung wieder ins Pfarramt zurückkehren konnte und in Akmolinsk (heute Zelinograd) daran ging, eine lutherische Gemeinde mit Genehmigung der staatlichen Behörden unter abenteuerlichen Schwierigkeiten zu sammeln, ist überschrieben: „In Ihm geborgen". Das ist in allen Anfechtungen seine Glaubenserfahrung in diesen leidvollen Jahrzehnten geblieben.

Der besondere Dank für die Herausgabe dieses Berichtsbandes gilt neben den Verfassern Pastor Peter Schellenberg, Generalsekretär des Martin-Luther-Bundes, der in mühevoller Arbeit diese bewegenden Dokumente für die Kirchengeschichtsschreibung der ecclesia pressa unseres Jahrhunderts erhalten hat.

Vorwort zur 2. Auflage (1982)

Ein Neudruck wurde notwendig, weil die erste Auflage dieses Rußland-Buches nach drei Jahren vergriffen war und die Nachfrage bis heute anhält. Hinzu kommt, daß die Informationen über die inzwischen vorhandenen und neu entstehenden evangelisch-lutherischen Gemeinden innerhalb der Sowjetunion (ohne die baltischen Staaten Estland, Lettland und Litauen) immer zahlreicher wurden — insbesondere durch Besucher aus Ost- und Westdeutschland.

So ist an die Stelle des bisherigen Beitrages von Heinrich Roemmich „Im Leiden bewährt" eine Zusammenfassung der Entwicklung getreten, wie sie uns vom Zeitpunkt der völligen Vernichtung der früheren deutschen Evangelisch-Lutherischen Kirche in Rußland an (1937) bis zur Gegenwart uns allmählich bekannt wird, also eines Zeitraumes von fast einem halben Jahrhundert. Dieser Aufgabe hat sich der Redakteur des Buches, Peter Schellenberg, unterzogen mit dem Thema „Die Kirche der Überlebenden". Damit werden auch Überschneidungen und Wiederholungen der ersten Auflage vermieden.

Ein Dank, der schon bei der ersten Auflage hätte ausgesprochen werden sollen, sei nunmehr nachgeholt: wir danken dem inzwischen heimgegangenen — um die Erhellung der Geschichte der Rußlanddeutschen hochverdienten — Dr. Karl Stumpp für die Erlaubnis, seine Karten über die Wanderwege und Wohngebiete der Rußlanddeutschen diesem Buche beizugeben.

Die zweite Auflage dieses Rußland-Buches soll nicht hinausgehen, ohne zweier Männer besonders zu gedenken, die ihren Landsleuten noch im Zarenreich als junge Prediger des Evangeliums gedient haben, die sich im Zusammenbruch und in der ersten Verfolgungszeit als ihre Seelsorger und Ratgeber bewährten, und die die Überlebenden nach ihrer Rückkehr in das Land der Väter gesammelt und gestärkt haben. Beide sind inzwischen in einem ungewöhnlich hohen und gesegneten Alter heimgerufen worden. Es sind dies:

Johannes Schleuning, geboren am 27. Januar 1879 in Norka an der Wolga. Nach dem Studium der Theologie, Philosophie und Geschichte in Dorpat, Greifswald und Berlin erhielt er seine erste Pfarrstelle 1910 in Tiflis, Transkaukasus, wo er gleichzeitig mit der Leitung der deutschen Schule und mit der Herausgabe der deutschen Monatsschrift „Kaukasische Post" beauftragt wurde. Der zunehmende Deutschenhaß der zaristischen Regierung lange vor dem Ersten Weltkrieg führte im Oktober 1914 zu seiner Verbannung nach Sibirien. Der Zusammenbruch des Zarenreichs 1917 hatte seine Rückkehr an die Wolga zur Folge. Er gründete die „Saratower deutsche Volkszeitung"; sie war die erste deutsche Zeitung nach dem Verbot der deutschen Sprache im Krieg.

Johannes Schleuning wird zum führenden Mitarbeiter beim Aufbau des kirchlichen und gesellschaftlichen Lebens seiner Heimat und nimmt als sol-

Johannes Schleuning

cher im gleichen Jahr am Kongreß der Rußlanddeutschen in Moskau teil. Seine politische Bedeutung geht daraus hervor, daß ihn die Wolgadeutschen zum Spitzenkandidaten für die Wahlen zur Verfassunggebenden Nationalversammlung nominieren. Die Oktoberrevolution hat diese Entwicklung vereitelt. Seine neue vordringliche Aufgabe waren jetzt Verhandlungen in Deutschland mit den zuständigen Politikern über die Rückführung der Rußlanddeutschen ins Reich mit dem Ergebnis, daß eine diesbezügliche Zusatzklausel in den Brest-Litowsker Friedensvertrag aufgenommen wurde. Nach der Rückkehr ins Wolgagebiet erlebt er dort das Ende des grausamen Bürgerkrieges. Auf abenteuerliche Weise gelingt es ihm, mit seiner Familie über die Türkei ins westliche Ausland zu gelangen.

Die Hungerkatastrophe 1921 im bolschewistischen Rußland läßt ihm keine Ruhe: in den Vereinigten Staaten von Amerika und in Deutschland ruft er mit Vorträgen, Predigten und Veröffentlichungen zur Linderung der Not in den deutschen Dörfern der Sowjetunion auf. Das Gewissen in der freien Welt wurde wachgerüttelt; unzählige Menschen konnten durch diese Hilfsaktion vor dem Hungertod bewahrt werden.

Unter der brutalen Verfolgung der Christen unter Lenin und Stalin ist tausenden von Rußlanddeutschen die Flucht über die Grenzen gelungen. In ihrer Beratung und Sammlung sieht Johannes Schleuning seine besondere Lebensaufgabe; dann gründet er — als Geistlicher und Superintendent in Berlin — das „Zentralkomitee der Deutschen aus Rußland" und die Zeitschrift „Deutsches Leben in Rußland" — sie wurde 1934 von der Geheimen Staatspolizei „aus Staatssicherheitsgründen" verboten.

Erneut und verstärkt erforderte diese Aufgabe seine Tatkraft und Umsicht (er war inzwischen Gemeindepfarrer in Braunschweig), als mit der Lockerung der Religionspolitik in der UdSSR seinen Landsleuten in Rußland auch die Ausreise nach Deutschland in beschränktem Umfang ermöglicht wurde. Aus dem „Zentralkomitee" wird 1950 die „Arbeitsgemeinschaft", später die „Landsmannschaft der Rußlanddeutschen" und Johannes Schleuning ihr Vorsitzender und Sprecher. Im Ringen um ihre Anerkennung als Heimatvertriebene ist er in Wort und Schrift unermüdlich tätig geworden. So zählt das Heimatbuch 1959 allein 20 Veröffentlichungen auf, die seinen vorbildlichen Einsatz beweisen; dazu gehört vor allem seine aufrüttelnde Darstellung ihrer Geschichte „Die Stummen reden", die in diesem Buch wiedergegeben wird.

Zum 80. Geburtstag wurde sein aufopferndes Wirken für seine Landsleute und Glaubensgenossen mit der Verleihung des Bundesverdienstkreuzes 1. Klasse auch öffentlich anerkannt.

Heinrich Roemmich, als Sohn eines Kolonisten am 12. Mai 1888 in Worms im Kreis Odessa geboren, bezog nach dem Abitur in Dorpat die dortige Universität zum Studium der Theologie. Nach zweijährigem Dienst als Gemeindepfarrer in Glückstal wurde er 1917 zum Religionslehrer und Direktor des Gymnasiums in Tarutino, Bessarabien, berufen. Durch die politischen Veränderungen nach dem Ersten Weltkrieg bedingt, hat er in harten Auseinandersetzungen mit den rumänischen Behörden durchgesetzt, daß seine Schule als deutsches Gymnasium erhalten blieb.

Heinrich Roemmich

Von 1932 bis 1946 ist er Pfarrer in Sachsen und gleichzeitig landeskirchlicher Beauftragter für die Heimkehrer in den Umsiedlungslagern. Seine pfarramtliche Tätigkeit beendet er in Cannstatt (Württemberg), um sich im Ruhestand (1954) ganz der aktiven und leitenden Mitarbeit im Evangelischen Hilfskomitee und in der Landsmannschaft der Rußlanddeutschen zu widmen, in langjähriger Zusammenarbeit mit Superintendent Schleuning. Bis zuletzt — über das 90. Lebensjahr hinaus — gehörte den zurückgekehrten Landsleuten sein Herz und seine Tatkraft. Als Anwalt und Seelsorger ist er in zähen Verhandlungen, Druckschriften und Gesetzesvorlagen zum „Vater der Bedrängten und Hilfesuchenden" geworden, denen er in unserem Land eine neue Heimat und Geborgenheit erstritten hat. Die Lau-

11

terkeit und Offenheit seines Charakters, in vorbildlicher Weise mit der Zielstrebigkeit des Handelns gepaart, haben auch ihre verdiente öffentliche Anerkennung gefunden.

Der dritte Autor in diesem Buch, *Eugen Bachmann,* kommt mit seinem bewegenden Lebensbericht „In Ihm geborgen" selbst zu Wort. In Worms am 2. März 1904 geboren, gehört er zum zweiten Kursus der Studenten an der Theologischen Akademie in Leningrad. Nach Verfolgung und Verschleppung, nach einem aufreibenden Lagerleben und dem Broterwerb in den verschiedensten Berufen ist er als einziger ordinierter Geistlicher wieder Pfarrer einer Gemeinde geworden: in Zelinograd 1955. Er hat diese Ge-

Eugen und Berta Bachmann

meinde, der zahlreiche Gemeindegruppen, teilweise noch in weiter Entfernung, verbunden waren, 17 Jahre lang unter vielen Anfeindungen und Opfern geleitet. Aus Alters- und Krankheitsgründen konnte er 1972 in die Bundesrepublik übersiedeln. Von Korntal in Württemberg aus steht er seinen lutherischen Landsleuten in unserem Land immer noch mit seiner im Leiden bewährten Glaubenserfahrung zur Verfügung.

Bachmann hat seinem Erlebnisbericht dankenswerterweise noch eine Beschreibung des Leidens und Sterbens der letzten deutschen Pastoren in der Sowjetunion hinzugefügt mit dem Titel „ ...ihr Ende schauet an"!

Es sei gestattet, in diesem Zusammenhang zugleich den Namen eines

12

Mannes hervorzuheben, der sich gerade um die evangelisch-lutherischen Gemeinden in der Sowjetunion verdient gemacht hat: der dänische Pastor *Dr. Paul Hansen,* Europasekretär des Lutherischen Weltbundes. Sein unermüdlicher, zwanzigjähriger Einsatz, insbesondere seine zahllosen Reisen in die lutherischen Minderheitskirchen Osteuropas, haben entscheidend mitgeholfen, sie aus der Isolierung zu befreien und ihnen in unserer weltweiten lutherischen Familie das Gefühl zu geben, daß sie mit uns einer tragenden Glaubensgemeinschaft angehören, die ihnen beisteht, wo es not tut. So hat sich Paul Hansen in seinem Pionierdienst vor allem der angefochtenen

D. Paul Hansen

deutschen Glaubensgenossen in Rußland mit vorbildlicher Treue angenommen, sobald es ihm von den sowjetischen Behörden nach zähen Verhandlungen erlaubt war. Gerade diese Gemeinden haben gespürt, daß er nicht nur ihre (deutsche) Sprache spricht, sondern daß sein Herz für sie und ihre Bedrängnisse schlägt.

Ich kann dies als einer bezeugen, dem es im Sommer 1980 möglich war, auf seinen Spuren wandelnd zusammen mit dem Aussiedlerpfarrer der Evangelischen Kirche in Deutschland, Pastor Siegfried Springer, diese Brüder und Schwestern in Sibirien und Kasachstan und anderswo in ihren glaubensstärkenden Versammlungen und im persönlichen Gespräch zu erleben.

Die *Eindrücke und Erfahrungen,* die uns diese Besuchsreise vermittelt

hat, bestätigen auch die grundsätzlichen Erwägungen, mit denen das Geleitwort der ersten Auflage abschließt. Sie mögen an einigen Beispielen er-
härtet werden.

Ich nenne zuerst das Problem der Registrierung. Aus vielen Äußerungen
war zu erkennen, daß die Glieder der Brüdergemeinden dankbar sind für die
Möglichkeit, sich in ihren Gottesdiensten, Gebetsstunden, auch im Kirchenchor, ungehindert und ohne Furcht versammeln zu können. Als Voraussetzung dafür ist eine gewisse liberale Handhabung der gesetzlichen Regelungen auf dem Hintergrund der Entspannungspolitik im letzten Jahrzehnt zu
sehen, gewiß auch der Besuch des deutschen Bundeskanzlers Adenauer
in Moskau im Jahre 1955 und seine politischen Folgen. Bekanntlich ist die
russische Kirche der Baptisten/Evangeliumschristen an der Frage des Verhält-
nisses Kirche—Staat zerbrochen. Eine starke Minderheit, die sogenannten
Initiativniki, lehnt die staatliche Anerkennung bewußt und konsequent
ab und nimmt damit alle Risiken einer Untergrundexistenz auf sich — eine
Haltung, der man den Respekt nicht versagen kann. Die von lutherischer
Theologie geprägten Brüdergemeinden orientieren sich eher an Römer 13
und reden darum ganz unbefangen von „Obrigkeit", wenn sie den Staat
und seine Organe meinen. So überwiegt das Gefühl der Dankbarkeit dafür,
daß sie wenigstens in ihren gottesdienstlichen Versammlungen — bei allen
sonstigen Repressalien — im Frieden mit den Behörden ihres Glaubens
leben können. Es sind nur wenige kleine Gruppen aus der Tradition der alten lutherischen Kirche, die sich der staatlichen Registrierung widersetzen.

Ein weiteres Problem der Gemeinden ist der Wunsch nach Aussiedlung.
Nach den Gesprächen zu schließen, ist er auch bei den Gemeindegliedern
vorhanden, die (noch) keinen Antrag gestellt haben. Es greift ans Herz,
in einem Gottesdienst die Verabschiedung treuer — und leitender — Brüder
mitzuerleben. Dabei wird schmerzlich deutlich, daß jede „Familienzusammenführung" (womit die Ausreise begründet wird) in der Regel auch ein
Zerreißen von Familien zur Folge hat. Nur einmal im Jahr darf ein Antrag
gestellt werden; wer kann sich die Summe der Enttäuschungen vorstellen,
wenn zehn Jahre lang und öfter nur mit Ablehnungen geantwortet wird!
Auch das wird — so haben wir es empfunden — als Gottes Wille hingenom-
men und ein neuer Versuch gewagt. In diesem Bereich ist die Willkür der
Ämter offensichtlich besonders groß. Es ist gewiß nicht der Drang zum
Geldverdienen („Wir kennen kein Bankkonto und brauchen keines!"), son-
dern eher die Verbundenheit mit der Großfamilie und das größere Maß an
Glaubensfreiheit, weshalb sie an dieser Absicht festhalten.

Ein letztes Problem sei herausgegriffen: das der gottesdienstlichen Sprache. Die frühere Evangelisch-Lutherische Kirche Rußlands war vor allem die Kirche der deutschen Kolonisten. Die noch in den dreißiger Jahren in einem geordneten Kirchenwesen Konfirmierten sind heute 60 Jahre und darüber; sie sind die verantwortlichen Säulen der Gemeinden. Es ist eindrucksvoll und bewegend, wenn sie von jener Zeit, ihrem Kirchspiel und Pfarrer und Küsterlehrer, der zugleich der Kantor war, erzählen. Ihr geistliches Leben hat sich nur in der deutschen Sprache vollzogen — ob an der Wolga, am Schwarzen Meer oder im Kaukasus. Was aber ist mit denen, die in den Arbeitslagern oder irgendwo in der „Zerstreuung" groß geworden sind — ohne kirchliche Unterweisung, nur der atheistischen Propaganda ausgeliefert? So kommt es, daß die Männer im mittleren Alter in den Versammlungen der Brüder fehlen, und die Jungen erst recht, weil sie ihrer Muttersprache schon nicht mehr mächtig sind. Sollte nicht um der Jugend willen der Übergang zur russischen Sprache erwogen werden? Ich meine, es ist nicht unsere Sache, hier schulmeisterliche Ratschläge zu geben. Wir tun gut daran, die Glaubensgeschwister in Rußland bei diesem Problem zurückhaltend zu begleiten.

All diese Entwicklungen sollten wir mit besonderer Aufmerksamkeit zur Kenntnis nehmen — gerade auf dem Hintergrund der vorliegenden Berichte dieses Bandes, die zum größten Teil persönliche Glaubenserfahrungen in einer kirchengeschichtlichen Auseinandersetzung um die Wahrheit des Evangeliums sind. Sie sind auch ein dringlicher Anlaß für uns, die wir die guten Gaben Gottes in großer Freiheit zur Verfügung haben — „ohne Verdienst und Würdigkeit" —, darüber nachzudenken, wie wir solche Glaubens- und Lebensprüfungen bestanden hätten. Die Fragen, die solche Erlebnisberichte an uns stellen, können nur angedeutet werden. Sie reichen von der Schuld der Kirche an ihrem Schicksal über unser Urteil gegenüber dem christlichen Verhalten zur politischen Macht bis zur quälenden Frage nach dem verborgenen Gott, der soviel Grausamkeit und Elend zulassen konnte. Und doch stehen wir mit Staunen vor ebensoviel Glaubenskraft und Zuversicht in Gottes Treue und Barmherzigkeit.

Unter vielen Zeugnissen für die Wahrheit der Heiligen Schrift ragt das Geschehen in Rußland in den ersten sieben Jahrzehnten unseres Jahrhunderts besonders heraus. Hier ist das Bekenntnis des Apostels Paulus im sechsten Kapitel des zweiten Korintherbriefes, dem der Titel des Buches entnommen ist, geradezu wörtlich Wirklichkeit geworden:

In allen Dingen beweisen wir uns als die Diener Gottes: in großer Ge-

duld, in Trübsalen, in Nöten, in Ängsten, in Schlägen, in Gefängnissen, in Aufruhren, in Arbeit, in Wachen, in Fasten, in Keuschheit, in Erkenntnis, in Langmut, in Freundlichkeit, in dem heiligen Geist, in ungefärbter Liebe, in dem Wort der Wahrheit, in der Kraft Gottes, durch Waffen der Gerechtigkeit zur Rechten und zur Linken, durch Ehre und Schande, durch böse und gute Gerüchte: als die Verführer, und doch wahrhaftig; als die Unbekannten, und doch bekannt; als die Gezüchtigten, und doch nicht ertötet; als die Traurigen, aber allezeit fröhlich; als die Armen, aber die doch viele reich machen; als die nichts haben, und doch alles haben; als die Sterbenden, und siehe, wir leben!

Stuttgart/Erlangen, im Mai 1982

Ernst Eberhard

JOHANNES SCHLEUNING

DIE STUMMEN REDEN

400 Jahre evangelisch-lutherische Kirche in Rußland*

Die Anfänge

Die Entstehung der ersten deutschen evangelisch-lutherischen Gemeinden Rußlands fällt bereits in die Reformationszeit. Schon vor der Zeit Iwans des Schrecklichen (1533–1584) lebten in Moskau neben Engländern und Holländern auch Deutsche. Hatte doch der Städtebund der Hanse bereits einen friedlichen und doch kühnen Vorstoß nach Nordrußland unternommen und eine Handelsstraße durch den Finnischen Meerbusen, die Newa aufwärts, durch den Ladogasee in den Wolchow bis Nowgorod geschaffen, wo sich bald ihr Kaufhof erhob, der ein paar Jahrhunderte hindurch Zeugnis ablegte von dem Unternehmungsgeist der deutschen Handelsherren. War auch zur Zeit der Reformation das Wahrzeichen der Hanse in Nowgorod gefallen, so war doch der Weg, den sie nach Rußland geschaffen hatte, offen geblieben. Und es zogen mit der Hanse diesen Weg immer noch Kaufleute, Handwerker und andere Berufe. Unter Iwan dem Schrecklichen wurde der Verkehr mit dem Ausland rege gefördert, denn der Zar sah den gewaltigen Unterschied zwischen seinem zurückgebliebenen und kulturlosen Staat und den westlichen Staaten wohl ein und versuchte – in dieser Beziehung ein Vorläufer Peters des Großen – vom Westen zu lernen, indem er Handwerker, Ärzte, Künstler, Offiziere, zum Teil unter grossen Versprechungen, ins Land rief. *„Dieser Monarch“*, heißt es in einer der ältesten Geschichten der evangelisch-lutherischen Kirche in Rußland[1]), *„welchem Rußland seine erste Aufnahme zu verdanken hat, und der so viele Deutsche und andere Ausländer in sein Reich gezogen, hat besonders den evangelischen Untertanen besondere Gnade erwiesen. Er hörte nicht nur des Liefländischen Königs Magni Prediger Christian Boccorn, evangelischen Predigten zu, den er auch mit einem schönen Kleide und goldener Kette*

---

* Nach dem Text des unter dieser Überschrift 1954 in 2. Auflage erschienenen Bandes bearbeitet von Peter Schellenberg.

beschenkt, sondern er unterredet sich auch 1570 in einer ansehnlichen Ver-
sammlung der Edelleute und Priester mit Johann Rokyta, welcher als Pre-
diger mit der Gesandtschaft des polnischen Königs Siegismund Augusts
nach Moscau gekommen war, ausführlich von der evangelisch-lutherischen
Lehre, ließ auch den Inhalt solcher Unterredung aufschreiben."

Die Deutschen durften jedoch nicht im Stadtinnern wohnen, sondern
mußten jenseits der Stadtmauern an einem für sie besonders begrenzten Ort
,,Niemetzkaja Sloboda" (deutscher Vorort) genannt, leben.

Nach der Niederwerfung Livlands durch Iwan den Schrecklichen im
Jahre 1558 fielen Dorpat und Narwa in die Hände der Russen. Das Los der
unglücklichen Bevölkerung war die Sklaverei. Die Sklaven durften nicht einmal verkauft werden — mancher wäre von Verwandten und Freunden gekauft worden, wie es zu jener Zeit häufig war —, weil der Zar Wert darauf
legte, sie alle in sein Land zu verschleppen, um sie seinem Land dienstbar
zu machen. Tausende Deutschbalten kamen auf diese Weise als Sklaven nach
Rußland. Aus Dorpat beispielsweise die ganze Bevölkerung, aus der Gegend
von Smilten, Wenden, Wolmar u. a. wird die Zahl der Verschleppten mit
3 000 angegeben[2]). Die Sklaven wurden in verschiedenen russischen Städten
(Wladimir, Nishnij-Nowgorod, Kostroma, Uglitsch) untergebracht, z. T. auch
angesiedelt, ein Teil kam nach Moskau. Unter den Gefangenen befanden sich
auch lutherische Pastoren. Die Sklaven sollten die Lehrmeister ihrer Be-
zwinger werden. Wo die Verschleppten in größerer Zahl beisammen an einem Ort angesiedelt wurden, gründeten sie sogleich lutherische Gemeinden
und setzten es durch, daß sie sonntägliche Gottesdienste — zunächst in
Privaträumen — halten durften. Die Pastoren, die das Los der Verschleppung
teilen mußten, bedienten die Gemeinden und stärkten sie in ihrem evangelischen Glauben. Auch der frühere Ordensmeister von Livland, Wilhelm
von Fürstenberg, war verschleppt und hatte drei evangelische Geistliche an
seinem Verbannungsort Ljubim, die für das gottesdienstliche Leben Sorge
trugen.

In Moskau bemühten sich die evangelischen Deutschen schon früh um
die Erlaubnis, eine lutherische Kirche errichten zu dürfen. Im Jahre 1576
stand im deutschen Vorort die erste evangelische Kirche Rußlands. Be-
scheiden genug wird dies Gotteshaus — ein Holzbau — gewesen sein. Aber
man hatte nun einen Ort zu gemeinsamer Anbetung, zum Hören des neu
entdeckten Evangeliums von der Gnade Gottes, wie in der deutschen Heimat. Wie groß die Freude über dies Ereignis war, geht aus dem Brief eines
Gemeindegliedes an einen befreundeten Glaubensgenossen in Dänemark

hervor, in dem es heißt: „*Eins kann ich euch aus Freude nicht verschweigen, daß der Großfürst den Deutschen allhier eine eigene Kirche zugegeben und nachgelassen, daß sie die reine Lehre des Evangelii nach der Augsburgischen Konfession mögen üben, gebrauchen und halten.*"

*1926 konnte die Michaelisgemeinde in Moskau
ihr 350jähriges Jubiläum begehen.*

Es ist die Michaeliskirche, die später diesen Namen — wohl nach dem regierenden ersten Zaren aus dem Hause Romanoff, Michael Fedorowitsch — erhielt und ihn bis in die neuste Zeit hinein trug. Sie ist oft niedergebrannt oder zerstört worden. Sie erhob sich aber jedesmal aus der Asche. 1926 feierte die Michaeliskirche ihr 350jähriges Jubiläum, allerdings überschattet von der drohenden Wegnahme, die dann auch zwei Jahre darauf eingetreten ist. Sie wurde in ein Forschungszentrum einbezogen, das in ihrer Nachbarschaft errichtet war.

In den folgenden Jahren vermehrte sich die Zahl der Deutschen, die am

Aufbau Rußlands mithelfen sollten. 1580 entstand die lutherische Gemeinde in Nishni-Nowgorod.

Auch die unter Iwan dem Schrecklichen verschleppten Livländer erhielten bedeutende Erleichterungen. Sie konnten sich freier bewegen und am Gemeindeleben teilnehmen. So muß schon fünfzig Jahre nach Gründung der ersten lutherischen Kirche in Moskau die zweite errichtet werden — die Petri-Paulikirche, die zuerst „Neue Kirche" hieß. Später trug sie den Namen „Teutsche Evangelische Offizierskirche", weil sie im Gegensatz zur alten Kirche, der hauptsächlich Kaufleute angehörten, viele deutsche Offiziere, die im russischen Militärdienst standen, zu ihren Mitgliedern zählte. Die Inschrift des Kirchensiegels lautete denn auch: „Sigillum ecclesiae militantis in Moscovia." Standen doch zur Zeit Peters des Großen etwa hundert ausländische Obersten mit den dazu gehörigen Offizieren in russischem Dienst. In der Folge wurde sie auch Sachsenkirche genannt, wohl aus Dankbarkeit gegen Sachsenherzog Ernst den Frommen (der die Kirche weitgehend gefördert hat), bis sie unter Peter dem Großen den Namen Petri-Paulikirche erhielt.

Ihr erster Pastor war Johann Jakobi. Schon nach wenigen Jahren wurde bereits ein zweiter Pastor an die ständig wachsende Gemeinde gerufen — Johann Gottfried Gregorii aus Magdeburg, der in Jena den Grad eines Magisters erworben hatte und in Gegenwart des Kurfürsten in Dresden ordiniert worden war. Pastor Gregorii hat sich früh aufgerieben in den vielfachen Aufgaben, die ihm hier erwuchsen. Eine nicht gerade kirchliche Aufgabe, die ihm der Zar befohlen hatte, nahm seine Kräfte über Gebühr in Anspruch. Der Zar hatte wiederholt gehört von den Theaterbelustigungen in Europa. Dies Vergnügen, das ihm unbekannt war, wollte er sich auch verschaffen. Da aber niemand in seiner Umgebung davon etwas verstand, riet ihm sein Minister, den deutschen Pastor damit zu betrauen. So befahl denn der Zar dem lutherischen Geistlichen, ihm Theaterstücke vorzuführen. Der Pfarrer mußte trotz aller Einwände gehorchen. Lag die Aufgabe eines Theaterdirektors auch weitab von seinen seelsorgerlichen Verpflichtungen, sein Gewissen konnte er doch damit beruhigen, daß in der damaligen Zeit hauptsächlich biblische Stücke aufgeführt wurden.

Die Petri-Paulikirche hat eine große Geschichte. 1694 wurde sie neu errichtet auf dem alten Platz. Peter der Große, der die Hauptsumme zu ihrer Errichtung gestiftet hatte, legte selbst den Grundstein. 1695 wurde die neu erstandene Kirche mit ihren 580 Sitzplätzen in Anwesenheit des Zaren von Pfarrer Franz Lorenz Schrader eingeweiht. Sie mußte im Laufe ihrer bewegten Geschichte zehnmal neu errichtet werden. 1903 wurde zum zehnten Mal der Grundstein zu einer neuen Petri-Paulikirche gelegt, 1905 wurde sie eingeweiht. Die Baukosten betrugen rund 300 000 Rubel. 1924 war ihr letzter großer Tag. Hier hatten sich — mitten in der Verfolgungszeit — die Reste der evangelisch-lutherischen Kirche Rußlands versammelt, um sich eine neue Verfassung zu geben, trotz der schweren Bedrohung, die über

Die Petri-Paulikirche in Moskau.
Hier tagte die Generalsynode
im Jahre 1924. Heute dient der Bau
als Filmstudio.

21

der Tagung lastete. Auch sie wurde in der Folge das Opfer der Christenverfolgung.

1629 wird schon eine dritte evangelische Kirche in Moskau gebaut – die Kirche der reformierten Gemeinde, 1660 besteht hoch oben im Norden am Eismeer, in Archangelsk, eine evangelisch-lutherische Kirche, die einen Pastor aus Holland dorthin beruft, dem 1684 ein zweiter aus Hamburg folgt. In den folgenden Jahren sammelt sich ein Häuflein Evangelischer im äußersten Südosten des Reiches, in Astrachan – an der Mündung der Wolga ins Kaspische Meer –, eine evangelisch-lutherische Gemeinde (1702), die sich ein Gotteshaus baut und sich einen Pastor aus Moskau kommen läßt.

Um die Mitte des 17. Jahrhunderts ist der Protestantismus bereits in den namhaftesten Handelsstädten des Reiches vertreten.

Im allgemeinen haben sich die neugegründeten Gemeinden, wo das irgend möglich war, an die Mutterkirche in der Heimat gehalten. Dabei fuhren die Reformierten allerdings weit besser als die Lutheraner. Als Holländer oder Engländer durften sie des Schutzes und der Obhut der Mutterkirchen, die ja zu Staaten mit Kolonialbesitzungen gehörten und daher gelernt hatten, weiträumig zu denken, gewiß sein. Demgegenüber waren die Lutheraner, einmal ausgewandert aus ihrer Heimat, vereinsamt und auf sich selbst gestellt. Kein Wunder, daß auch bei ihnen schon früh der Gedanke entstand, sich an die Heimat um Hilfe zu wenden. In dem Bittgesuch einer lutherischen Gemeinde nach Deutschland wird auf diesen fühlbaren Unterschied mit folgenden bitteren Worten hingewiesen: *„Wir sehen allhier mit verwundernden Augen das Glück der hiesigen reformierten Kirche, auf welche die hochmögenden Herren Staaten von Holland solch ein sorgfältiges Auge von ferne haben, als wenn sie ihnen mitten in Amsterdam stände*[3]*.“*

Aber wer sollte zuständig sein in dem Deutschland der Kleinstaaterei und des Siebenjährigen Krieges! Der mächtigste deutsche Landesfürst war der Große Kurfürst, der gewiß Sinn und Verständnis für die Evangelischen in der Fremde hatte, wie er ja auch die Tore seines Reiches den Hugenotten geöffnet hatte. Aber er war reformiert. An ihn wollten sich die Lutheraner nicht um Hilfe wenden. Das Oberhaupt des Deutschen Reiches – der Kaiser – war katholisch, von hier war erst recht weder Schutz noch Hilfe zu erwarten.

Schon früh hatte sich jedoch eine enge Verbindung zwischen der lutherischen Kirche in Hamburg und der im Osten angebahnt. Es mochten wohl Hamburger Kaufleute gewesen sein, die ihre Heimatkirche bewogen, sich der Glaubensgenossen in der Fremde anzunehmen. Dies erschien um so naheliegender, als sich die junge lutherische Gemeinde — die Michaeliskirche — in ihrer Kirchenordnung eng an die Kirchenordnung Hamburgs anlehnte, daß ferner eine ganze Anzahl ihrer Pastoren in Hamburg ordiniert wurde und daß die Gemeinde auch das Hamburger Gesangbuch benutzte. So konnte sich der Kirchenrat der lutherischen Kirche in Moskau Mitte des 18. Jahrhunderts in einem Schreiben an das Geistliche Ministerium in Hamburg „gleichsam als eine Tochter der Hamburgischen Kirche" bezeichnen[4]).

Die Petri-Paulikirche hatte in Herzog Ernst zu Sachsen-Gotha und Altenburg einen würdigen Patron gefunden. Diesem deutschen Regenten, dem das Evangelium tiefe Herzensangelegenheit war und der, wo immer er konnte, für das Gedeihen der lutherischen Kirche sich einsetzte, war weltoffen genug, um zu ahnen, welche Bedeutung das Evangelium für Rußland noch gewinnen konnte. Er war daher gern bereit, die lutherische Kirche in Moskau zu unterstützen und sie in ihrem Glauben durch tatkräftige Hilfe zu stärken. Immer wieder stellte er erhebliche Geldmittel zur Erhaltung von Kirche und Schule zur Verfügung, obwohl er selbst nicht mit großem Reichtum gesegnet war.

Das Wachstum der evangelischen Gemeinden hielt unter der Herrschaft des Zaren Boris Godunow (1598—1605) weiter an. Auch dieser Herrscher war weitblickend genug, um den Vorteil zu erkennen, den die Deutschen dem Lande brachten, darum förderte er in jeder Weise ihre Einwanderung. Besonders Ärzte, aber auch andere qualifizierte Berufe waren willkommen. Verschiedene Bestimmungen wurden gelockert, z. B. die, die das Wohnrecht der Deutschen betrafen, das auf die Sloboda beschränkt war. Auch den unter Iwan IV. verschleppten Livländern wurden Erleichterungen gewährt. Im Zusammenhang damit steht wohl die stillschweigende Genehmigung der Errichtung von Betkapellen auch in anderen Stadtteilen Moskaus, z. B. in Belgorod und Semljanoigorod. Diese Politik Boris Godunows setzte sein Nachfolger Demetrius I., der polnische Abenteurer, der eine zeitlang den Thron usurpieren konnte, fort. Er bevorzugte so offensichtlich Ausländer, daß er schon dadurch zu dem in der Folge eintretenden Stimmungswechsel gegen die Deutschen beitrug. Sogar seine Leibgarde durfte nur aus Protestanten bestehen, weil er glaubte, nur auf sie sich verlassen zu können, obwohl er selbst Katholik war.

Nach Vertreibung dieses fremden Usurpators, der Niederwerfung der Polen und Überwindung der Wirren unter Minin-Posharski und dem Metropoliten Philaret wurde der jugendliche Sohn des Metropoliten, Michail Feodorowitsch, zum Zaren gewählt, das Ruder aber behielt sein Vater, jetzt Patriarch geworden, in Händen. Dadurch bekam die russische Geistlichkeit wieder größeren Einfluß. Sie konnte ihrer Abneigung gegen die Protestanten nachhaltig Ausdruck verleihen. So griff eine deutschfeindliche Stimmung um sich, die sich in zahlreichen Schikanen und Bedrückungen äußerte. Besonders die evangelischen Bethäuser waren Ziel der Angriffe. Es genügten ganz nichtige Vorwände, um die Bethäuser niederreißen zu lassen, die im Stadtinnern errichtet waren.

Hatten die Deutschen auch schon früher unter Haß und Verfolgung zu leiden, so ließ sich das doch immer mehr oder weniger auf zufällige persönliche Gründe zurückführen. Jetzt aber wurde der Haß von bestimmter Seite systematisch geschürt. Gab es auch keine ausgesprochen deutschfeindliche Politik — unter ‚deutsch' verstand man damals in Rußland im allgemeinen ‚evangelisch' —, so kamen doch immer wieder Fälle vor, die den Evangelischen zeigten, daß sie nur geduldet und der Willkür der Gewalthabenden ausgesetzt waren. Es ereigneten sich Vorfälle, wie sie unter den früheren Herrschern nicht bekannt geworden sind, wenngleich auch schon früher Kirchen zerstört oder niedergebrannt wurden — das waren nur lokale, auf Zufälligkeiten beruhende Erscheinungen.

Erwähnt sei hier ein Fall, den Adam Olearius[5]), der 1634 als Sekretär einer holsteinischen Gesandtschaft nach Moskau kam, schildert. Die von ihrem evangelischen Glauben tief durchdrungene Anna Barsky hatte sich mit 15 Jahren mit dem Baron Remond du Tart, der aus Frankreich zugewandert und wie sie selber reformierter Konfession war, evangelisch trauen lassen. Nach einem Jahr trat ihr Mann — wohl aus Geschäfts- und Berufsinteressen — zur orthodoxen Kirche über. Seine Frau weigerte sich jedoch, diesen Schritt mit ihm zu tun. Da nahm sich der Patriarch selbst des Falles an. Er versuchte zuerst mit freundlicher Überredung und verlockenden Versprechungen, die Frau zum Übertritt zu bewegen. Es war vergeblich. Auch Einschüchterungen und Drohungen halfen nichts. Fußfällig bat die Frau den Patriarchen, ihr lieber das Leben als ihren evangelischen Glauben zu nehmen, bei dem sie leben und sterben wolle. Trotzdem wurde der Befehl gegeben, sie mit Gewalt zu taufen. Über diese Taufe berichtet Olearius: *„Bei der Taufe hat sie sich sehr widerspenstig angestellt. Denn, da sie an den Bach gebracht und die Kleider ihr mit Gewalt ausgezogen wurden, sollte sie auf Geheiß der Nonnen, welche sie taufen mußten, auf ihre Religion nach Gebrauch speien; sie aber hat der einen Nonne, die solches befoh-*

24

len, ins Angesicht gespieen. Und als sie ins Wasser getaucht wurde und eine andere Nonne sie mit sich herunter riß, da sagte sie: den Leib könnt ihr zwar eintauchen, aber die Seele wird davon nichts empfinden."

Auch nach dem Tode ihres Mannes ließ man sie nicht frei. Die Söhne wurden ihr genommen und sie wurde mit einer Tochter lebenslänglich in ein Kloster verbannt, wo sie anfing, den alten Nonnen das Evangelium zu predigen. Erst nach dem Tode des Patriarchen, fünf Jahre später, wurde sie aus dem Kloster entlassen, aber bis zu ihrem Ende durfte sie keine evangelische Kirche mehr besuchen, auch keinen ihrer Verwandten, die evangelisch waren, sehen. Pastor Georg Osse, der die beiden getraut hatte, machte später eine recht bissige Randbemerkung in das kirchliche Trauregister: *„Dieser leichtfertige Mammeluck ließ sich 1628 auf Reußisch taufen, zwang auch sein armes, unschuldiges Weib wider ihren Willen dazu mit mörderischen Waffen, daß sie sich mit ihm auf den reußischen Glauben taufen lasse."*

Dieser Fall illustriert die Lage, in der sich die Evangelischen jetzt befanden. Sie waren rechtlos. Gesetze, die sie hätten schützen können, gab es nicht. Ihr gottesdienstliches Leben blieb zwar unangetastet, denn in dieser Beziehung hatten sie ja immer auf klaren Zusagen der Zaren bestanden. Aber sie wurden mit Mißtrauen und Neid beobachtet und bei jeder sich bietenden Gelegenheit bedrängt. Die führende Schicht sah natürlich den Nutzen, den die Westeuropäer dem Lande im Laufe eines Jahrhunderts gebracht hatten. Nach den Wirren im Innern und dem Kampf mit den eingedrungenen Polen brauchte man sie auch dringend, um das Militär wieder schlagkräftig zu machen und um die daniederliegende Wirtschaft in Ordnung zu bringen. Aber das gegenseitige Verhältnis mußte geregelt werden. Die Protestanten erhoben immer wieder gegen den Druck von seiten der russischen Kirche die Forderung, daß die Willkür aufhören müsse.

Anfänge zu solcher Regelung finden sich erst im Gesetzbuch (Ssobornoje Uloshenie) von 1649, das auch das Verhalten zur evangelischen Kirche zu regeln versucht, allerdings im Sinne der herrschenden Kirche, deren starker Einfluß auf den Entwurf spürbar ist. Es wird den Protestanten verboten, außerhalb der Sloboda Besitz zu erwerben. Sie dürfen keine orthodoxen Dienstboten halten, *„damit den Christenseelen keine Verunreinigung widerfahre und sie nicht ohne Beichte dahinsterben möchten".* Leibeigene der Protestanten, die zur russischen Kirche übertreten wollen, müssen für 15 Rubel freigegeben werden, auch wenn sie nachweisbar zu höherem Preis gekauft wurden. Dadurch soll der Übertritt zur russischen Kirche gefördert werden. Ferner ist die Lästerung der Jungfrau Maria, des Kreuzes und der Heiligen unter strengste Strafe gestellt: der der Lästerung Überführte wird verbrannt. Die Protestanten dürfen den Eid vor den Behörden nach ihrem Glauben leisten.

Es war, wie gesagt ein Anfang. Und auch dieser Anfang drang nicht überall durch oder wurde in dem Riesenreich, in dem es noch keine allgemein gültige Abgrenzung der einzelnen Behörden voneinander gab und die Aufgaben dieser Behörden nicht einmal klar umrissen waren, nicht beachtet. Auch hier galt wie in vielen anderen Dingen noch der alte Satz, mit dem, wie die Sage überliefert, im neunten Jahrhundert die Normannen ins Land gerufen wurden: *„Unser Land ist groß und reich, aber es ist noch keine Ordnung darin. Kommt und herrscht über uns."*

Das Bestreben, klare Verhältnisse zu den Protestanten zu schaffen, spiegelt der Erlaß des Zaren Alexei Michailowitsch (1645—1676) vom Jahre 1652, durch den die Sloboda ausdrücklich zur „neuen Ausländervorstadt" vor der Pokorwski-Pforte, längs dem Jausabach, bestimmt wird. Es ist derselbe Ort, an dem die Deutschen schon unter Iwan dem Schrecklichen wohnten, der aber während der Kämpfe zwischen Polen und Russen zugrunde gegangen war. Jetzt erhielten die qualifizierten Berufe, Offiziere, Ärzte, Apotheker, Handwerker verschieden große Bauplätze, nach Rangstufen geordnet, zugeteilt. Es war die Möglichkeit gegeben, sich käuflich Grund und Boden zu sichern.

Die Ausländer konnten mit dieser Anordnung zufrieden sein. Ebenso die Kirchengemeinden, denn dadurch wurden viele Gemeindeglieder fester an den Boden gebunden. Die Fluktuation nahm ab. War die Vorstadt bisher schon geistiger und religiöser Mittelpunkt der Deutschen, so wurde sie nun auch zu ihrem wirtschaftlichen Zentrum. Die Sloboda hat nicht nur für den Bestand und die Segenswirkung des Evangeliums ihre große Bedeutung. Tausende fanden hier festen Halt in der Fremde. Sie hat zugleich auch geschichtliche Bedeutung für Rußland selbst gewonnen. Nicht nur dadurch, daß sich hier die Männer zusammenfanden, die ihre Kräfte, ihr Können und Wissen in den Dienst ihres Gastlandes stellten, sondern daß sie die Phantasie des Mannes befruchtete, der einmal Rußlands Geschick neu gestalten sollte. Peters des Großen Lieblingsgang in seinen Jugendjahren war der Weg hinaus in die Niemetzkaja Sloboda. Hier bewunderte er die Ordnung und Reinheit, die schmucken Häuser, mit Gärten und Vorgärten geziert, die sich rechts und links einer langen, sauberen Straße hinzogen, hier sah er in den Werkstätten die Männer an der Arbeit, hier ließ er sich unterrichten in verschiedenen Wissenschaften, ließ sich erzählen von ihrer Heimat, von der Schönheit ihrer Städte, von dem Leben und Treiben in ihren Häfen und Werften ... Die Welt des Westens trat lebendig vor das innere Auge des jungen Menschen. Als er herangewachsen war und den Zarenthron bestiegen hatte, führte er seinen Jugendentschluß durch: als erster der russischen Zaren reiste er ins Ausland, nach Deutschland, nach Holland — nicht um sich prunkvoll empfangen zu lassen, sondern um zu lernen und die wissenschaftliche Erkenntnis und die technischen Fähigkeiten des Westens seinem Lande nutzbar zu machen.

Peter der Große und die evangelische Kirche

Mit Peter dem Großen (1689—1725) begann eine neue Zeit für die evangelisch-lutherische Kirche in Rußland. Unter seiner Herrschaft bekam sie erst echte Möglichkeiten der Entfaltung. Nicht nur, daß der Zar die evangelische Kirche duldete, er kümmerte sich auch selbst um ihren Fortbestand und ihre Zusammenfassung unter einer einheitlichen Leitung. Er fühlte sich, wie die Landesfürsten in Deutschland, als Oberhaupt auch dieser Kirche und behielt sich letzte Entscheidungen in allen wichtigen Fragen ihres äußeren Bestandes und das Recht zum Eingreifen bei Notständen vor. Einer der größten Notstände war wohl das Fehlen einer einheitlichen Verfassung für die weit im Lande zerstreuten Evangelischen.

Seine genialste Tat war die Gründung St. Petersburgs an der Newa. In einem Sumpfgebiet, ganz an der Peripherie seines Reiches, unmittelbar am Finnischen Meerbusen, wollte er für Rußland „ein Fenster nach Europa" öffnen. Aus dem Herzen Rußlands verlagerte er seine Residenz in diese sich aus dem Sumpf erhebende Grenzstadt.

Schon bei der Gründung der neuen Hauptstadt wurde an den Bau evangelisch-lutherischer Kirchen gedacht. Der Zar brauchte ja zu seinem grandiosen Unternehmen die Ausländer. Sie kamen auf seinen Ruf in Scharen ins Land. Hatte er ihnen doch weitreichende Sicherheiten gegeben. Vor allem die Freiheit ihrer Religion. Es war kein Gedanke mehr daran, die Deutschen in ein Ghetto zu verweisen. Sie konnten sich frei niederlassen und ungehindert für ihr gottesdienstliches Leben Sorge tragen, sei es durch Versammlungen in Privathäusern oder in neu zu errichtenden Kirchen, mochten auch viele Russen mit Neid oder Mißtrauen diese — wie viele andere Maßnahmen des Zaren — verfolgen. Zwei Punkte des diesbezüglichen

Gesetzes sind von besonderer Bedeutung:

1. *„Daß Alle und Jeder, der die Absicht hat, zum Eintritt in den Dienst unseres Heeres hierher zu reisen"*, von der russischen Grenze an freie Reise durch Rußland hat bis an den Ort seiner Bestimmung, und daß die Grenzgouverneure *„sich in gleicher Weise auch der Kaufleute und Handwerker, die nach Rußland einwandern wollen, mit aller Huld anzunehmen haben"*.

2. *... daß wir nach der uns von dem Allerhöchsten verliehenen Macht uns keine Vergewaltigung über die Gewissen der Menschen zu Schulden kommen lassen wollen und gerne jedem Christen es überlassen, sich um die Errettung seiner Seele zu sorgen. Und so wollen wir fest darauf achten, daß nach früherer Gewohnheit Niemand sowohl in seiner öffentlichen, als auch in seiner privaten Ausübung des Gottesdienstes gehindert, sondern dabei erhalten und gegen jede Störung geschützt werde ...*[6]).

Das gigantische Unternehmen der Errichtung St. Petersburgs begann 1703 mit der Anlage der Peter-Pauls-Festung. Aber schon in den ersten vier Häuserreihen, die im Laufe des ersten Jahres längs des Kanals errichtet wurden, erhob sich eine kleine lutherische Holzkirche — ein Wahrzeichen für die religiöse Freiheit, die den Deutschen gewährt war, und zugleich ein Zeichen für deren Festhalten am Evangelium. Diese Kirche gehört gleichsam mit zur Grundsteinlegung der neuen russischen Hauptstadt. War sie auch nur ein Provisorium, so zeugt sie doch von der Gesinnung des Monarchen. Da aber innerhalb einer Festung nur Gebäude mit Festungsaufgaben stehen durften, wurde die Kirche beim Fortschreiten der Festungsanlagen schon im nächsten Jahr an einen anderen Ort — nach dem Mutnoi Dwor — verlegt. Aus der Holzkirche hat sich dann im Lauf der Jahrzehnte die große evangelisch-lutherische St. Annenkirche entwickelt.

Mit der Ausdehnung und dem Wachstum der Stadt, der eine ruhmreiche Geschichte beschieden sein sollte, kamen immer neue Einwanderer, die dem Ruf des Zaren folgten und ihre Kräfte in den Dienst des Werkes stellten, das die Aufmerksamkeit des staunenden Europa auf sich lenkte. Peter der Große konnte sie alle gebrauchen — die Gelehrten, die Künstler, die Offiziere, die Handwerker, die Ärzte, die Techniker, die Schiffsbauer, die Kaufleute. So entstanden noch in den ersten Jahrzehnten mehrere evangelische Kirchen.

Einer der einflußreichsten protestantischen Einwanderer dieser Anfangsjahre war der Vizeadmiral Cornelius Cruys aus Holland, in Norwegen geboren, aber in Holland aufgewachsen und in der dortigen kirchlichen Tradition verwurzelt. Ihm folgten zahlreiche Holländer, die sich der entstehenden russischen Flotte als Lehrmeister im Schiffsbau anboten. Admiral Cruys erwarb sich große Verdienste um diese Flotte und stand deshalb in hohem Ansehen beim Zaren. Er war ein treuer evangelischer Christ und kümmerte sich um die Erhaltung des Evangeliums im fremden Lande. Gelegentlich wird er bezeichnet als „Obervorsteher von den evangelischen Kirchen und Schulen in ganz Rußland, ja billig ein Protektor und Patron von der deutschen und holländischen Nation". Büsching[7]) berichtet über die erste lutherische Gemeinde: *„Die Stadt Petersburg war 1703 kaum angelegt worden, als sich daselbst schon eine kleine Gemeinde von Lutheranern befand, die einen Prediger zu haben wünschte. Sie erhielt denselben durch die Vorsorge des berühmten Cornelii Cruys, Vizeadmiral von ganz Rußland, welcher 1704 aus Amsterdam einen frommen und geschickten Mann namens Wilhelm Tolle, der aus Göttingen gebürtig war, zum ersten Prediger der hieselbst befindlichen Lutheraner hieher brachte."* Die Gemeinde versammelte sich die ersten Jahre zu ihren sonntäglichen Gottesdiensten im Hause des Vizeadmirals, die sein Hausgeistlicher Tolle hielt, der auch als erster Prediger der Gemeinde vorstand.

Um dieselbe Zeit erstand auch in Kronstadt eine lutherische Gemeinde, die sich ebenfalls in dem „dasigen Hause des Vizeadmirals" versammelte und von Pastor Tolle geleitet wurde. Unermüdlich war er bemüht, die Lutheraner zu sammeln und ihnen mit Gottes Wort zu dienen. Selbst die finnische Sprache erlernte er, um den finnischen Lutheranern in der Umgebung Petersburgs, die infolge der Kriegsunruhen ohne geistliche Betreuung waren, in ihrer Sprache Gottesdienste halten zu können.

Im Jahre 1708 ließ der Admiral für die Deutschen, Holländer und Engländer auf seinem Grundstück in der Nähe des Winterpalais eine Holzkirche in Kreuzgestalt, wohl mehr eine Hauskapelle, die den bezeichnenden Namen „lutherisch-reformierte Kirche" erhielt, bauen. Ein Unikum zu damaliger Zeit: ein gemeinsamer Ort des Gottesdienstes für Reformierte — die in jener Anfangszeit an Zahl stärker waren — und Lutheraner! Man empfand dies als Notlösung, wie sie Notzeiten mit sich bringen. Die Protestanten sollten, um in ihrem Glaubensleben nicht Schaden zu nehmen, nicht allzu lange auf den Bau einer Kirche warten müssen, die genau der Konfession ihrer Heimatkirche entspräche. In der Folgezeit bemühten sich dann all die Nationen und Konfessionen um einen eigenen Kirchenbau. Die Reformierten zweigten sich — eine Nation nach der anderen, Holländer, Engländer, Franzosen, Deutsche — ab und gründeten eigene Kirchen. Die Holländer 1717, später die Engländer. Die alte Holzkkapelle aber wurde die Stammut-

ter der evangelisch-lutherischen Hauptgemeinde in Petersburg — der Petrigemeinde. Schon am 14. Juni 1730 konnte die Gemeinde die neue repräsen-
tative Petrikirche an der später elegantesten Straße der Hauptstadt, am
Newski-Prospekt, beziehen und von da an eine Entwicklung beginnen, an
deren Höhepunkt und Ende sie insgeheim als die erste unter den evangelischen Kirchen Rußlands galt. Noch heute kann man sie sehen und betreten,
aber nicht um einen Gottesdienst der Gemeinde mitzufeiern, sondern als
Besucher eines Schwimmbades.

Die St. Petrikirche in Petersburg

Einflußreiche Lutheraner bei Hofe förderten die Entwicklung des
Kirchenwesens. Nach dem Admiral Cruys nahm sich besonders der um
die Organisation des russischen Heers verdiente Generalfeldmarschall Graf
Münnich der Glaubensgenossen an. Er und andere hochstehende Persön-
lichkeiten sorgten dafür, daß eine lutherische Kirche nach der anderen entstand, die miteinander wetteiferten in der Pflege ihres Gemeinde- und Schulwesens. Zu den obengenannten beiden deutschen lutherischen Kirchen,
St. Annen und St. Petri, kamen noch die Kirchen von St. Katharinen,
St. Michael, ferner eine schwedische und eine finnische. Am Ende des
19. Jahrhunderts wurde in der Hauptstadt in 14 Kirchen und einigen Kapellen in neun Sprachen das Evangelium gepredigt: nach lutherischem Bekenntnis deutsch, schwedisch, finnisch, estnisch, lettisch, russisch (in der
St. Michaelskirche), und in reformierten Kirchen deutsch, holländisch,
französisch, englisch. Etwa 100000 evangelische Christen lebten um die

Wende des letzten Jahrhunderts in der Hauptstadt.

Die lutherische Kirche hatte in Rußland festen Fuß gefaßt. Die orthodoxe Staatskirche wachte eifrig darüber, daß sie nicht in ihre Kirche eindrang oder daß Glieder der orthodoxen Kirche vom Evangelium erfaßt wurden. Aber die Kirche der Reformation hatte sich ihr Existenzrecht im russischen Staat errungen.

Die Petrikirche in Leningrad,
heute ein Schwimmbad

Katharina II. und die Wolgadeutschen

Mit Katharina II. (1762–1796), Tochter des Fürsten Christian August von Anhalt-Zerbst, erlebt die lutherische Kirche einen ebenso gewaltigen wie neuartigen Zuwachs. Die trotz ihrer Günstlingswirtschaft in manchen Wesenszügen Peter dem Großen ähnliche deutsche Prinzessin auf russischem Zarenthron hatte sich in ihrem politischen Handeln den genialen Vorgänger zum Vorbild genommen — gerade in seinem Bestreben, die Kultur Rußlands durch Deutsche zu heben und ihnen weitgehende Freiheit zu gewähren. Wie Peter der Große seine gewaltige Metropole, seine Werften und Schiffsbauten, seine gelehrten Institutionen in der Hauptstadt und vieles andere mit Hilfe deutscher Einwanderer geschaffen hatte, so sollten durch sie verödete und wüst liegende Landstriche im unübersehbaren Osten zu fruchtbarem Kulturboden umgewandelt werden. Was Peter dem Großen auf vielen anderen Gebieten gelungen war, das wollte sie auf dem Gebiet der Landwirtschaft mit derselben Energie und Zähigkeit neu in Angriff nehmen.

Sie nahm sich das Manifest Peters I. von 1702 zum Vorbild. Auch ihr Ruf hieß: Kommt in mein Land, die Landesgrenzen stehen euch weit offen, freie Bürger dieses Landes sollt ihr werden. Die wichtigsten Privilegien, die die Zarin in ihrem Manifest vom 22. Juli 1763 den Auswanderern zusichert, sind die folgenden:

III. Wer die Reise nicht selbst bezahlen kann, wird auf Kosten der russischen Regierung befördert und mit dem nötigen Reisegeld versehen.

IV. In der russischen Residenz angelangt, sollen sich die Einwanderer frei entscheiden können, „ob sie sich unter die Kaufmannschaft oder unter Zünfte einschreiben lassen und Bürger werden wollen ... oder ob sie Verlangen tragen, auf freiem und nutzbarem Grund und Boden in ganzen Kolonien ... sich niederzulassen".

VI. Enthält die Hauptfreiheiten:

1. Unverminderte freie Religionsausübung der Einwanderer nach ihren Kirchensatzungen und Gebräuchen sowie Errichtung von Kirchen und Glockentürmen, wo immer sie sich niederlassen.

2. 30 Freijahre von Steuern in den Kolonien, in den Städten zehn Jahre.

3. Unterstützung durch die Regierung aller Unternehmungen, sei es in der Landwirtschaft oder in der Anlage von Fabriken.

4. Zinslose Darlehen für alle Anschaffungen ...

5. Die innere Verfassung und Jurisdiktion nach ihrem eigenen (der Kolonisten) Gutdünken.

7. Befreiung von Militär- und Zivildienst „während der ganzen Zeit ihres Hierseins" u. a. m.

Erst wer die großen Versprechungen kennt, mit denen die Kolonisten ins Land gelockt wurden, wird den Erfolg des Manifestes in Deutschland begreifen, besonders wenn er an die politischen und wirtschaftlichen Verhältnisse denkt, die zur Zeit der Veröffentlichung dieses Manifestes in Deutschland herrschten: Das Ende des Siebenjährigen Krieges hatte die Entlassung vieler Soldaten zur Folge, die nun berufslos und brotlos waren, das Bauerntum war verarmt, der Adel mancherorts entwurzelt, Handel und Handwerk lagen darnieder. Um so verlockender waren die Versprechungen der Kommissare, die mit dem Manifest in allen deutschen Landen von Wien bis Lübeck herumreisten und mit marktschreierischen Schilderungen der unbegrenzten Möglichkeiten in dem fernen Land die verarmte Bevölkerung an sich zogen.

Die beiden Dokumente, das Manifest Peters des Großen und das Katharinas II., sind zum Schicksal des Rußlanddeutschtums geworden. Auf diese sicheren, verbürgten und verbrieften, im Reichsgesetz verankerten Zusagen hin sind sie in Rußland eingewandert. Deutschfeindliche Geschichtsschreibung hat später behauptet, die Deutschen seien Eindringlinge gewesen, oder gar — wie die Kriegspropaganda es wollte — sie seien aus strategischen Zwecken in Rußland von der deutschen Regierung planmäßig angesiedelt worden. Die deutschen Obrigkeiten haben im Gegenteil mit allen Mitteln versucht, die Auswanderung nach Rußland zu verhüten und wiederholt scharfe Verbote gegen dieselbe erlassen. Die Deutschen kamen nicht als ungebetene Gäste nach Rußland, sondern sie wurden dringend benötigt und entsprechend privilegiert, weil sie den weitschauenden Regenten helfen sollten, Rußland der Kultur des Westens zu erschließen und sein Heer zur Verteidigung seiner weiten, offenen Grenzen schlagkräftig zu machen.

Wie sie auf den Ruf Peters des Großen kamen, so kamen sie auf das Manifest der Kaiserin. Aus allen Berufen, verarmte Adlige, Offiziere, Kaufleute, Handwerker aller Art, Schauspieler, Bauern, Künstler, und darüber hinaus viel entwurzeltes Volk. Sie kamen aus allen Teilen Deutschlands, z. T. auch aus dem Elsaß, Holland und der Schweiz, sie kamen in der Hoffnung, ihren in Deutschland ausgeübten Beruf weiter ausüben zu können, und dies unter bedeutend besseren Bedingungen.

Sie sollten sich bald bitter enttäuscht sehen! In Oranienbaum bei Petersburg, wohin die Auswanderer auf dem Wasserwege gebracht wurden — die Fahrt von Lübeck-Travemünde bis Kronstadt dauerte in manchen Fällen bis zu sechs Wochen! — wurden sie überredet, ins Wolgagebiet zu gehen. Wer sich nicht überreden ließ — und das waren nicht wenige —, wurde durch milden Druck gezwungen. Nur einem Teil gelang es, im Umkreis von Petersburg angesiedelt zu werden. Damit sollte eine bequemere Belieferung der Großstadt mit landwirtschaftlichen Produkten erreicht werden. 150 Jahre hindurch lebten diese deutschen Lutheraner in ihren dreizehn schmucken Dörfern, die sich im Süden und Westen der Residenz wie ein blühender Kranz mit dem von ihnen urbar gemachten Lande hinzogen.

Ich habe diese Kolonien im Sommer 1918 besucht und konnte mit Freuden feststellen, daß ihre Bewohner ebenso wie die Wolgadeutschen das Vätererbe treu gewahrt hatten in Religion, Sprache und Sitte. Die Siedler hatten ihre eigenen Schulen, Kirchen oder Bethäuser. Sie wurden teils durch eigene, teils durch Petersburger Pfarrer betreut.

Die große Masse der „Kolonisten", wie man sie fortan nannte, zog in kleinen oder größeren Gruppen durch das weite russische Reich, die meisten zu Wasser auf der Wolga oder durch die sarmatische Ebene bis an die niedere Wolga. Ein Weg voller Entbehrungen und Enttäuschungen; die Länge der Reiseroute erforderte es, daß man in russischen Dörfern überwinterte, die zur Aufnahme der Kolonisten gezwungen wurden. Welch eine andere Welt tat sich hier auf! Analphabeten und Leibeigene — fast das ganze Landvolk! Auf altertümliche Weise bearbeiteten sie ihre Felder. Und sie wohnten in kleinen Häusern, die nur einen Raum hatten — zusammen mit ihren Schafen, Ziegen und Kälbern. Welch eine Ernüchterung für die Auswanderer aus Hessen und der Pfalz, aus Sachsen, Westfalen und Bayern!

Noch größer aber sollte ihre Enttäuschung am Ziel werden. Hatte man sich während der langen Wintertage bei der kümmerlichen Unterbringung damit getröstet, daß ja in wenigen Monaten die Qual ein Ende nähme, daß schmucke Häuser in schöner Gegend an der Wolga auf sie warteten, so sollte es hier, am Ende der Reise, ein bitteres Erwachen aus allen Träumen geben.

Die Gouvernementsstadt Saratow an der Wolga, damals kleiner und unmenschlicher als manche spätere Kolonie, war der Sammel- und Durchgangsort für alle Kolonisten. Von hier aus ging es zu beiden Seiten der Wolga in die Wildnis hinein. Nach einer oder mehreren Tagesreisen, meist durch völlig weglose Gegenden, erreichten die müden, so oft enttäuschten, aber immer noch erwartungsvollen Einwanderer das Ziel ihrer langen Reise, die bei vielen über ein Jahr gedauert hatte. Sie befanden sich inmitten einer menschenleeren Steppe.

„Das ist also das Paradies, das uns die russischen Werber in Lübeck verhießen", sagte einer meiner Leidensgefährten mit einer traurigen Miene.

„Es ist das verlorene, guter Freund", antwortete ich ihm, „denn gewiß haben Adam und Eva, als sie der Engel aus dem Paradiese jagte, da, wo sie *zuerst verweilten, nicht mehr Dornen und Disteln gefunden, als wir hier in dieser trostlosen Einöde. Ihnen wuchs doch Kraut auf dem Felde, uns wächst nur dünnes Heidegras, das dem Scheine nach nicht einmal unsere Pferde werden fressen können"*[8]).

Damit ist die Stimmung der Kolonisten wohl zutreffend wiedergegeben. Sie waren durch ihre Vertrauensseligkeit aus dem Paradiese, aus der deutschen Heimat, in die Wildnis vertrieben. Mit Herzen voller Reue, Verbitterung und Heimweh gingen sie an die Arbeit, an die Urbarmachung einer Wildnis, durch die noch nie eine Pflugschar gegangen war. Es war das Gebiet nomadisierender Asiaten, Tataren, Kalmücken, Baschkiren, Kirgisen.

Die erste Aufgabe war, sich vor dem hereinbrechenden Winter zu schützen. Aber man fand weder Baumaterial noch Handwerkszeug vor; so mußte man sich für den ersten Winter in die Erde eingraben, in sogenannten Simljänken, Erdhütten, die mehr Höhlen glichen.

Natürlich lag der verzweifelte Gedanke nahe, wieder umzukehren in die Heimat. Aber Fluchtversuche wurden schwer bestraft. Eine Flüchtlingsgruppe aus Katharinenstadt wurde auf einer Wolgainsel von Russen niedergemetzelt. Die Insel erhielt den Namen „Mordinsel" und wurde zu einem Memento für alle anderen.

So kam man zur bitteren Erkenntnis, daß es kein Zurück mehr gab, daß es hieß, die Zähne zusammenzubeißen. Man mußte aushalten, an die Arbeit gehen und eine neue Heimat schaffen. Und es durfte keine Zeit mit unnützen Klagen vergeudet werden. Die Wüste, die zu bekämpfen und zu überwinden war, drohte von allen Seiten. Es war nicht nur der verödete Boden, er war, wie man bald erkannte, weithin fruchtbar. Andere Gefahren bedrohten das Leben. Rudel hungriger Wölfe machten im Winter das Leben unsicher und drangen oft in die Dörfer ein. Im Winter herrschte sibirische Kälte und im Sommer tropische Hitze, mit dem schleichenden Fieber der Wildnis (Calida febris) verbunden. Asiatische Nomadenstämme und Räuberbanden zogen umher und betrachteten den Fremdling als Feind.

Erst jetzt erkannten die Kolonisten, welchen geheimen Zweck ihre Ansiedlung hier in dieser Gegend noch hatte, von dem die Werbungskommissare nichts verrieten, der aber im Manifest der Zarin, wenn auch verklausuliert, angedeutet war. In dem Religionsparagraphen VI, 1 des Manifestes steht nach dem Verbot, Russen zu ihrem Glauben hinüberzuziehen, der bedeutsame, von den Kolonisten unbeachtet gebliebene Satz:

„Hiervon [d. h. von dem Verbot der Proselytenmacherei] *sind allerlei an unserem Reiche angrenzenden mohammedanischen Glaubens zugetane*

Nationen ausgeschlossen; als welche hier nicht nur auf eine anständige Art
zur christlichen Religion zu neigen, sondern auch sich selber untertänig zu
machen — [*wir*] *einem jeden erlauben und gestatten.*"

Dieser Satz schien mit die geheimsten Erwartungen zu verraten, welche
die Zarin und ihre Minister mit dem ganzen kostspieligen Unternehmen
verbanden.

Das Gebiet, in dem die Kolonisten angesiedelt wurden, gehörte zu der
Zeit, als die Tataren von der „Goldenen Horde" aus, ihrem einstigen Re-
gierungssitz an der niederen Wolga, ganz Rußland beherrschten (1224–1440),
zu deren ureigenstem Dominium. Bei der Vertreibung der Tataren aus
Astrachan und den angrenzenden Gebieten blieben weite Strecken doch
noch in Händen der Nomaden. Das Gebiet, es trug immer noch den Namen
„Königreich Astrachan", war ein Eldorado für Räuber und umherstreichen-
des Gesindel, das von seinen Schlupfwinkeln aus die Schiffahrt auf der Wolga fast unmöglich machte. Schon Peter der Große hatte versucht, das Gebiet durch Neuansiedlungen und Errichtung von Kosakenstationen zu be-
frieden. Sein Unternehmen scheiterte jedoch nach ein paar Jahren völlig;
seine Siedler verließen bald ihre Wohnsitze und flohen zurück ins Innere
des Reiches oder gesellten sich zu den Vagabunden. So blieb das Gebiet,
von dem man immer wieder Überraschungen zu erwarten hatte, ein Unruhe-
herd und daher eine schwere Belastung für das Reich. Zudem war es noch
so wenig erforscht, daß es nicht einmal zuverlässige Karten oder Pläne gab.

Diesem Zustand wollte Katharina II. ein Ende machen. Aber Russen
waren nicht mehr zu bewegen, sich dort niederzulassen. Wer gezwungen
wurde, entwich nur zu bald. Darum mußte man Leute rufen, die nichts
wußten von den Schrecken dieser Gegend. So mußten Deutsche Wandel
schaffen. Es kostete schwere Opfer.

Der Zuzug von Einwanderern dauerte trotz der Enttäuschung der am
ersehnten Ziel Angekommenen vier Jahre hindurch von 1764 bis 1767.
Allerdings brauchten nicht alle die bitteren Überraschungen zu erleben.
Wer das Glück hatte, in einer Kolonie unmittelbar an der Wolga, sei es auf
der Berg- oder Wiesenseite (West- oder Ostufer), oder in der Nähe Saratows
angesiedelt zu werden, fand meist die notwendigste Wohnung oder doch
wenigstens schon das Baumaterial vor und brauchte den Winter über nicht
in die Erdhütte zu steigen. Offenbar war die Zarin bemüht, ihre Zusage zu
halten und für eine menschenwürdige Unterbringung zu sorgen. Das Geld
stand dazu zur Verfügung. Allerdings hatte es die Verwaltung nicht immer
eilig. Für Zehntausende von Menschen mußten Lebensmittel, Baumaterial,

landwirtschaftliche Geräte aller Art geliefert werden. Wieviel war dabei zu verdienen!

Im Laufe der Jahre 1764—1767 sind etwa 8 000 Familien mit 27 000 Menschen im Wolgagebiet angekommen. Die Zahl der aus Deutschland Ausgewanderten war natürlich größer; einige fanden unterwegs den Tod, andere hatten sich bei Petersburg niedergelassen. Schließlich gründete eine Anzahl von Familien, die vom Hauptstrom der Auswanderer zurückgeblieben waren — wohl eine Gruppe, die den Landweg nach Rußland gewählt hatte, während die große Masse den Wasserweg die Wolga abwärts geführt wurde —, im Gouvernement Woronesch eine Kolonie: Riebensdorf, das sich ganz auf sich allein gestellt mitten unter einer fremden Bevölkerung durch die Jahrhunderte als deutsche Ansiedlung gehalten hat und dessen Bewohner ihren lutherischen Glauben während der ganzen Zeit bewährt haben. Im ganzen wurden während der Auswanderungsjahre 104 Dörfer auf beiden Seiten der Wolga angelegt, die Mutterkolonien, aus denen sich im 19. Jahrhundert eine große Anzahl neuer Siedlungsgebiete an der Wolga, im Kaukasus, in Sibirien und Übersee entwickeln sollten. Die Ansiedlung geschah nach Konfessionen getrennt; von den 104 Mutterkolonien waren 38 katholisch.

Eine wolgedeutsche Kolonie verdient besondere Erwähnung. Es ist Sarepta, die Niederlassung der Brüdergemeinde bei Zarizyn (der uns heute als Stalingrad bekannten Stadt, seit 1961 Wolgagrad). Sie ist aus dem frommen Wunsche der Brüder entstanden, im fernen Osten eine Missionsstation zur Verbreitung des Evangeliums unter den Mohammedanern und Heiden zu gründen. Als die Brüder ihre Vereinbarung mit der russischen Regierung trafen, hatte die große Auswanderung ins Wolgagebiet schon begonnen. Aufgrund der Erfahrungen aber, die die ersten Ankömmlinge gemacht hatten, führten sie neue Verhandlungen mit Petersburg und verstanden es, sich neue Rechte zu sichern, die über die den ersten Ansiedlern zugebilligten Privilegien hinausgingen.

In den Jahren 1764—73 erschienen einzelne Gruppen der Herrnhuter an der Wolga. Obwohl sie, ihrem missionarischen Selbstverständnis gemäß, darauf eingestellt waren, Mühsale und Beschwerden zu ertragen, war die Enttäuschung der ersten Ankömmlinge doch ebenso groß wie die ihrer Vorgänger. Auch sie wären lieber gleich umgekehrt. Aber das Los, das in der Brüdergemeinde eine so große Rolle spielt, entschied für Bleiben und Durchhalten. Nun wußten sie, daß ihr Bleiben gottgewollt war und darum von Segen sein mußte. Sie hatten das Privileg erhalten, neben der Landwirtschaft auch Handel und Industrie zu betreiben. In wenigen Jahren entstanden viele

Gewerbezweige: Branntweinbrennerei, Getreide- und Schneidemühlen, Seifensiederei, Tabakfabrik, Apotheke, Lichtgießerei, Bäckerei, Senffabrikation, die Weltruf erlangt hat.

Leider erfuhr dieses blühende Gemeinwesen schon im Jahre 1773 schweres Unheil. Die Pugatschewschen Banden, die verheerend über die Wolgakolonien hergefallen waren, raubten nun auch diese Kolonie völlig aus und machten sie fast dem Erdboden gleich. Sarepta hat sich von diesem schweren Schlag nur im Laufe vieler Jahre erholen können.

Von besonderer Bedeutung war der religiöse Einfluß Sareptas auf die übrigen Kolonien. Sareptaner Brüder haben mit ihrem ernsten Christentum, wenn dies zu Zeiten auch in geistlichen Hochmut umschlug, unter den Wolgadeutschen segensreich gewirkt. Als sie erkannten, daß die Zeit für ihre geplante Heiden- und Mohammedanermission nicht reif war, wandten sie sich der inneren Mission zu, für die das Wolgaland ein fruchtbarer Boden war.

Der Kampf mit der Wildnis

Die ersten Jahrzehnte ihrer Kolonisationsarbeit vergingen in ständigem Kampf. Immer wieder fielen Kirgisen und Kalmücken über die Siedler her, zerstörten die aufgebauten Dörfer und führten Teile der Bevölkerung in Gefangenschaft und damit in die Sklaverei. Sahen sie doch in den deutschen Aussiedlern die Todfeinde, die sie von „ihrem Besitz" verdrängt hatten — und immer weiter gen Osten verdrängten. Jahre hindurch konnten Kolonisten nur mit der Waffe in der Hand auf ihre Felder gehen, immer bereit, sich vor Überfällen zu schützen. Besonders gefährdete Dörfer zogen Schutzwälle und bewehrten sie mit Kanonen. So schuf man eine neue Heimat in der Wildnis — „in der einen Hand die Kelle, in der andern das Schwert", wie es im Buche Nehemia heißt. Die Regierung gab zwar in dem Kampf gegen das Nomaden- und Raubgesindel mit Kosakenabteilungen, die den Dörfern zugeteilt wurden, die Hilfe, die ihnen bei ihrer Berufung feierlich zugesagt war, aber sie erwies sich als ungenügend. Manche Kosakenabteilungen steckten mit den Nomaden unter einer Decke und trieben ein doppeltes Spiel zum Verderben der Kolonisten. Es ist nicht übertrieben zu sagen, daß die Wohnstätten der Deutschen damals den Schutz Rußlands gegen die Mongolen und Räuberbanden bildeten. Fünfzig Jahre dauerte die Bedrohung aus dem Osten, und gerade in den ersten Jahren waren viele Opfer zu beklagen. Ganze Dörfer wurden im ersten Jahrzehnt dem Erdboden gleichgemacht, die Bevölkerung in Gefangenschaft nach Asien entführt und auf den Märkten in Chiwa und Buchaza in die Sklaverei verkauft.

Unter den Gefallenen sei besonders der lutherische Pastor von Katharinenstadt, Ludwig Balthasar Wernborner, erwähnt. In dem Verzeichnis des Kommissars Kuhlberg der Neueingetroffenen in Oranienbaum wird der Name dieses Pastors mit folgender Bemerkung aufgeführt: *„Auf dem Schiffe kamen mit den anderen, mit Pässen von dem Kommissar Schmidt versehen, noch der Pastor lutherischen Glaubens Ludwig Balthasar Wernborner und ein Kaufmann Christoph Greulich an, die aber weder Tagegelder noch Vorschuß verlangten, sondern nur wünschten, bei ihrer Kolonie zu bleiben."* Welch ein Zeugnis wird in diesen wenigen, nur beiläufig hingeworfenen Worten dem Pastor ausgestellt, der den schweren Weg ins Wolgagebiet nur angetreten hatte, um seinen früheren Gemeindegliedern in der Fremde zu dienen.

1774 wurde, als eben die Gläubigen aus der Kirche kamen, die katholische Kolonie Mariental von Kirgisen überfallen. Unter grausamer Behandlung wurden die meisten mit ihrem Pater Johannes verschleppt. Die Schreckenskunde ging alsbald durch die Nachbarkolonien. Pastor Wernborner von Katharinenstadt stellte sich an die Spitze von 150 bewaffneten Männern, die aus verschiedenen Kolonien herbeigeeilt waren, und jagte den Kirgisen bis in die Uralsteppe nach, um die Gefangenen zu befreien. In dem Gefecht gegen tausend Kirgisen unterlagen die Deutschen und wurden tagelang fürchterlichsten Qualen ausgesetzt. Der Pastor wurde langsam zu Tode gequält und mit ihm eine Reihe anderer. Pater Johannes wurde verschleppt, erst nach zweieinhalb Jahren konnte er befreit werden. Solche Kämpfe spielten sich hauptsächlich auf der Wiesenseite ab, aber die Kolonien der Bergseite erlebten ebenfalls furchtbare Zerstörungen im Jahre 1774 durch die Scharen des berüchtigten Kosakenräuberhauptmanns Pugatschew, der Saratow und viele Dörfer zerstörte. Seine Raubzüge erschütterten Rußland in seinen Grundfesten, da er mit diesen Raubzügen eine politische Idee verband; er gab sich für den vor zehn Jahren verstorbenen oder ermordeten Zaren Peter III., den Gatten Katharinas II., aus und wollte sich des Thrones bemächtigen. Erst nachdem starkes Militär gegen ihn aufgeboten war, konnte man seiner habhaft werden, und er wurde in Petersburg mit anderen Rädelsführern enthauptet.

Trotz all der Zerstörungen in den ersten Jahren und Jahrzehnten, trotz der Viehdiebstähle und Überfälle, trotz der Wölfe, der Wildgänse, der Feldmäuse und Heuschrecken, trotz mancher Unbilden der Witterung, auch trotz des brennenden Heimwehs, das Unzählige dahinraffte, faßten die Kolonisten langsam festen Fuß und drängten die Wildnis Schritt für Schritt zurück. Wohl war die Grundstimmung der ersten Generation Reue und Heimweh, aber je mehr die zweite Generation, schon an der Wolga geboren, heranwuchs, konnte man sagen: Das bittere Schicksal in der Fremde, der harte Zwang der Verhältnisse, die Einsicht, daß man dieser Lage nicht entrinnen konnte, schmiedete die Neusiedler von Jahr zu Jahr fester zusammen und schuf aus den verschiedenen deutschen Landsmannschaften einen neuen Volksstamm — die Wolgadeutschen! Die unbrauchbaren Elemente, die Abenteurer und Müßiggänger, die seinerzeit von den Kommissaren aufgenommen worden waren, um möglichst große Zahlen von Kolonisten aufweisen zu können, waren abgeschoben oder selbst entwichen, als sie merkten, welche Aufgabe ihrer hier wartete.

Aus der Wüste war im Laufe der Jahrzehnte ein deutsches Gemeinwesen entstanden, das sich von seiner ganzen Umgebung vorteilhaft abhob und ihr Achtung und Respekt einflößte. Schon im Jahre 1771 heißt es in einem russischen Bericht: *„Die Kolonisten müssen nach dem Reichtum an Getreide und anderen Naturerzeugnissen zu den besten Haushalten gezählt werden"*[9]).

Bei Ausbruch des ersten Weltkrieges gab es an beiden Ufern der niederen Wolga, des gewaltigen russischen Stromes, den die Russen „Matuschka Wolga" (Mütterchen Wolga) nennen, 204 große deutsche Dörfer („Kolonien") und 273 kleine Niederlassungen (Chutaras), die sich bis in die Nähe des Ural ausdehnten — eine eigenartige deutsche Welt, die, umgeben von Slaven und Mongolen, hier bodenständig geworden war und den sauer eroberten Grund und Boden als ihre deutsche Heimat liebte. Die meisten Kolonien zählten 5000—10000 Menschen, mehrere 15000—20000 (Katharinenstadt, Norka, Balser); im ganzen, mit den Deutschen in den Städten Saratow, Samara, Kamyschin, Zarizyn (Stalingrad) waren es 700000.

Neben der Landwirtschaft blühte auch das Handwerk. In den ersten Jahren war den Zugezogenen die Ausübung eines Handwerks von den Behörden kurzsichtigerweise verboten worden — so nötig gerade Rußland Handwerker brauchte —, um sie zu zwingen, Bauern zu werden. Aber man sah allmählich diese Torheit ein. Die Deutschen wollten deutsche landwirtschaftliche Geräte haben und keine russischen. So schmiedeten sie sich den Scharenpflug, den man im Lande noch nicht kannte, selbst. Sie bauten sich ihren großen deutschen Deichselwagen, und schließlich bauten sie Maschinen, die im ganzen Lande bis nach Sibirien hinein begehrt waren. Ihre

Baumwollerzeugnisse – Sarpinka – fanden in ganz Rußland Absatz. Hunderte von holländischen Windmühlen, Wassermühlen und große moderne Dampfmühlen verarbeiteten den gut gedeihenden Weizen zu Weizenmehl. Wolgadeutsche Unternehmer erreichten es, daß ihr Mehl bald in allen Großstädten Rußlands von Helsingfors bis Wladiwostok begehrte Ware war[10]).

Wohl gab es immer wieder Rückschläge durch Überfälle und Diebstähle, gegen die man immer in Bereitschaft sein mußte, durch Mißernten infolge von Trockenheit oder durch Entziehung der den Einwanderern für ewige Zeiten zugesagten Privilegien. 1871 wurden die meisten aufgehoben, 1874 auch die Wehrpflicht auf die Deutschen ausgedehnt. Zur gleichen Zeit begannen auch Erschwernisse für das deutsche Schulwesen. Aber dies alles konnte dem Aufblühen und Gedeihen kaum Eintrag tun.

Kirchliches Leben in den Kolonien

Zunächst ein Blick auf die Verwaltung der Kolonien. Im kaiserlichen Manifest war den Kolonisten Selbstverwaltung zugesagt. Wörtlich heißt es:

„Wir überlassen den sich etablierten ganzen Kolonien oder Landflecken die innere Verfassung – der Jurisdiktion ihrem eigenen Gutdünken, solchergestalt, daß die von Uns verordneten Obrigkeitlichen Personen an ihren inneren Einrichtungen gar keinen Anteil nehmen werden."

In Wirklichkeit haben die Kolonisten hundert Jahre lang um die Selbstverwaltung ringen müssen, bis ihnen 1871 auch der Schein dieser Selbstverwaltung genommen und sie unter die allgemeinen Gesetze des russischen Reiches gestellt wurden.

Für sämtliche ausländischen Kolonien war schon vor der Veröffentlichung des Manifestes der Zarin die „Kanzlei der Vormundschaft für die Ausländer", in der deutschen Beamtensprache zu Saratow kurz „Tutel-Kanzlei" genannt, mit dem Hauptsitz in Petersburg ins Leben gerufen worden. In Saratow erhielten die Kolonisten eine Art Selbstverwaltung, die ihnen aber schon 1772 wieder entzogen wurde. Nun kämpften die Kolonisten 25 Jahre lang gegen die russische Beamtenwirtschaft, die ihnen hemmend im Wege stand und sie wirtschaftlich und kulturell schwer schädigte. Ihr Ruf nach der ihnen garantierten Selbstverwaltung wurde immer lauter und dringender. Erst nach 25jährigem Kampf gab die Regierung nach. Zar Paul I. gewährte ihnen im Jahre 1798 wieder ihre „innere Verfassung". An der Spitze der Kolonialverwaltung stand das „Saratowsche Tutel-Kontor für die ausländischen Ansiedler".

Diese Behörde setzte sich zusammen aus einem Oberrichter, der vom Kaiser ernannt wurde, zwei Mitgliedern, einem Sekretär, einem Buchhalter, einem Übersetzer, einem Landmesser und zwei Ärzten, die vom Ministerium bestätigt wurden; die übrigen Beamten wählte das Kontor selbst. Die Verwaltung der Kolonien baute sich jetzt wie folgt auf:

1. An der Spitze der Dorfgemeinde stand das Schulzenamt (Vorsteher oder Schulze, von der Gemeinde gewählt);

2. drei bis 16 Dörfer wurden zu einem Kreis (Wolost) vereinigt, mit dem Oberschulzen- bzw. Oberkreisamt an der Spitze, dieses war

3. dem Kontor in Saratow, das letztere der Tutel-Kanzlei in St. Petersburg unterstellt.

Diese Ordnung bestand bis zum Jahre 1866, in dem sie auf Kirche und Schule beschränkt wurde, bis sie dann 1871 aufgelöst wurde. Ihre Vorsteher (Schulzen) und Oberschulzen wählten die Kolonisten aus ihrer eigenen Mitte. Sie vertraten die Rechte der Kolonien vor den höheren Instanzen, nahmen aber auch deren Befehle entgegen. Wenn man auch dem Kontor im allgemeinen den guten Willen nicht absprechen kann, den Kolonisten helfen zu wollen, so waren seine Mitglieder doch eben Nichtkolonisten, und sie schadeten den Kolonisten aus Unkenntnis der Verhältnisse durch Fehlgriffe und falsche Verordnungen oft mehr, als daß sie ihnen nützten.

Dies mußte der Darstellung des kirchlichen Lebens der Wolgadeutschen vorausgeschickt werden. Denn die Geschichte dieser deutschen Insel, ihre Entstehung und ihre Selbstbehauptung dicht an der Grenze Asiens, inmitten mongolischer und slawischer Völker, ist auch in Deutschland immer noch ein Rätsel.

Die Geschichte der Kirche beginnt mit dem Gründungstag der Dörfer. Denn jedes Dorf wurde nach kirchlichem Gesichtspunkt angelegt: Angehörige desselben Bekenntnisses schlossen sich in einem Dorf zusammen. Auch die Stammeszugehörigkeit − die gemeinsame Heimat in Deutschland − spielte bei der Begründung der Dörfer eine bedeutende Rolle, diese war aber nicht so ausschlaggebend, ließ sich wohl auch nicht so konsequent durchführen wie die Zugehörigkeit zu demselben Glaubensbekenntnis. Danach wurden die Dörfer als lutherische, reformierte oder katholische angelegt. Nur in Katharinenstadt waren neben den Lutheranern auch Reformierte und Katholiken angesiedelt, so daß sich hier die ersten Jahrzehnte hindurch drei Kirchen befanden. Im Laufe der Zeit aber schlossen sich die Reformierten den Lutheranern an und bildeten mit ihnen zusammen eine evangelisch-lutherische Gemeinde.

Drei Viertel aller Wolgadeutschen waren evangelisch, wobei die Zahl der Lutheraner bei weitem überwog, und ein Viertel katholisch. Die drei Glaubensgemeinschaften waren von Anfang an auf die Erhaltung ihres Bekenntnisses streng bedacht, wobei der Gegensatz zwischen Lutheranern und Reformierten mancherorten besonders stark war, ein Erbe, das sie aus der Heimat mitgebracht hatten. Dieser Gegensatz wurde jedoch, wie wir noch sehen werden, bald überwunden durch das gemeinsame reformatorische Erbe.

Der konfessionelle Unterschied hat aber zu keiner Zeit die Volksverbundenheit gestört. Sie standen in Not und Gefahren als Deutsche treu zusammen; wo es galt, einen anderen Kolonisten aus Gefahr zu retten, wurde nach seinem Bekenntnis nicht gefragt, wie das erzählte Beispiel des lutherischen Pastors Wernborner, der sein Leben für seine katholischen Nachbarn drangab, so deutlich zeigt.

Dies ist im Laufe ihrer ganzen Geschichte so geblieben und hat sich besonders in der Verfolgungszeit nach der Revolution von 1917 aufs wunderbarste bewährt. Evangelische Familien haben katholische Geistliche, die auf der Flucht vor ihren Häschern waren, unter eigener Lebensgefahr bei sich verborgen, katholische Familien haben dem evangelischen Pfarrer willig Gastrecht und Bergung bei sich gegeben. Evangelische und katholische Geistliche standen in Todesgefahr treu nebeneinander, nicht nur als Angehörige des gleichen Volkes, sondern auch im Glauben an den einen Herrn.

Die Wolgadeutschen haben die These, daß die Kirchenspaltung in Konfessionen das Volk innerlich und äußerlich auseinandergerissen und es in seiner Entwicklung geschwächt habe, ad absurdum geführt. Die Volkseinheit und Brüderlichkeit kann gewahrt werden überall da, wo die nötige Achtung vor der Glaubensüberzeugung des andern vorhanden ist, auch bei strengstem Festhalten am eigenen Bekenntnis.

Die Zarin hatte in ihrem Manifest die freie Religionsübung, die Errichtung von Bethäusern, Kirchen und Glockentürmen ausdrücklich zugesagt, ebenso die Anstellung von Geistlichen und Kirchendienern „in ausreichender Zahl". Man kann sicher annehmen, daß die Kommissare auf ihren Werbereisen gerade mit dieser Aussage Vertrauen zu dem Zarenruf erweckten. Gewiß werden die Kommissare auch nicht verfehlt haben, Verhandlungen mit Pfarrern anzuknüpfen und sie für ihre Kolonisationspläne zu gewinnen, schon um bei ihrer weiteren Werbung die Namen bestimmter Pfarrer nennen zu können. Daß ihnen das auch gelungen ist, zeigen uns die Namen von Geistlichen, die nachgewiesenermaßen Gruppen von Auswanderern begleitet haben. Allerdings sind nur die Namen von drei Pfarrern und zwei Kandidaten nachgewiesen, es ist aber sicher, daß ihre Zahl größer war. Auf katholischer Seite hatten sich dem Zuge Franziskaner und Kapuziner angeschlossen, Mönche, die an Entbehrungen gewöhnt sind.

Auf evangelischer Seite sind genannt: Der lutherische Pastor Wernborner, „groß von Gestalt und Mut", der die Auswanderer von der Heimat an bis an ihr Ziel begleitete, alle Unbilden und Nöte der Reise auf sich nahm, ohne die russischen Tagegelder und Vorschüsse anzunehmen, seinen Glaubens- und Volksgenossen mit Wort und Sakrament diente, aber wo es galt, auch mit der Waffe in der Hand. Wir wissen nicht, ob Katharinenstadt oder eine andere Gemeinde seine erste Stelle im Wolgagebiet war. Jedenfalls kam er bald nach Katharinenstadt und hat seiner Gemeinde in schwerster Notzeit treu gedient und, wie wir gesehen haben, bei einem der letzten und furchtbarsten Überfälle der Kirgisen auf die Kolonie im Juni 1774 — acht Jahre nach Gründung der Kolonie — im Kampf einen tragischen Tod gefunden. Leider ist uns aus seinem Leben nichts weiter bekannt. Sein Name aber darf nicht vergessen werden.

Altbaum, der zweite lutherische Pastor, kam aus Schweden. Auch er begleitete schon die Auswanderer auf ihrem Wege. Er hat nicht nur die ersten bitteren Jahre, sondern auch den langsamen Aufstieg der Kolonien miterlebt. Nach 1782 wird er als Pastor der Kolonie Rosenheim (Podstepnoje) auf der Wiesenseite genannt. Der reformierte Pastor Herwig stammte aus Kassel. Er bediente die ersten zwei Jahre nach der Ansiedlung (1767—1769) die reformierte Gemeinde in Katharinenstadt und folgte dann einem Ruf auf die Bergseite, in die größte reformierte Kolonie, Norka, in der er bis zu seinem Tode 1782 blieb. Der Chronist Christian Gottlieb Züge[11]) berichtet noch von zwei Pfarrern, die er 1766 in Saratow getroffen habe: Pohlmann und Seeger. Nähere Angaben fehlen jedoch.

Die Kandidaten der Theologie, die die ersten Auswanderertransporte an die Wolga begleiteten, waren Emalius und Fuchs. Emalius war ein ruheloser und unsteter Charakter, der zum Glück bald aus dem Kolonistengebiet verschwand. Enttäuscht von den Verhältnissen, die er hier antraf, reizte er die Leute gegen die Behörden auf und schürte die Unzufriedenheit, anstatt ihnen Mut zu machen und die Kleingläubigen aufzurichten. Der andere, Johannes Fuchs aus Kassel, war heimlich mit seiner Frau, die mit ihm studiert hatte, (in Mannskleidern!), aus Kassel entwichen und hatte sich den Auswanderern angeschlossen. In Petersburg war er von der Tutel-Kanzlei, auf Grund des guten Zeugnisses einiger Kolonisten, als Prediger der Auswanderer anerkannt und bestätigt worden. Auch er hielt es nur ein paar Jahre in den Kolonien aus. Eine Zeitlang fristete er sein Leben bei den Grenzsoldaten im Ural, dann kam er in die oben erwähnte Kolonie Riebensdorf, die er seit 1789 bediente. Auf seine Anregung nahm die Gemeinde den Bau einer Kirche in Angriff, konnte aber die Mittel nicht aufbringen, um den begonnenen Bau zu vollenden. Um das angefangene Werk zu Ende zu führen, begab sich der Pastor im Jahre 1802 auf eine Sammelreise tief ins Land hinein. Er wanderte von Ort zu Ort, bis er auf einen Gutshof in der Nähe Moskaus kam, dessen Besitzer im Sterben lag. Trotzdem trug der Pastor schweren Herzens seine Bitte vor. Der Sterbende, der sich offenbar freute, armen Christen noch zu einer Kirche verhelfen zu können, holte seinen Beutel unterm Kopfkissen hervor und übergab dem Pastor für seine deutsche Gemeinde 300 Rubel. Fuchs, der mit einer solchen Summe nicht gerechnet hatte, war so tief bewegt, daß er den Sterbenden mehrmals auf den Mund küßte, sich dabei ansteckte und nach wenigen Tagen auch starb.

Die wenigen Geistlichen hatten schon unterwegs übergenug zu tun, besonders in den Winterlagern. Es fehlte nicht an Amtshandlungen. Kinder wurden auf der langen Reise geboren, junge Menschen fanden zusammen und heirateten, Kranke brauchten Trost, Gestorbene mußten bestattet werden. In den Winterquartieren wurden, wo sich das irgend ermöglichen ließ, auch Gottesdienste gehalten, Kinder unterrichtet und konfirmiert. Aus einem Winterlager in der Umgebung von Torschock schreibt der Kolonist Philipp Wilhelm Assmus: *„Hier wurde Schule gehalten für die Kinder, auch wurde uns ein Haus zum Gottesdienst eingeräumt, wo auch ein Pastor alle Sonntage predigte und auf Ostern Kinder konfirmierte."* Leider erfahren wir nicht den Namen des Pastors.

In so glücklicher Lage, an jedem Sonntag an einem Gottesdienst teilnehmen zu können, werden sich wohl nicht viele Auswanderer befunden haben. Eine mahnende und warnende Stimme, die zur Ordnung, gegenseitiger Rücksicht und Zuwendung und zu christlichem Leben aufrief, war aber bitter nötig. Denn auf dieser langen Wanderschaft mußte mit Notwendigkeit Zucht- und Sittenlosigkeit einreißen. Schon der Aufenthalt in den engen Lagern in Danzig und Lübeck, in denen die Auswanderer oft wochenlang untätig warten mußten, dann die lange Fahrt auf See, auf noch engeren Raum zusammengepreßt, schließlich die Überwinterung in den primitiven russischen Häusern, zusammen mit den Bewohnern und ihrem Vieh in einem Raum, mußte im höchsten Grade demoralisierend wirken. Auch der russische Wodka tat seine Wirkung. Hatte man ihnen doch in Oranienbaum —

während der dortigen Lagerzeit — klargemacht, daß, „wer in Rußland gesund bleiben wolle, sich an das Branntweintrinken gewöhnen" müsse. So gewöhnten sich denn manche recht gern an die empfohlene Medizin, an der es auch in dem ärmsten russischen Dorf nicht fehlte. Zänkereien, Händel und sinnlose Brutalität konnten nicht ausbleiben, besonders auch zwischen den Auswanderern und ihren unfreiwilligen russischen Gastgebern. Man denke an die Zwistigkeiten, die in den Jahren nach dem letzten Kriege bei Aufnahme der Flüchtlinge, die doch Angehörige des gleichen Volkes und meist auch Glaubensgenossen waren, aufgetreten sind. Dann wird es verständlich, wie schlimm die Zustände erst sein mußten bei Aufnahme der Landfremden, deren Sprache man nicht kannte, die man für Ketzer hielt und die doch mit so großen Ansprüchen auftraten, da sie die Schutzbefohlenen der Kaiserin waren. Es kam nicht selten zu schweren Auseinandersetzungen und Prügeleien, denen die rauflustigen jungen Burschen unter den Auswanderern nicht aus dem Wege gingen. Die führenden Leute in den wandernden Gruppen, unter ihnen auch die wenigen Geistlichen, hatten hier oft eine schwer zu bewältigende Aufgabe.

Die geistliche Versorgung war in den ersten Jahren der Neusiedlung ungenügend und blieb es noch lange. Handelte es sich doch um ein Gebiet, das sich von Norden nach Süden etwa 250 km, von Osten nach Westen über 100 km hinzog — also rund 25 000 qkm. Und in welchem Urzustand befand sich dieses Gebiet! Es war in jeder Hinsicht auch für die Geistlichen ein harter Boden, den sie zu bearbeiten hatten. Trotzdem gelang es ihnen, den Sinn für die gemeinsame Kirche wach zu erhalten. War doch die Kirche den Auswanderern in der Fremde ein Stück Heimat, an dem sie festhielten, mochte noch so viel Bedenkliches in der Lebensführung einzelner eingerissen sein. Es wurde keine Kolonie angelegt, ohne daß mit der Grundsteinlegung auch zugleich an die Errichtung von Kirche und Pfarrhaus oder, in kleineren Dörfern, wenigstens eines Bethauses und eines „Glockenstuhls" gedacht worden wäre. Die Mittel dazu streckte in den ersten Jahren die Regierung vor. Um die Abhaltung von Gottesdiensten und Andachten mußten sich bei dem großen Pfarrermangel in der ersten Zeit die Gemeinden selbst kümmern. Wo es Lehrer gab, hielten diese die Andacht, wo auch diese fehlten — und sie fehlten in manchen Gemeinden —, einer oder mehrere der ersten und führenden Männer der Niederlassung. Die meisten Kolonisten hatten ja Bibel, Gesangbuch aus der Heimat mitgebracht. Solange die Kirche oder das Bethaus noch nicht fertig war, behalf man sich auch mit primitivsten Räumen. Die Namen der treuen Männer, die in jenen schweren

Anfangszeiten, in denen der Trost des Gotteswortes und die Kraft unserer evangelischen Glaubenslieder die einzige geistliche Hilfe der Auswanderer waren, das gottesdienstliche Leben aufrecht erhielten, sind heute vergessen.

Es war wahrhaftig kein geringer Entschluß für einen deutschen Geistlichen, zu den Glaubensgenossen ins ferne Rußland an die Wolga zu gehen, von deren gefährlicher Lage, besonders nach ihren Kämpfen mit den umherziehenden Räuberbanden aus Asien und den russischen Raub-Revolutionären die Kunde nach Europa gedrungen war. Es mußten schon beherzte Männer sein, beseelt von dem lebendigen Glauben, daß Gott sie zu den Brüdern riefe und sie dort zu seinen Werkzeugen gebrauchen wolle, die diesen Entschluß faßten und im Vertrauen auf Gottes Führung den Weg ins Unbekannte und Ungewisse antraten.

Auf der Bergseite sind im Jahr 1784 folgende Geistliche tätig: Pastor Janet in Messer (Ust-Solicha), einem reformierten Kirchenspiel; er stammte aus der Schweiz und wurde 1797 vom Justiz-Kollegium in Petersburg zum „Senior" der protestantischen Pastorenschaft ernannt; P. Lundberg in Stephan (Wodjänoi Buerak), einem lutherischen Kirchenspiel; P. Toppelius im lutherischen Kirchenspiel Galka (Ust-Kulalinka); P. Ahlbaum im lutherischen Kirchenspiel Grimm (Lesnoi-Karamysch); P. Büttner in dem lutherischen Kirchenspiel Frank (Medweditzko-Krestowoi-Bujerak).

Auf der Wiesenseite der Wolga sind es: P. Hartmann von Moos in der reformierten Gemeinde in Nord-Katharinenstadt; P. Mai im lutherischen Süd-Katharinenstadt; P. Helm in Rosenheim (Podstepnoje, lutherisch); P. Strenger im lutherischen Warenburg (Priwalnoje); P. Tornow im lutherischen Bettinger (Baratajewka).

Eine der markantesten Gestalten unter den Pfarrern dieser Zeit war der Schweizer Cataneo. Er traf 1784 mitten im Winter an der Wolga ein. Sein erster Besuch galt seinem Landsmann in Katharinenstadt, Hartmann v. Moos, mit dem zusammen er die Gemeinden besuchte, nicht nur in Katharinenstadt, sondern auch weiter östlich in der Steppe gelegene einsame Dörfer. Katharinenstadt und verschiedene andere Dörfer waren damals noch wie Saratow mit Schutzwällen und Gräben mit eingebauten Kanonen zum Schutz gegen Kirgisen und Kalmücken versehen. Das schreckte aber den jungen Pastor nicht.

Die Kolonisten standen noch unter dem schweren Eindruck der Kirgisenüberfälle und hatten an deren Folgen zu tragen. Mit kindlicher Freude empfingen sie den jungen Pastor aus der Heimat. Cataneo ist in seinen Briefen an seine Freunde in der Schweiz des Lobes dieser prächtigen Menschen voll. Sie haben ihm schon bei seinem ersten Besuch sein Herz abgewonnen:

„In gar trauriger Lage fand ich über die Maßen durch die furchtbaren Erlebnisse eingeängstigt die guten Deutschen und meine lieben Landsleute, welche sich in hohem Maße verwunderten, mich zu so gefährlicher Zeit auf der Reise zu sehen und ohne widrigen Anstoß angekommen zu sein. Ich tröstete wie ich konnte die guten Leute, blieb etliche Tage da und wurde täglich in zwei bis drei Kolonien zu predigen gebeten. Die Not versammelte sie in großer Menge zur Anhörung des Wortes Gottes und ich fand die beste Gelegenheit, sie an den stets helfenden, allmächtigen Herrn zu weisen, im Gefühl ihrer Bedürftigkeit vertrauensvoll anzurufen und ihnen die tröstliche Versicherung zu geben, daß Er gewiß Rat, Hilfe und Befreiung auch von dieser Gefahr schenken werde; ermahnte dabei, ihren deutschen Mut nicht sinken zu lassen und zu den von der Regierung getroffenen und treffenden Maßregeln zur Sicherheit selbst alles mögliche beizutragen. Wirklich faßte das gute, deutsche Volk mehr Mut und durch Gottes segnende Hand ward in kurzer Zeit Sicherheit und Ruhe wieder auch für die Zukunft hergestellt."

Man merkt es diesen Zeilen an, wie den Briefschreiber das Schicksal dieser Menschen bewegte und wie er sie in sein Herz schloß. Er, der Sohn der Berge, hat bald hier Fuß gefaßt und den Wolgadeutschen über vierzig Jahre hindurch gedient. Die Kolonie Norka, in die Cataneo am 16. August 1784 mit seiner Familie einzog, zählte damals 2 000 Seelen. Zu dem Kirchspiel gehörten mehrere Dörfer. Hinzu kamen immer Vertretungen, die bis 120 km von Norka entfernt waren, so daß der Pfarrer oft wochenlang auf Reisen sein mußte.

Die Gemeinde hat ihrem Pastor, der 1831 starb, lange ein dankbares Andenken bewahrt. Hermann Dalton[12]) hat die Kolonie fast fünfzig Jahre nach Cataneos Tode besucht und festgestellt, daß die Erinnerung an ihn noch lebendig war. *„Die müde gewordenen Augen leuchteten auf, wenn sie von ihrem alten Pastor erzählten, der wie ein Vater unter ihnen, seinen Kindern, gewaltet, sie aber auch mit der damals noch willig einem Vater eingeräumten Macht wie große Kinder behandelte, auch den einen oder anderen wie ungeratene, für die er, wenn sie ihm nicht gehorchten, den Stock zur Hand hatte."* Eine eigenartige Methode hatte er, Ehestreitigkeiten zu schlichten, besonders bei Anträgen auf Ehescheidung, die vor die russische Behörde in Moskau gebracht werden mußten. In solchen Fällen ließ er die Eheleute sich erst aussprechen und austoben, ermahnte den schuldigen Teil zur Buße, den anderen zur Vergebung; war das alles ergebnislos, dann holte er seinen Stock hinter dem Kachelofen hervor, *„den alle so gut im*

Dorfe, wie einst die Berliner den Stock des Soldatenkönigs kannten und fürchteten", und gab den Eheleuten zur Erhärtung seiner Ratschläge eine tüchtige Tracht Prügel. Das hat mehr gefruchtet als alle behördlichen Erlasse. Es ist nicht bekannt worden, ob je eine Ehe zu jener Zeit geschieden worden ist. Den Stock aber hat er nicht nur bei dieser Gelegenheit geschwungen. Trotzdem hat es keine Beschwerden gegen ihn gegeben. Er war der stillschweigend von allen anerkannte Schiedsrichter, von dessen Gerechtigkeitssinn und aufrichtigem Willen, ihnen zu helfen, sie überzeugt waren.

Cataneo hielt seinen Leuten nicht nur Predigten, sondern er ging auch zu ihnen hinaus auf ihren Acker und gab ihnen gute Ratschläge. So legte er sich eine Bienenzucht an und versuchte, diese in seinem Dorfe einzuführen; er ließ sich Edelobstbäume von weither kommen, machte seine Versuche mit ihnen auf dem neuen Boden, im neuen Klima, und führte das ein, was er für vorteilhaft für die Gegend hielt. Seinen Pfarrgarten pflegte er als eine Art Mustergarten für seine Umgebung.

Auch zu ärztlicher Hilfeleistung wurde er manchmal zu nächtlicher Zeit in ein entferntes Dorf geholt, selbst Hebammendienste hat er, wo keine andere Hilfe vorhanden war, nicht abgelehnt. Ein besonderes Verdienst erwarb er sich durch die Einführung der Pockenimpfung in den Kolonien. Seine ärztliche Kunst war weithin bekannt. Selbst Kirgisen kamen weither, um seine Hilfe zu suchen. Auch als Chirurg hat er sich eifrig betätigt: Er hat allein 16 Amputationen und 27 Krebsoperationen durchgeführt.

Aber nicht nur die Kolonisten hat er in sein Herz geschlossen, sondern auch die damals noch recht urwüchsige Landschaft. Besonders die hügelige und abwechslungsreiche Bergseite hatte es dem großen Naturfreund angetan. Er kann sich nicht genugtun in seinen Briefen an die Freunde in Schilderungen der Naturschönheit des Gebiets, sei es ob ihrer Wildheit — wie beim Eisgang auf der Wolga — oder ihrer üppigen Fülle und bunten Blumenpracht im Frühling. In heller Begeisterung schreibt er in die Schweiz, wie im Frühling seine Fahrt längs den herrlichsten Blumen, Kräutern, Gräsern der Steppe, an dem schon unter den Pflug genommenen, ungemein fruchtbaren Ackerland vorübergeht; wie er im Herbst zur Erntezeit, wenn er denselben Weg zurücklegt, sich der Schnitter im Felde freut und ihren fröhlichen Liedern lauscht. Übrigens hat er auch Wölfe zu zähmen versucht und sich für Mammutknochen, die in der Gegend vorkamen, und für tatarische Gräber interessiert.

Eines anderen Mannes sei hier noch besonders gedacht, der bedeutenden Einfluß auf das kirchliche Leben im Wolgagebiet als „Dompropst an der Kathedralkirche" zu Saratow und später in dem großen Moskauer Konsistorialbezirk als erster Generalsuperintendent gehabt hat: es ist Johannes Huber. Er kam 1807 aus Baden mit dem brennenden Wunsch, den Mitchristen an der Grenze Asiens mit dem Wort der Ewigkeit zu dienen. Er stand wie Janet unter dem starken Einfluß der „Deutschen Christentums-Gesellschaft" (ihr richtiger Name: „Deutsche Gesellschaft tätiger Beförderer reiner Lehre und wahrer Gottseligkeit"), 1780 von Urlsperger in Basel gegründet, die als Gegengewicht gegen den seichten Rationalismus in der Kirche wahres und lebendiges Christentum zu wecken und zu pflegen suchte. Er war Junggeselle und kam ins Pfarrhaus von Nord-Katharinenstadt als Seelsorger der reformierten Gemeinde. Im Gegensatz zu Cataneo, mit dem er sich in Freundschaft verbunden wußte, war er in allen Dingen des äußeren Lebens sehr unpraktisch und fühlte nur zu bald, daß er hier in der Wolgaeinsamkeit nicht ohne Frau leben konnte. So hielt er Ausschau nach einer Lebensgefährtin. Als er in seiner Umgebung die passende Frau nicht fand, wandte er sich brieflich an den ihm unbekannten zweiten Ortsvorsteher der Brüdergemeinde in Sarepta, Wiegand, von dessen wohlerzogenen Töchtern er gehört hatte, und hielt um die Hand der ihm unbekannten Tochter an. Ein paar Sätze aus diesem originellen Schreiben, das die Geistesart des Mannes kennzeichnet, seien hier wiedergegeben:

„Also: ich bitte Sie, weil ich weiß, daß ich bitten darf, wenn es des Herrn Wille, Ihr Wille und Ihre Gesetze erlauben, so lassen Sie mir Ihre Tochter, welche 20 oder 22 Jahre sein soll, zur Gefährtin meines Lebens zukommen. Das ist schon alles, was ich bitten will. Und warum ich gerade Sie um Ihre Tochter bitte, kann ich schriftlich nicht so bestimmt sagen; aber mit Überzeugung und im Vertrauen auf den Herrn ergeht diese meine Bitte an Sie, mein Lieber, Teurer."

Am 25. Februar erhielt er die zusagende Antwort. Offenbar war diese nach Herrnhuter Sitte durchs Los herbeigeführt. Bereits am folgenden Tage trat der originelle Freier die Reise nach dem 420 km entfernten Sarepta an   trotz der herrschenden Pest im Schlitten. Nach acht Tagen war er an seinem Reiseziel, am nächsten Tage fand schon die Verlobung statt und zwei Tage darauf die Hochzeit, nach der die Rückreise eiligst angetreten wurde[13]). Man fühlt sich bei dieser Brautfahrt in der Welt des Alten Testaments.

Huber wurde, wie wir noch sehen werden, von Ignaz Feßler, dem Superintendenten von Saratow, zu seinem nächsten Mitarbeiter berufen, wo er bis 1834 mit großer Hingabe und Treue gewirkt hat. Mit der Verlegung des Konsistoriums nach Moskau wurde er zum Generalsuperintendenten desselben ernannt und konnte in Moskau noch 24 Jahre dem wohl ausgedehntesten lutherischen Konsistorialbezirk der Welt dienen.

In besonders dankbarer Erinnerung blieben den evangelischen Gemeinden des Wolgagebiets seine aufopferungsvollen Bemühungen um Bücher — Bibeln, Katechismen, belehrende Schriften, und solange die Kolonien nicht ihr eigenes Gesangbuch hatten, um Gesangbücher. Besonders Basel und die Halle'schen Stiftungen waren, durch ihn angeregt, lange Zeit hindurch bemüht, reiche Bücherspenden ins Wolgagebiet zu senden.

Das Dankschreiben eines Kirchenältesten kennzeichnet am besten die Dankbarkeit der Empfänger:

„Lieber Herr Pastor! Mit Scham und tiefer Beugung will ich einen herzlichen Dank bringen, nicht allein von mir, sondern von allen meinen Brüdern, die sich auch von Herzen freuen und dankbar sind über alle Bücher und Schriften, die wir bekommen. Der liebe Heiland wolle Sie dafür überschwenglich segnen an Leib und Seele. O sagen Sie diesen lieben Seelen allen in unserem Namen den herzlichen Dank für alle die Bibeln, Predigtbücher und andere Schriften ...“

Um der Verwilderung der Jugend, über die mit Recht geklagt wurde, da sie ja weithin ohne geistliche Führung war, entgegenzutreten, gab das deutsche Fürsorgekomitee in Saratow sehr scharfe Instruktionen an die Schulzen und Oberschulzen — auch über das religiöse Verhalten, den Kirchenbesuch, das Verhalten im Gottesdienst usw. In Paragraph 1 der Instruktion vom Anfang des 19. Jahrhunderts heißt es: *„Die Hauptschuldigkeit aller Etablierten ist es, sich den Gesetzen ihrer Kirche zu unterwerfen“* (dabei ist wohl in erster Linie an die aus Deutschland mitgebrachten kirchlichen Sitten gedacht, denn eine Kirchenbehörde, die für alle Gemeinden Verordnungen hätte erlassen können, gab es noch nicht, jede Gemeinde gab sich selbst ihre „Gesetze“; die einzige kirchliche Obrigkeit war der Pastor), *„wobei ein jeder aus ihnen verbunden, an Sonn- und Feiertagen, an den von den Geistlichen bestimmten Tagen mit aller Ehrfurcht in das Haus Gottes zu gehen, andächtig sein Gebet zu verrichten und aufmerksam dem Worte Gottes zuzuhören, nach Verdienst das heilige Abendmahl zu genießen; wenn aber jemand sich ohne gesetzmäßige Ursache, sondern nur aus Faulheit davon abhalten läßt, einen solchen hat man das erste und zweite Mal zu ermahnen, nach dem aber mit zehn Kopeken zu bestrafen, und wenn ein solcher mit der letzten Strafe dreimal im Jahr bestraft wird und der Schuldige sich nicht bekehrt, so soll auf einen solchen* *jedesmal die Geldstrafe verdoppelt und dem nach einen ganzen Tag zu gemeinschaftlicher Arbeit gebraucht werden. Die Gelder werden in die Gemeinde-Kasse getan."*

In einer anderen Instruktion wird verfügt:

„Der Oberschulz in jedem Gebiete und der Vorsteher oder Schulz in jedem Dorf sollen in versammelter Gemeinde Erläuterungen, Unterweisungen und Belehrungen über das geben, was sich auf die guten Sitten und den Nutzen im geselligen Zusammenleben der Ansiedler bezieht, damit die Jugend ihre Eltern und alten Leute hochachte und ihnen gehorche, diese aber durch ihre Beispiele die Jugend zur Arbeitsamkeit, Ehrlichkeit, Enthaltsamkeit, zu einem friedlichen Zusammenleben in den Dörfern und in den Familien aufmuntern und anhalten."

Zu solchen Gemeindeversammlungen wurde das ganze Dorf aufgeboten. Nur ein Viertel der Einwohner durfte zu Hause bleiben. Das gilt auch von den Gottesdiensten. *„Das Zuhausebleiben geht nach der Reihe um, damit auch die Geistlichen davon Wissenschaft haben."* Die Schulzen und Oberschulzen wurden in solchen Versammlungen zu wahren Predigern, wenn sie das Zeug dazu hatten — und viele unter ihnen hatten es. Bei dem Mangel an Seelsorgern konnten solche Instruktionen, die an calvinistische Strenge im Genfer „Gottesstaat" erinnern, wenn sie befolgt wurden, für die Gemeinden von großem Segen sein. Leider kamen sie nur zu häufig und waren immer mit Androhung harter Strafen, besonders der Jugend gegenüber, verbunden; so verloren sie durch Übertreibung vielfach ihren erzieherischen Wert. Die Jugend sollte in jenen weiten Steppengebieten, wo es keinerlei gesellige Zerstreuung gab, in strengem puritanischen Geiste erzogen werden. Jede Art von Musik und Tanz, auch an großen Volksfesten wie Kirchweih, war bei strenger Strafe untersagt. Nach neun Uhr abends sollte kein Jugendlicher mehr auf der Straße angetroffen werden.

„Die aber nach dieser Zeit attrahieret werden, sind zu verhaften und bis zum Morgen einzusperren und dann mit Ruten zu bestrafen. Auch soll durchaus keine Musik in den Kolonien geduldet werden, welche der Jugend zur Unzucht Anlaß gibt: Diesen Befehl hat ein jeder Vorsteher genau zu beobachten und für die etwaige Verletzung desselben verantwortlich zu sein."

Welche Aufgabe für den armen Vorsteher einer lebensvollen Jugend gegenüber! Dadurch, daß man der Jugend schlechthin alle Musik, damit auch das Volkslied und den Tanz, verbot, hat man sie nicht gebessert, sondern gezwungen, auf Umwegen, die erst recht verderblich sein mußten, zu ihrem Recht zu kommen. Das Kontor überschüttete die verantwortlichen Männer mit Instruktionen, die der Sitte und Sittlichkeit oft mehr geschadet als genützt haben.

Da die Geistlichen keine kirchliche Behörde hatten, wurden auch ihnen in der zweiten Abteilung der Instruktionen für die Kolonisten ihre Pflichten summarisch vorgehalten:

„1. Die Patres und Pastoren sollen nicht allein ihren Gemeinden nach Vorschrift der heiligen Schrift einen lehrreichen und zu ihrem Seelenheil dienlichen Unterricht geben und die Jugend unterrichten, sondern auch durch ihren Lebenswandel und Aufführung ein Muster der Ausübung dieser Lehren sein.

2. Die Predigten sollen kurz, erbaulich und nach der heiligen Schrift eingerichtet sein, aller Streitigkeit, Feindschaft, beleidigender, auf bekannte Personen gerichteter Ausdrücke und harter Redensarten soll man sich durchaus enthalten"[14]).

Das Gehalt der Geistlichen war sehr gering. Es betrug die ersten Jahre 171 Rubel, 60 Kopeken für die evangelischen Geistlichen; für die katholischen, die keine Familie hatten, 142 Rubel, 90 Kopeken im Jahr. Mit diesem Gehalt konnte der Pfarrer nur bei äußerst bescheidener Lebenshaltung mit seiner Familie existieren. Kein Wunder, daß sich die Pfarrer in Deutschland, die viel besser gestellt waren und außerdem in geordneten Verhältnissen in einem Kulturland wohnten, sich nur sehr schwer entschlossen, an die Wolga zu gehen[15]). Außerdem sah die russische Behörde den Zuzug deutscher Pfarrer nicht gern und legte ihnen Hindernisse in den Weg, da durch diese die innere Verbindung der Kolonisten mit ihrer alten Heimat stets erneuert und gefestigt wurde, eine Tatsache, die der Russifizierungstendenz, die im geheimen von Anfang an vorhanden war, strikt zuwiderlief.

Im Jahre 1805 richteten die evangelischen Geistlichen ein Gesuch an den Minister des Innern um Erhöhung ihres Gehalts, *„da ihr jetziger Gehalt bei den gestiegenen Preisen aller Lebensbedürfnisse auch nur zu ihrem dürftigen Unterhalt unzulänglich"* sei. Der Minister gab daher die Order, das Gehalt der evangelischen Geistlichen auf 350 und das der katholischen auf 250 festzusetzen. Die Zulage wurde durch das Kontor von den Kolonisten erhoben und den Pfarrern ausgezahlt. Hinzu kamen noch die wechselnden Einnahmen von einem Pfarracker, den die Pfarrer gewöhnlich verpachteten, und ein kleiner Betrag an Akzidentien (Einnahmen für Amtshandlungen), so daß sie jetzt wesentlich besser gestellt waren. Aber um die Söhne studieren zu lassen, reichte das Gehalt doch nur bei wenigen aus.

*Im Zentrum der Stadt Saratow an der Wolga:
die evangelisch-lutherische Kirche. Im weißen Haus
daneben befand sich das Pastorat.*

Nur langsam konnte sich unter den geschilderten Verhältnissen ein ge-
ordnetes Kirchenwesen entwickeln. Die Arbeit war außerordentlich schwer
für die wenigen Diener am Wort. Aber allmählich konsolidierten sich die
Verhältnisse auch hier. Im Jahre 1795, also dreißig Jahre nach Gründung
der Kolonien, gab es zehn evangelische Kirchspiele, davon waren drei reformiert. Hinzu kam noch die lutherische Kirche in Saratow, die im Jahre
1793 eingeweiht wurde. Wir wissen bereits, daß die erste lutherische Gemeinde hier von einem Sattler ins Leben gerufen und von ihm betreut worden ist. Außergewöhnlich und einzig in ihrer Art ist die Einweihung dieser
Kirche. Sie wurde gemeinsam von dem lutherischen Pastor der Saratower
Gemeinde, May, dem reformierten Prediger Cataneo und dem Franziskaner
Fuchs eingeweiht und sollte drei Konfessionen dienen! Dieser Zustand hat
aber nicht lange gedauert. Die Katholiken bauten später ihre eigene Kirche

54

und die Reformierten schlossen sich den Lutheranern an. Besonders trostlos war in dieser Zeit die Lage der Hinterbliebenen eines Geistlichen. Es gab keine Stelle, die verpflichtet gewesen wäre, für die Witwen und Waisen zu sorgen. Im Jahre 1808 gründeten daher die wolgadeutschen Pfarrer eine „Prediger Witwen- und Waisenkasse", zu der jeder verheiratete Pfarrer 20 Rubel im Jahre beitrug. Zum Grundkapital hatte auch das russische Kaiserhaus einen namhaften Beitrag gegeben. Diese Kasse hat sich in der Folge als außerordentlich segensreich erwiesen und bis zur Vernichtung der Kirche durch den Bolschewismus bestanden.

Das erste evangelisch-lutherische Konsistorium in Rußland

Die sprunghafte Zunahme der Evangelischen in Rußland, die durch die Berufung der deutschen Kolonisten verursacht war, machte den Mangel einer einheitlichen kirchlichen Leitung und Verfassung immer fühlbarer. Alle bisherigen Versuche, eine für alle lutherischen Gemeinden verpflichtende Verfassung zu schaffen, waren gescheitert. Aber der Ruf nach einer einheitlichen Ordnung war nicht verstummt.

Am 20. Juli 1819 gab, nach vielen Bemühungen behördlicher und privater Kreise, Zar Alexander I. seinem Minister für Kultus und Volksaufklärung, dem Fürsten Alexander Galitzin, den Befehl, für die evangelische Kirche ein Reichs-Generalkonsistorium zu errichten und einen Bischof mit dem Sitz in Petersburg zu ernennen. Es war aber vorauszusehen, daß sich die Verhandlungen wieder lange hinziehen würden. So entstand der Gedanke, in dem Gebiet, in dem die lutherische Kirche in Rußland am stärksten und geschlossensten war — im Wolgagebiet — ein Konsistorium zu schaffen, dem neben den Wolgakolonien die Gouvernements Astrachan, Woronesch, Tambow, Rjäsan, Pensa, Simbirsk, Kasan, Orenburg und Perm — ein riesiges Gebiet von 1 113 058 qkm — unterstellt sein sollten.

Schon am 25. Oktober 1819 wurde das neue Konsistorium gegründet, zu seinem weltlichen Vorsitzenden wurde der Staatsrat Reinholm ernannt, zu seinem Stellvertreter und geistlichen Vorsitzenden Dr. Ignaz Feßler, den der Kaiser zum Superintendenten ernannte. Ein Mann von großer Gelehrsamkeit, Verfasser einer zehnbändigen Geschichte Ungarns, verschiedener Grammatiken orientalischer Sprachen, von seinerzeit viel gelesenen Romanen und oft aufgeführten historischen Trauerspielen.

Feßlers Selbstbiographie[16]) vermittelt das Bild eines ruhelosen und rastlos tätigen, ebenso rätselhaften wie genialen Mannes. Hier in Kürze die Etappen seines Lebens: Er ist in Zurndorf an der Leitha 1756 als Katholik geboren, tritt schon mit 17 Jahren in den Kapuzinerorden ein, wird früh zum Priester geweiht, durchwandert – überall auf der Suche nach Bildung und Erkenntnis – verschiedene Klöster, erkennt die tiefen Mißstände in ihnen, gerät unter den Einfluß der katholischen Reformbewegung des Josephinismus, macht dem Kaiser Joseph II., mit dem er mehrere Unterredungen hat, Reformvorschläge zur Aufklärung der Mönche. Um ihn vor der Verfolgung seines Klosterordens zu retten, ernennt ihn der Kaiser zum Professor der orientalischen Sprachen an der neugegründeten Universität Lemberg. In den Bannkreis des Freimaurertums geraten und allmählich mehr Literat denn Theologe, wird er Erzieher im Hause des wissenschaftlich und religiös lebhaft interessierten Fürsten Schönaich-Carolath. Der Übertritt zur lutherischen Kirche (1791) hat zunächst mehr pädagogische Motive: der junge Prinz soll lernen, daß es zu den staatsbürgerlichen Pflichten gehöre, zu einer Kirche zu gehören, für die man öffentlich Zeugnis ablegen könne. Eine 1792 eingegangene Ehe bleibt unglücklich; Feßler rettet sich in seine umfangreiche schriftstellerische Arbeit, befaßt sich mit dem Logenwesen und gründet einen Euergeten-Bund im Sinne der alten Mysterienbünde. 1796, nach dem wirtschaftlichen Ruin seines Fürsten, verlegt er seinen Wohnsitz nach Berlin, verwaltet auf königliche Ernennung das Amt des Rechtskonsulenten in Ost- und Südpreußen und unternimmt es, die Berliner Große Loge von Preußen im Sinne einer Übersetzung christlichen Glaubensgutes in die Freimaurerei zu reformieren. Als er das Vergebliche seines Bemühens einsieht, erklärt er 1802 seinen Austritt aus der Loge. Im gleichen Jahr heiratet Feßler zum zweiten Mal; diese Ehe wird nicht ohne Einfluß auf sein Glaubensleben bleiben. Während der Franzosenzeit folgt er 1809 einem Ruf als Professor der Philosophie und orientalischen Sprachen an der geistlichen Akademie in St. Petersburg. Da er seine Vorlesungen in lateinischer Sprache hält, verstehen ihn seine Hörer nicht, und was sie davon zu verstehen glauben, wird falsch gedeutet. Um weiteren Kämpfen aus dem Wege zu gehen, die um die philosophische Orientierung und um eine Studienreform entstehen, verzichtet er 1811 auf diese Stelle, ist aber inzwischen vom Kaiser zum „Korrespondierenden Mitgliede bei der zur Redaktion der Gesetze verordneten Kommission" mit dem Recht, sich seinen Wohnsitz im ganzen russischen Reich frei wählen zu können, ernannt. Wieder beginnt er zu wandern, zunächst nach Wolsk im Saratowschen Gouvernement, um in Stille und Zurückgezogenheit an seinem großen Geschichtswerk über Ungarn arbeiten zu können. Nach zwei Jahren siedelt er um nach Saratow und von hier nach abermals zwei Jahren nach Sarepta. Unter dem Einfluß der schlichten Frömmigkeit der Sareptaner und der Vertiefung in die Heilige Schrift und Augustin sowie harter Schicksalsschläge erlebt er hier über dem „Chaos seiner Seele" die Bewegung des Geistes und vernimmt das schöpferische Wort: „Es werde Licht!" Erst hier ist er also zur vollen evangelischen Gewißheit gekommen. 1819 erteilt der Zar dem Dreiundsechzigjährigen den Auftrag, ein lutherisches Konsistorium in Saratow ins Leben zu rufen.

Ein unübersehbares Arbeitsfeld lag vor Feßler, das der ordnenden und gestaltenden Hand wartete. Und er ging an diese Gestaltung mit großer Energie, mit dem Einsatz seiner ganzen Kraft und vielseitigen Erfahrungen.

Seine erste Handlung nach seiner Ernennung zum Superintendenten rief allerdings Bedenken hervor: Er reiste nach Finnland und ließ sich von dem Bischof zu Borgå in sein bischöfliches Amt durch Handauflegen einsegnen und empfing ein Kreuz als Zeichen seiner bischöflichen Würde[17]. Der ökumenisch-romantischen Gesinnung des Kaisers entsprach es, die „apostolische Sukzession" (nach der das Bischofsamt seit der Zeit der Apostel von seinen Trägern jeweils durch Handauflegung auf den Nachfolger übertragen wird) für die zu schaffende einheitliche lutherische Kirche Rußlands vorzusehen, wie sie in den skandinavischen lutherischen Kirchen seit der Reformationszeit fortgeführt wird.

Auf die Bischofswürde weist auch die Tatsache hin, daß angeordnet wurde, der Saratowschen lutherischen St. Marienkirche, damals noch ein schlichter Bau aus dem Jahre 1793, den hochklingenden Namen „Kathedralkirche" und dem an ihr angestellten Pastor den Titel eines Dompropstes zu geben.

In diesem Rahmen entfaltet Superintendent Feßler eine rege Tätigkeit. Für seinen klaren Blick und seine scharfe Beurteilungsgabe spricht zunächst der Umstand, daß er den schon erwähnten sehr tüchtigen und frommen Pastor Johannes Huber, den er 1821 als Senior nach Ustsolicha geschickt hatte, schon 1823 zum geistlichen Beisitzer des Konsistoriums und Dompropst an der Saratower „Kathedrale", damit also zu seinem engsten Mitarbeiter berief. Durch seinen mehrjährigen Aufenthalt in Saratow und Sarepta hatte er die Verhältnisse gründlich kennengelernt und konnte ordnend und erneuernd eingreifen. Auf vielen Gebieten hat der unermüdliche Mann bleibende Anregungen gegeben. Er fing an, die großen Kirchspiele auf der Wiesenseite zu teilen. Um mehr Pfarrer aus Deutschland zu gewinnen, beantragte er bei der Regierung die Erhöhung der Gehälter. Das Seniorat, das nie eine Rolle bei der geistlichen Verwaltung der Kolonien gespielt hatte, hob er auf und teilte das Gebiet in zwei Propsteibezirke, den einen auf der Berg-, den anderen auf der Wiesenseite. Die Pröpste wurden gehalten, mit ihren Pfarrern jährliche Propsteisynoden abzuhalten und alle drei Jahre die einzelnen Kirchspiele zu visitieren. Außerdem gab es eine Gesamtsynode, die vom Superintendenten einberufen und geleitet wurde.

Im Jahre 1824 gibt eine Übersicht über die Heimat der 17 in den Wolgagemeinden tätigen Pfarrer folgende Herkunft an: zwei Sachsen, ein Finne, ein Sareptaner, ein Hannoveraner, ein Holländer, drei Preußen, ein Weimaraner, zwei Schweizer, ein Pfälzer, ein Mähre, ein Livländer, einer ist schon in den Kolonien geboren, der Sohn des Pastors Cataneo, bei einem fehlt die Angabe.

Die Synoden wurden zu positiver Arbeit angehalten und — sie arbeiteten. Wohl die segensreichste Frucht der jahrelangen Arbeit der Gesamtsynode ist das wolgadeutsche Gesangbuch mit dem etwas langen Namen: „Sammlung christlicher Lieder für die häusliche und öffentliche Andacht, zum Gebrauch der deutschen evangelischen Kolonien an der Wolga. Zusammengetragen von den Priestern derselben." Das Gesangbuch enthält 823 Lieder und ist ein stattlicher Großoktavband. Die Lieder sind den verschiedenen Gesangbüchern, wie sie bei der Auswanderung aus verschiedenen Landeskirchen mitgebracht worden waren, entnommen, ein großer Teil dem Marburger und dem der Brüdergemeinde.

Ist auch eine Reihe weichlicher und süßlicher Lieder, wie sie dem Geschmack der Zeit entsprachen, mit aufgenommen worden, das Gesangbuch enthält doch alle wichtigen, kraftvollen Glaubenslieder unserer evangelischen Kirche. Dieses Buch war wie kein anderes außer der Bibel eine unerschöpfliche Quelle des Segens, des Trostes und der Glaubenskraft für unsere Kirche. Es hat in guten und in bösen Tagen zu den Herzen der Wolgadeutschen gesprochen, ob im dichtbesetzten Gotteshause, wo alle mit vollem Stimmaufwand ihrem Gefühl Ausdruck gaben, daß die Wände dröhnten, oder ob leidgeprüfte Seelen im stillen Kämmerlein Trost darin suchten. Wenn Luther nur dies eine Werk vollbracht hätte, seiner Kirche ein deutsches Gesangbuch zu schenken und dadurch eine tiefe Quelle der Frömmigkeit freizulegen zum Segen nicht nur der deutschen Nation — so verdiente er, zu den großen Segenspendern der Christenheit gerechnet zu werden. Als alles verstummen mußte in den Kolonien, was dem Glaubensleben äusseren Ausdruck gibt — Predigt, Gemeindegesang, Glockengeläut —, da redete dies Gesangbuch noch ganz in der Stille zu der einzelnen Seele und gab dem sinkenden Glauben neuen Halt.

Feßler beauftragte Huber schon gleich nach dessen Berufung zum Dompropst, eine ,,Vorschrift des liturgischen Ganges bei den gewöhnlich sonn- und feiertäglichen Gottesdiensten und bei der Feier des heiligen Abendmahls" zu entwerfen. Diese ,,Vorschrift" hielt sich im wesentlichen an die schwedische Agende sowie die allgemeine liturgische Verordnung von 1805. Sie war so gehalten, daß auch reformierte Gemeinden sie — unter Auslassung bestimmter Stücke — benutzen konnten.

Sowohl das neue Gesangbuch wie die Pfarrsynoden förderten das Bestreben Feßlers, die unerfreulichen Gegensätze zwischen den Lutheranern und Reformierten zu beseitigen. Wenn die Gemeinden aus demselben Gesangbuch sangen, dieselbe Bibel lasen, wenn die Pfarrer dieselbe Agende benutzten, — wenn schließlich die Pfarrer in denselben Synoden miteinander die gemeinsamen Nöte besprachen und gemeinsame Wege suchten, sie zu überwinden, dann mußte unter ihnen Duldung und Brüderlichkeit wachsen. Die Folge war, daß sich in Katharinenstadt die Reformierten der lutherischen Kirche anschlossen, so daß es von nun an nur noch eine große evangelisch-lutherische Kirche in Katharinenstadt gab. In Saratow geschah dasselbe. Nur drei Kirchspiele des Wolgagebiets blieben weiter reformiert: Norka, Ustsolicha und Goloi Karamysch.

Auf einen Hauptnotstand in den Kolonien richtete Feßler seinen Blick vom ersten Tage seiner Amtsübernahme an und rang um seine Behebung, solange er dieses Amt verwaltete: Seit der Gründungszeit lag die Schule danieder. Gewiß legten die Kolonisten Wert darauf, daß Schule gehalten wurde. In den Wolgakolonien lernte von Anfang an fast jedes Kind lesen und schreiben. Das Analphabetentum, ringsum die Regel — bis zu neunzig Prozent in Rußland —, war bei ihnen so gut wie unbekannt. Aber unter welchen Umständen! Ein Lehrer hatte oft mehrere hundert Kinder in einem engen Raum zu unterrichten. Ein Martyrium für Kinder und Lehrer. Hinzu kam die schlechte soziale Stellung der Lehrer. Da die Kolonisten für die Schule selbst aufkommen mußten, hielten sie das Gehalt so niedrig wie möglich. Der Lehrer war gezwungen, im Sommer Bauer — er hatte seinen Landanteil —, im Winter Schullehrer zu sein, wenn er existieren wollte.

Die Pfarrer haben sich redliche Mühe gegeben, die soziale Stellung der Lehrer zu heben, aber da es kein bindendes Gesetz gab — in Rußland bestand noch keine Volksschule, sie wurde erst 100 Jahre nach der Einwanderung der Deutschen ins Leben gerufen —, versuchten die Bauern, ihrer Art entsprechend, immer den billigsten Bewerber und nicht den tüchtigsten in die vakante Stelle zu bringen. Außerdem wurde der Lehrer immer nur für ein Jahr angestellt. Feßler arbeitete gleich zu Beginn seiner Tätigkeit ein grundlegendes Schulreformprogramm aus. Als Grundlage für alle Kinder sollte die Volksschule gelten, auf ihr sich eine höhere Volksschule aufbauen, aus der die Vorsteher und Schulzen der Gemeinden, ebenso die Lehrer, für die noch ein besonderes Lehrerseminar vorgesehen war, hervorgehen sollten. Mit diesen weitgesteckten Zielen stieß er aber auf harten Widerstand der Regierung in Petersburg. Hier herrschte schon längst die Russifizierungstendenz; deswegen wurde das deutsche Schulwesen, wo immer es ging, ohne einen Aufstand der Bauern hervorzurufen, gehemmt.

Die weitgreifenden Vorschläge des Superintendenten wurden abgelehnt; zugestanden wurde jedoch, daß in Zukunft keiner mehr Schulmeister werden durfte, der nicht eine Prüfung beim Konsistorium abgelegt hatte und vom Superintendenten bestätigt war. Die Folge war, daß von nun an auch bei der Pfarrerschaft die Schulfrage stets auf dem Programm ihrer Synoden stand. Wenn auch schon früher die Schule immer ihr Sorgenkind war — wie könnte es bei deutschen Lutheranern anders sein —, aber die Sorgen trug man allein, jeder für sich. Jetzt geschah es in Gemeinschaft und wurde zu einer vorwärtstreibenden Kraft. Auch um ein Lehrerseminar hat die Pfarrerschaft seit Feßlers Zeit nie mehr aufgehört zu ringen — trotz allen hartnäckigen Widerstandes der Regierung. Die Lehrer wurden angeregt, auf Lehrerkonferenzen ihre pädagogischen Erfahrungen auszutauschen, die Pfarrer angehalten, in ihrem Konfirmandenunterricht, für den sich die Kinder, die vom Schulmeister vorbereitet waren, stets für sechs Wochen von allen anderen Arbeiten freizuhalten hatten, in der Jugendunterweisung an den Sonntagnachmittagen, an der die schulentlassene Jugend verpflichtet war teilzunehmen, unablässig auf Auffrischung der Schulkenntnisse, die sich ja hauptsächlich auf Bibel, Gesangbuch und Katechismus erstreckten, zu drängen. Aber auch die Erwachsenen wußte Feßler zu erreichen. Das „Brautexamen", in manchen Gegenden Deutschlands üblich und auch in vielen Kolonistengemeinden damals nicht unbekannt, wurde allen Pfarrern zur Pflicht gemacht. Vor dem Aufgebot zur kirchlichen Trauung war das Brautpaar verpflichtet, sich vor dem Pfarrer zu „verloben". Diese Verlobung ging eine ernste Prüfung ihrer Kenntnisse in der biblischen Geschichte, Gesangbuch und Katechismus voraus. Versagten hier die Brautleute — gewöhnlich war das der Bräutigam —, dann waren sie „durchgefallen". Der Pfarrer setzte ihnen einen neuen Verlobungstermin. Da hat noch manches Mädchen dem

Verlobten die zehn Gebote und den christlichen Glauben mit mehr Erfolg eingepaukt, als dies einst dem Lehrer in der Schule mit dem Stock gelingen wollte!

Dreizehn Jahre bestand das Konsistorium in Saratow. Dann wurde es aufgelöst von der Behörde, die in ihrem Suchen nach einer für alle Evangelischen bindenden Verfassung inzwischen zu einer anderen Lösung — allerdings keiner besseren — dieser Frage gekommen war. Es war ein schwerer Fehler, das Konsistorium aus Saratow nach Moskau zu verlegen. Das war ja gerade der Segen dieses Konsistoriums, daß es mitten in seinem Verwaltungsgebiet wirken, daß ein tatkräftiger Leiter alle Probleme an Ort und Stelle prüfen und aus der Praxis heraus entscheiden konnte. Das Konsistorium in Moskau war weit — heute eine wohl 30-stündige Fahrt mit der Bahn und wie weit noch bis zur Bahn! Und erst damals! Wochenlange Schlitten- oder Wagenfahrt! Hier konnten rasche Entscheidungen nicht getroffen werden, wenn es nicht immer Entscheidungen vom grünen Tisch aus sein sollten.

Schon vor der Verlegung des Konsistoriums nach Moskau hatte die Tätigkeit Feßlers ein Ende in den Kolonien gefunden. Er siedelte 1830 über nach Petersburg, wurde zum Generalsuperintendenten ernannt, war aber bis zu seinem Tode im Jahre 1839 kaum mehr öffentlich wirksam[18]).

Geriet auch das von Feßler begonnene Werk, in dem ihm viele arbeitsfreudige Pfarrer — bei ablehnender Haltung anderer — zur Seite standen, ins Stocken, umsonst war seine Mühe wahrhaftig nicht. Der Anstoß, den er gab, hat weiter gewirkt. Die Pfarrer waren auf eine neue Ebene gehoben, die sie nicht mehr ganz verließen. Ihre Synoden, sowohl die Gesamtsynoden als auch die Propsteisynoden, gaben ständig neue Anregung zu ernster Arbeit für Kirche und Schule. Und sie durften bald erkennen, daß diese Arbeit — trotz aller widerstrebenden Kräfte und Hemmungen von seiten derer, die den beginnenden Aufstieg der Wolgakolonisten mit Neid und Mißtrauen verfolgten — nicht vergeblich war.

Mag sein Charakterbild auch in mancher Hinsicht zwiespältig erscheinen, dies muß hier anerkennend dankbar hervorgehoben werden: er hat sich zielbewußt und tatkräftig unter schwierigen Verhältnissen für die Schaffung einer wohlgeordneten evangelisch-lutherischen Kirche an der Grenze Asiens eingesetzt. Er mag sich in seinen Mitteln manchmal vergriffen haben, er mag oft zu herrisch und stürmisch vorgegangen sein und dadurch Widerspruch und Gereiztheit der Amtsbrüder, die an ihre Unabhängigkeit und Selbständigkeit in ihren Gemeinden gewöhnt waren, hervorgerufen und ihnen

Anlaß zu Bedenken gegen seine „katholisierende" Betonung des Äußerlichen gegeben haben — der Weg, den er gegangen ist, war ein Weg, der herausführen mußte aus der Zersplitterung, Vereinzelung und Eigenbrötelei zur Ordnung, zur Gemeinschaft aller, die an denselben Herren glaubten und sich als Erben und Träger der Reformation im fremden Lande wußten.

Alexander I. und die Schwarzmeerdeutschen

Der Auswandererstrom der Deutschen ins Wolgagebiet dauerte, wie wir gesehen haben, von 1763 bis 1767. Der Drang zur Wolga war aber schon im letzten Siedlungsjahr langsam ins Stocken geraten, im wesentlichen aus zwei Gründen. Einmal wurden die Auswanderungsverbote der deutschen Obrigkeiten immer strenger durchgeführt, und zum anderen waren die Nachrichten, die um diese Zeit über die Schwierigkeiten und Nöte, mit denen die Aussiedler an der Wolga, vor allem die Unsicherheit und ständige Bedrohung ihres Lebens, zu kämpfen hatten, in die alte Heimat gedrungen und hatten die Auswanderungslust in dies gefährliche Gebiet gedämpft. Die russische Regierung gab jedoch ihre Siedlungspläne nicht auf. Die Erfahrungen, die sie mit dem großen gewagten Wolgaunternehmen gemacht hatte, waren trotz aller Schwierigkeiten und Fehler der Regierung ermutigend. Darum wurden neue Siedlungsmöglichkeiten ins Auge gefaßt.

Vor allem die unter Katharina II. und Alexander I. von den Türken eroberten riesigen Gebiete in Südrußland riefen geradezu nach Neusiedlern. Nach Zurückwerfung der Tataren im Jahr 1480, die Rußland 250 Jahre unterjocht hatten, waren die Türken in das Schwarzmeergebiet eingedrungen. Mit ihnen hatten die Russen mit wechselndem Erfolg zu kämpfen, bis es ihnen Ende des 18. und Anfang des 19. Jahrhunderts gelang, das ganze Gebiet nördlich und westlich des Schwarzen Meeres den Türken zu entreißen. Ein großes, fruchtbares Gebiet, das sich in breitem Gürtel bis zum Nordkaukasus hinzieht, war menschenleer. Die weitausholende Schwarzerdebene mit ihrem fruchtbaren Ackerland und ihren reichen Bodenschätzen wartete der Erschließung.

Noch unter Katharina II. entstand im Jahre 1782 auf dem rechten Ufer des Dnjepr (an der Grenze des damals noch bestehenden Chanats der Krim) eine schwedische Ansiedlung namens Alt-Schwedendorf. Die Schweden waren allerdings nicht aus freiem Willen hierher gekommen, sondern als zwangsweise Umgesiedelte[19]). Trotz der fremden Umgebung hielten die Schweden fest an schwedischem Volkstum und am lutherischen Bekenntnis. Im ganzen waren es im Jahre 1859 2356 Schweden (einschließlich Alt-Danzig und vier weiterer Niederlassungen) mit 17169 Hektar Land. Aus Katharinas Zeiten stammen ferner 18 Mennonitenkolonien und drei größere Einzelkolonien im Chortizagebiet, ferner eine Reihe lutherischer Siedlungen bei Jekatarinoslaw.

Unter der Regierung Alexanders I. setzte die Auswanderungsbewegung nach Südrußland wieder ein. Die Gründe waren zum Teil die gleichen wie zu Zeiten der Besiedelung des Wolgagebietes: Der Druck der Oberen auf die bäuerliche Bevölkerung mit Steuerlasten, die Wirren im Gefolge der napoleonischen Kriege, durch die viele verarmt und verelendet waren. Als besonders starker Beweggrund zur Auswanderung kommt aber in dieser Zeit bei den Süd- und Westdeutschen das religiöse Motiv hinzu. In einer Gemeindechronik vom Jahre 1848 werden die Gründe der Auswanderung sehr treffend zusammengefaßt:

„Teils Nahrungssorgen und Beschwerden durch erhöhte Steuern, teils die immer mehr sich verbreitende neue Lehre und die mit ihr verbundenen Veränderungen in Kirche und Schule, welche die Besorgnis erweckt hatten, es könnte ihnen und ihren Kindern die reine Lehre des Evangelii noch ganz entzogen werden, waren die hauptsächlichsten Beweggründe, aus welchen im Anfang unseres Jahrhunderts viele Württemberger ihr sonst so gesegnetes Vaterland verließen."

Der Rationalismus beherrschte weithin das Leben der offiziellen Kirche. Änderungen der Lieder und Liturgien wurden, ohne die Stimme des Volkes zu hören, eingeführt. Viele ernste Christen konnten sich mit der Vergötzung der menschlichen Vernunft nicht abfinden und wandten sich von der Kirche ab. Sie glaubten die biblische Frömmigkeit in den pietistischen Kreisen zu finden, die allerorten, besonders in Württemberg, eine starke Anziehungskraft ausübten. Wie in allen schweren Krisenzeiten und weltgeschichtlichen Katastrophen wandte sich der Blick der geängstigten Menschen dem Ende zu. Die prophetischen Bücher, in ruhigen Zeiten kaum beachtet, rückten in den Mittelpunkt der Betrachtung. Die Offenbarung St. Johannis wurde wieder gelesen. Die gewaltigen Bilder der Endkatastrophe, die mitreißenden Szenen himmlischer Glorie und Herrlichkeit im Wechsel mit dem grauenvollen Geschehen in der Tiefe, die Mächte der Finsternis, die Zahlenmystik der sieben Siegel, der sieben Posaunen und der sieben Zornesschalen, der Sieg des „weißen Reiters", die Flucht des „Sonnenweibes" in die Wüste, das tausendjährige Reich des Friedens — welche Nahrung für die Phantasie, welcher Stoff für tiefes Nachdenken!

Die oft so verworrenen und immer wieder die Phantasie aufpeitschenden politischen Ereignisse um die Jahrhundertwende und während des ersten Viertels des 19. Jahrhunderts zwangen nicht nur die schlichten Bibelleser, die Offenbarung und andere prophetische Bibelstellen zur Erklärung der Lage und zur Erhellung der Zukunft heranzuziehen, sondern zu ihnen zählten auch Männer mit klingenden Namen wie der führende Mann der süddeutschen Erweckung, Johann Heinrich Jung-Stilling, der große schwäbische Pietist und Bibelausleger, Johann Albrecht Bengel oder der Mystiker und Theosoph Friedrich Christoph Oetinger.

Immer klarer trat, je blutiger das Ringen wurde, Napoleon als das „Tier aus dem Abgrund" oder der „Antichrist" vor die Augen der Apokalyptiker, immer klarer aber auch sein Widerpart, Alexander I. von Rußland, der schließlich als der „weiße Adler", als „Engel des Bundes", wie vom Propheten Maleachi geweissagt, verehrt wurde.

Eine außerordentliche Erscheinung jener Zeit, welche die Phantasie des Volkes beschäftigt und in vielen Kreisen populär wird, ist Juliane von Krüdener. Von altem baltischen Adel und also lutherischen Glaubens, in den höchsten Gesellschaftskreisen in Paris zu Hause, eine gefeierte Romanverfasserin, Witwe eines russischen Diplomaten — findet sie plötzlich ihr Damaskus und wird eine glühende Künderin pietistischer Frömmigkeit und der baldigen Wiederkunft des Herrn. *„Ein aus weltlicher Hoffahrt und christlicher Demut, aus Berechnung und Ekstase seltsam gemischter Charakter"*, eine Frau, der man trotz aller Exaltationen die Echtheit ihrer subjektiven Überzeugung, wahre Christin zu sein, und das ehrliche Ringen um die christliche Wahrheit nicht absprechen darf. Sie gewinnt durch ihre Bibel- und Betstunden, die sie in einem bei Heidelberg am Neckar liegenden Bauernhause hält, den größten Einfluß auf den Kaiser von Rußland, der während seines Aufenthaltes in Deutschland und Frankreich nach der Niederringung Napoleons ihre Betstunden besucht und mit ihr und ihren Anhängern vor Gott auf den Knien liegt. Durch sie gewinnt Alexander I. die Überzeugung, daß er im Süden seines Reiches den deutschen Christen einen sicheren Zufluchtsort schaffen müsse. So wird der „Retter Europas" für die mit ihrer Heimat Unzufriedenen zum Wegweiser in die südrussischen Steppen — auch für die Chiliasten, die glaubten, daß im Osten die Wiederkunft Christi bevorstünde. Hatte doch kein Geringerer als eben Bengel in seinem Buch „Erklärte Offenbarung Johannis" das Jahr 1836 als den Anbruch des Tausendjährigen Reiches errechnet.

Schon im Jahre 1804, als der Zar noch nicht so berühmt, verehrt und apokalyptisch gesonnen war wie nach 1812, hatte er einen Aufruf an die deutschen Bauern ergehen lassen, der das Auswanderungsfieber mächtig ansteigen ließ. Dieser Erlaß zeigt, daß man von den Fehlern der Vergangenheit gelernt hatte. Ausdrücklich wird in ihm auf „die Unzuträglichkeiten bei den Maßregeln" zur Besiedlung des Wolgagebietes hingewiesen, die jetzt durch feste Regeln vermieden werden sollten.

Kirche und Schule in Friedenstal bei Odessa

Welch ein Unterschied lag in der Vorbereitung dieses Siedlungswerks im Vergleich mit der Vorbereitung der Wolgasiedlung! Und welch eine verständnisvolle Fürsorge für die Siedler ist hier zum Ausdruck gebracht! In dem Erlaß ist nicht nur an die Produktion von Gütern, sondern auch an ihre Absatzmöglichkeiten gedacht. In der Nähe der besten Häfen des Schwarzen Meeres — Odessa und Feodosia — sollen die Kolonisten angesiedelt werden. Man vergleiche damit die Besiedelung des Wolgagebiets. Dort wurde der entlegenste und gefährlichste Winkel Europas zur Siedlung angewiesen. An die Möglichkeit des Absatzes der zu erzeugenden Produkte hatte niemand gedacht. Eine geregelte Schiffahrt auf der Wolga gab es erst, nachdem die Kolonisten die Sicherheit dieses Verkehrs unter unendlichen Opfern geschaffen hatten. Im übrigen werden aber durch Alexander I. den Ansiedlern die gleichen Privilegien zugesichert, wie sie im Manifest Katharinas II. aufgezählt sind.

Die Auswanderungszeit dauerte, wenn auch in den letzten Jahrzehnten nur noch kleinere Gruppen kamen, bis zum Jahre 1857. Während der großen Auswanderungszeit wurden in 209 Kolonien rund 10 000 Familien mit 50—60 000 Menschen angesiedelt. Der ihnen zugewiesene Landbesitz betrug nahezu 700 000 Hektar. Die ersten Jahre waren auch hier, wie im Wolgagebiet, Jahre schwerster Enttäuschung, zumal die russische Organisation in keiner Weise der großen Aufgabe, eine solche Ansiedlung planmäßig durchzuführen, gewachsen war. Es fehlte bei der Ansiedlung beinahe alles, was den Ansiedlern für ihren Wirtschaftsbetrieb versprochen war. Viele sahen sich, wie einst die Wolgadeutschen, gezwungen, mitten in der weiten Steppe Erdhütten zu bauen, in denen sie das erste Jahr hausten. Im Jahre 1818 erhielten die Kolonisten des Schwarzmeergebiets ein „Fürsorgekomitee", das ähnlich aufgebaut war wie im Wolgagebiet, nur daß die Oberschulzen hier mehr Rechte hatten.

Nach einer statistischen Übersicht vom Jahre 1911, in der die außerhalb der geschlossenen Gemeinden Wohnenden nicht eingeschlossen sind, stellt sich die Zahl der Schwarzmeerdeutschen nach Bekenntnissen wie folgt dar:

	Evangelische	Katholiken	Mennoniten
Bessarabien	57 931	4 914	—
Übriges Schwarzmeergebiet	166 349	190 727	104 370
Zusammen:	224 280	195 641	104 370

Hinzu kommen die Stadtbewohner und Fabrikarbeiter, die nicht in geschlossenen Siedlungen wohnten, so daß die Zahl der Lutheraner rund 250 000 von 540 000 Deutschen des Gebiets betrug. Mit Ausnahme des reformierten Kirchspiels Rohrbach/Worms mit 2 000 Gliedern und je einer kleinen Gemeinde in Odessa, Neudorf und Seheba (Bessarabien) waren alle lutherisch.

Die ersten Kolonisten standen den weiten Landstrecken, die ihnen zugefallen waren, ziemlich hilflos gegenüber. Sie brauchtes das viele Land noch nicht zu ihrer eigenen Ernährung. Sie beschäftigten sich daher vor allem mit Viehzucht. Getreide bauten sie nur nach eigenem Bedarf. Erst durch die verbesserten Verkehrsverhältnisse in den sechziger Jahren wurden sie aus ihrem „ärmlichen und naturalwirtschaftlichen Stilleben" aufgeweckt. Die Schiffahrt begann auf dem Schwarzen Meer reger zu werden. Der Verkehr mit Westeuropa wurde intensiver. Damit begann für die Siedler der Aufstieg. Die Jahre 1860—1890 bedeuteten einen nie geahnten Aufschwung. Zu den eigenen Ländereien wurden immer neue und größere Flächen von den umliegenden russischen Gutsbesitzern käuflich erworben und neue Kolonien von dem Überschuß der alten angelegt.

Im Gesamtgebiet hatten die Kolonisten in etwa fünfzig Jahren fast das Zehnfache an Land zu dem ihnen einst zugeteilten erworben. Der Wert des Bodens war durch ihre Arbeit um das Hundertfache gestiegen. Zu diesem großen wirtschaftlichen Aufschwung trug neben der Verbesserung des Verkehrswesens vor allen Dingen das Bildungswesen, das seit Mitte des vorigen Jahrhunderts bei den Deutschen in ständigem Wachstum begriffen war, viel bei.

In den Gemeinden herrschte lebendiges Christentum. Den Kern bildeten die „Stundenbrüder", die an den Sonntagen — ein Erbe des Pietismus — außer dem Vormittagsgottesdienst mit der Gesamtgemeinde nachmittags ihre eigenen Versammlungen abhielten. Von hier ging die „stundistische" Bewegung unter den Russen aus. Die Gegensätze zwischen Lutheranern, Reformierten und Separatisten glichen sich in der Steppeneinsamkeit langsam aus, die Bilder der Offenbarung Johannis verblaßten und es entstand mit der Zeit ein nüchternes und bibelfestes Luthertum, um so mehr, als ja der Schulunterricht sich hauptsächlich mit Bibel, Gesangbuch und Katechismus beschäftigte. Die Pfarrer hatten meist ihre Ausbildung an der damals schon bestehenden Dorpater Theologischen Fakultät empfangen. Alle evangelischen Gemeinden des Gebiets waren dem evangelisch-lutherischen Konsistorium in Petersburg unterstellt und wie das Wolgagebiet in zwei Propsteien geteilt. In echt lutherischer Weise wurde von Anfang an für Kirchenschulen gesorgt, die sich von primitiven Anfängen im Laufe des Jahrhunderts zu hoher Blüte entwickelten — dank der steten Opferbereitschaft der Gemeinden für Kirche und Schule.

Die evangelisch-lutherischen Gemeinden im Kaukasus

Bis in die vielgestaltige, romantische Gebirgswelt des gewaltigen Kaukasusmassivs drangen deutsche Kolonisten vor, in unermüdlichem Schaffen jungfräulichen Boden der Kultur erschließend. Zwei große Siedlergruppen entstanden hier; aber ihre Entstehungsgeschichte unterscheidet sich wesentlich von den bisher entstandenen deutschen Siedlungen in Rußland.

Die Ciskaukasische Gruppe (Nordkaukasus) wurde nicht von unmittelbar aus Deutschland kommenden Auswanderern angelegt, sondern von selbständigen Unternehmungen der übervölkerten Altkolonien an der Wolga und im Schwarzmeergebiet. Die Wolgakolonisten drangen hier in der zweiten Hälfte des vorigen Jahrhunderts vom Nordosten, die Schwarzmeerkolonisten vom Westen vor und legten eine Kolonie nach der anderen an, und zwar ganz nach dem Vorbild ihrer Mutterkolonien. Sie waren vor dem ersten Weltkrieg in einer Seelenzahl von etwa 80000 über das ganze Gebiet des Nordkaukasus verstreut. Die Hauptgruppen befanden sich im Gouvernement Stawropol mit 15 größeren Gemeinden, im Kubangebiet mit 20 und im Terekgebiet mit 13. Außer den großen Dörfern, die vielfach 2—3 000 Seelen zählten, gab es eine ganze Anzahl kleinerer Siedlungen, die erst in den letzten Jahrzehnten vor dem ersten Weltkrieg entstanden waren. Die weitaus größte Zahl dieser Kolonien war evangelisch-lutherisch. Auch hier entstand von Anfang an ein wohlgegliedertes Kirchen- und Schulwesen, das mit Hilfe der Unterstützungskasse weiter ausgebaut werden konnte.

Die Transkaukasische Gruppe ist im Zusammenhang mit der Auswanderungsbewegung nach Südrußland entstanden. Die schweren Nachwirkungen der Befreiungskriege, große Mißernten in Süddeutschland in den Jahren 1816—17, Versuche zur Unterdrückung der Separatisten, die sich für die Auserwählten Gottes mitten in der dem Untergang geweihten Welt der Sünde und des Abfalls vom Evangelium hielten, wirkten zusammen, daß sich die Blicke vieler immer wieder nach dem Osten richteten, wo die Wiederkunft des Herrn erwartet wurde. In dem Dorfe Schwaikheim im Oberamt Waiblingen waren die Separatisten zu der festen Überzeugung gekommen, daß im Kaukasus die Auserwählten Bergung in der anbrechenden großen Verfolgungszeit finden könnten und die Begegnung mit dem Herrn sich hier vollziehen werde. 35 Familien dieses Dorfes schlossen sich zu gemeinsamer Auswanderung zusammen — 1817 machten sie sich auf die weite Reise. Ungeheuere Schwierigkeiten hatten sie zu überwinden. Monatelang waren sie unterwegs, bis sie endlich nach Odessa kamen, wo sie bei den dortigen Landsleuten brüderliche Aufnahme fanden. Aber alles Zureden der Freunde, sie möchten sich hier bei den übrigen Landsleuten ansiedeln, half nichts. Die Schwaben waren unerschütterlich in ihrem Entschluß und setzten ihre Reise fort. Erst im folgenden Jahr kamen 31 Familien bei Tiflis an und gründeten in der Nähe das Dorf Marienthal. Das Bekanntwerden ihrer Ankunft in Odessa wirkte in der Heimat wie ein Sturmsignal für die Separatisten. Wie die ersten Christen verkauften sie ihre Habseligkeiten und zahlten den Erlös in die gemeinsame Kasse, aus der die Reisekosten bezahlt werden sollten.

So machten sich im Jahre 1819 im ganzen 1400 Familien, etwa 7—8000 Menschen, je hundert Familien in einer Gruppe, auf die weite Reise in die lockende Ferne. Zu Schiff ging es die Donau abwärts; aber gleich im Quarantänelager raffte eine Epidemie 1400 von ihnen hinweg. Ebensoviele starben in Odessa. Ein Teil siedelte sich bei den deutschen Brüdern in Bessarabien und Cherson an. Nur ein kleiner Teil hielt mit unbeugsamer Zähigkeit an dem ursprünglichen Plan fest, trotz aller Bedenken, die Alexander I. dem abenteuerlichen Unternehmen entgegensetzte. So machten sich 500 Familien auf die Weiterreise. Im Oktober 1819 gelangten sie endlich nach anderthalbjähriger entbehrungs- und erfahrungsreicher Reise in das Land ihrer Sehnsucht. Dicht bei Tiflis legten sie die Kolonie „Neutiflis" an, die bereits 1861 ins Stadtgebiet einbezogen wurde. Nur die schmucke evangelisch-lutherische Kirche mit ihren vielen Grundstücken, ihren Schulgebäuden im Hintergrund und ihrem herrlichen Rosengarten an der Hauptfront im belebtesten Teil dieser Straße erinnerte zur Zeit, als der Verfasser von 1910 bis 1914 Geistlicher hier war, noch an den starken deutschen Einschlag dieses Stadtteils.

Furchtbare Schwierigkeiten hatten die Schwaben inmitten der gewaltigen kaukasischen Gebirgswelt und in dem großen Völkergemisch zu bestehen. Einige Kolonien wie Neutiflis waren in verseuchter und sumpfiger Gegend angelegt worden und mußten, nachdem ein Drittel der Einwohner in kurzer Zeit dahingestorben war, an einen anderen Platz verlegt werden. 1826 wurden die drei bedeutendsten Kolonien, Helenendorf, Annenfeld und Katharinenfeld, von Tatarenbanden völlig ausgeplündert. In Katharinenfeld wurden 31 Männer niedergemetzelt, 45 Frauen in Gefangenschaft geschleppt. Aber auch diese anscheinend so weltfremden Schwaben haben sich allmählich durchgesetzt, Tochterkolonien angelegt und zählten vor dem ersten Weltkrieg in 22 Gemeinden 14000 Menschen. Die Schwaben fanden in dem Kampf, in dem es ums nackte Leben ging, in ihrem Glaubensleben zur christlichen Nüchternheit zurück. Vom Schwärmertum waren sie bald gründlich geheilt.

Sie bildeten ein eigenes Kirchenwesen: die Transkaukasische evangelisch-lutherische Synode, das einzige evangelische Gebiet in Rußland, das nicht dem evangelisch-lutherischen Generalkonsistorium in Petersburg unterstellt war. Sie hatten ihre eigene Synode, zur der jede Gemeinde ihren Pfarrer und ihre Laienvertreter entsandte und an deren Spitze ein Oberpastor stand, der jeweils vom Statthalter des Zaren aus der Mitte der Pfarrer der transkaukasischen Gemeinden ernannt wurde[20]).

Die Seelsorger der Gemeinden kamen die ersten Jahrzehnte hauptsächlich aus Basel, später von der Theologischen Fakultät in Dorpat. Die Heimatkirche, der sie einst den Rücken gekehrt hatten, erschien ihnen in der Fremde in neuem Licht, darum hielten sie wie an den äußeren, auch an deren kirchlichen Sitten fest. Liturgie und Gesangbuch der Heimat waren für sie ein unantastbares Gut, das sie von Geschlecht zu Geschlecht ihren Kindern vererbten. Auf die Sonntagsheiligung nach Väterart wurde strengstens geachtet. Wie in ihren schmucken Dörfern mustergültige Ordnung herrschte, so gehörten Kirche und Schule zu den am treuesten gepflegten Gütern. Das deutsche Schulwesen war mustergültig; Helendorf, die wirtschaftlich fortgeschrittenste Siedlung, hatte über die Volksschule hinaus eine Oberrealschule, die für alle Kolonien ein Segen war. Außerdem standen Siedlern die evangelischen Schulen der Tifliser Gemeinde, die immer eine hervorragende Volksschule, später ein Progymnasium und zuletzt ein Realgymnasium hatte, offen.

Die besondere wirtschaftliche Stärke dieser Siedler war der Weinbau. Allein im Jahre 1914 erzeugten sie 400000 Hektoliter Kognak, Wein und Weinspiritus. Von großer wirtschaftlicher Bedeutung wurde ihre Winzergenossenschaft „Konkordia", der 1400 Wirtschaften angehörten, deren Weine in alle Teile Rußlands versandt wurden.

Wie die „Pilgerväter" einst nach Nordamerika auszogen, um in einem unbekannten Lande ihres Glaubens leben zu können, und sich dort zu den tüchtigsten Wirtschaftspionieren entwickelten, so zogen die Schwaikheimer und ihre Gesinnungsgenossen um ihres Glaubens willen in den Kaukasus und wurden dort zu vorbildlichen Weinbauern und Pionieren der Ordnung und des Fleißes, die der ganzen Umgebung ein neues Gesicht gaben.

Die evangelischen Gemeinden in Wolhynien

Es waren im Durchschnitt ärmere Leute, Handwerker, Landarbeiter, Abenteurer aus anderen Berufen, die Anfang des 19. Jahrhunderts sich in Wolhynien, dem südwestlichen Grenzgouvernement Südrußlands, dem Land der berühmten „Polesje", der großen Sumpf- und Waldgegend, niederliessen. Sie brachten in der Regel ein Pferd, eine Kuh und wenig Gerät mit. Viele kamen aus Polen, ein Teil aus Deutschland. Die älteste Kolonie Annette wurde 1818 in der Nähe der Stadt Nowograd-Wolynsk im Walde angelegt. Weitere Kolonien folgten.

In den dreißiger Jahren erfolgte eine weitere größere Zuwanderung, die eine Folge des polnischen Aufstandes war; man verfolgte die Deutschen in Polen, weil sie sich am Aufstand nicht beteiligt hatten. Um der Verfolgung zu entgehen, wanderten sie aus. Wolhynien bot ihnen neue Arbeit und Existenzmöglichkeit. Gutsbesitzer, deren Güter durch Mißwirtschaft heruntergekommen waren, setzten deutsche Pächter auf ihr Land, das unter deren zäher Arbeit in wenigen Jahren wieder aufblühte. Sie wurden hauptsächlich in Waldgebieten angesiedelt, wo sie den Wald rodeten und den Boden entwässerten, auf dem in der Folge deutsche Dörfer entstanden. In den Kreisen Shitomir, Nowograd-Wolynsk, Rowno, Luzk und Wladimir-Wolynsk waren die Deutschen am dichtesten angesiedelt. Sie zählten beim Ausbruch des Krieges 1914 etwa 250000 in rund 500 Kolonien mit 250000 Hektar Land.

„Lohnte die reiche Natur so ausgiebig den Fleiß der Kolonisten, daß auch der Ärmste seine paar Morgen Land, seine Kuh und sein Pferd besaß, so war der Kampf um Schaffung und Erhaltung der kulturellen Güter bedeutend schwerer. Bei der Anlage der Kolonie war das erste Gebäude, das errichtet wurde, die Schule, die vielfach auch als Kirche dienen mußte[21]*)."*

Freilich war es infolge des Mangels an gebildeten Lehrern und des anfänglich schweren Ringens um das Dasein die niedrigste Schulart, denn den Unterricht erteilten Leute als Lehrer, die sich mühsam die notwendigsten Kenntnisse im Lesen und Schreiben selbst erst angeeignet hatten. 1904 erteilte die russische Regierung endlich nach langem Bemühen die Genehmigung zur Gründung eines Seminars für Küsterlehrer in Heimthal im Kreise Shitomir, einem der größten Pfarrdörfer Wolhyniens. Dem Seminar war nur kurze Frist für seine segensreiche Wirksamkeit beschieden. Bereits bei Ausbruch des Weltkrieges mußte es wieder geschlossen werden. Mit ungeheuren Schwierigkeiten war die geistliche Betreuung der Siedler des Landes verbunden. Bis zum Jahre 1865 war für das ganze Gouvernement von Shitomir ein einziger Geistlicher zuständig. Kein Wunder, daß Sekten hier eindrangen und viele Anhänger gewannen. Vier Fünftel der Kolonien gehörten zuletzt der evangelisch-lutherischen Kirche an und ein Fünftel waren Baptisten. Bei Ausbruch des Weltkriegs gab es aber bereits zehn Kirchspiele mit etwa 200000 Evangelischen, die in 500 Dörfern wohnten. Der sonntägliche Gottesdienstbesuch war allgemeine Sitte. Mehr als in anderen Siedlungen waren die Gemeinden auf den Pfarrer angewiesen, der ihnen treuer Berater in ihrem schweren Daseinskampf gewesen ist. Der erste Weltkrieg hat diese Siedlungen am schwersten getroffen. In weiten Gebieten wurden die Ansiedler zwangsweise von Haus und Hof getrieben. Etwa hunderttausend Menschen — es handelte sich vor allem um Frauen, Kinder und Greise, während ein großer Teil der Männer zum Militär eingezogen war — mußten den bitteren Weg in das unwirtliche Sibirien antreten.

Luthertum in Sibirien

Die lutherischen Gemeinden in Sibirien — zerstreut über ein Gebiet, das dreißigmal so groß ist wie Deutschland in der Vorkriegszeit, doppelt so groß wie die Vereinigten Staaten von Nordamerika, eine Fläche von 15 Millionen qkm, der neunte Teil des Festlandes des Erde! Kann es da ein allumschließendes Band, eine einheitliche kirchliche Organisation geben? Es ist wie ein Wunder, daß die auf tausende von Kilometern auseinanderliegenden Gemeinden sich im Laufe der Zeit zu Kirchspielen, wenn auch nur lose, zusammenschlossen unter einer Leitung, die tausende von Kilometern von ihnen entfernt war — dem evangelisch-lutherischen Konsistorium in Moskau.

Dieses Riesengebiet war vor Ausbruch des ersten Weltkrieges in neun lutherische Kirchspiele eingeteilt und wurde von neun Pfarrern versorgt — eine verschwindend kleine Zahl für die vielen Kleinsiedlungen, die hunderte, auch tausende von Kilometern auseinanderlagen, so daß oft ganze Gemeinden zwei oder drei Jahre auf den Besuch des Pastors warten mußten, während für die große Mehrzahl der Besuch des Pastors ein- oder zweimal im Jahr als Normalzustand galt. In der Zwischenzeit hielt der Lehrer oder, wo dieser noch nicht vorhanden war, ein Gemeindeglied den Gottesdienst und die dringendsten Amtshandlungen.

Schon im 18. Jahrhundert gab es kleine lutherische Gemeinden in

Sibirien: in Tobolsk und Tomsk (1718), von schwedischen Kriegsgefangenen gegründet[22]); in Bulanka eine Gemeinde von lutherischen Bergleuten, die von Deutschland an die dortige Kupferhütte geholt worden waren; in Omsk besoldete eine kleine Gemeinde aus eigenen Mitteln ihren Pastor und baute 1792 eine kleine Steinkirche. Wo größere Truppenteile stationiert waren, wurde ihnen ein lutherischer Militärgeistlicher zugeteilt, der von der Regierung bezahlt wurde. Auch die Strafgefangenen (Finnen, Letten, Esten) bekamen einen Geistlichen zu ihrer Betreuung.

Die deutschen Siedlungen in Sibirien, soweit es sich um deutsche Dörfer handelt, sind jungen Datums. Die ersten Zuwanderer kamen in den neunziger Jahren des vorigen Jahrhunderts von der Wolga und zum Teil vom Schwarzmeergebiet. Aber erst 1905 und 1906, als die russische Regierung anfing, der russischen landlosen Bauernschaft planmäßig große Ländereien in Westsibirien zuzuweisen, fing auch der Auswandererstrom der deutschen Kolonisten aus den übervölkerten Altkolonien an. Sie kamen nicht mit leeren Händen wie die russischen Bauern, sondern brachten gleich etwas Vermögen für den Anfang mit, vor allem aber eine reiche Erfahrung und die Freude an schöpferischer Tat. Wie in den Altkolonien wurden gleich Dörfer mit dem Bethause und dem Glockenstuhl in der Mitte angelegt. So entstand bald Dorf neben Dorf, und zwar wie in der Heimat konfessionell getrennt: Lutheraner, Mennoniten, Katholiken — bis die Regierung auch hier wieder Gefahr witterte und aus politischen Gesichtspunkten den Deutschen nur noch Land zwischen bereits angelegten russischen Siedlungen zuwies.

Die deutschen Kolonien breiteten sich Anfang unseres Jahrhunderts so rasch aus, daß die kirchlichen Behörden diesem Tempo nicht folgen konnten. Als das Moskauer Konsistorium 1913 den Pastor Somelt beauftragte, die deutschen Kolonien im Semipalatinsker Gebiet zu organisieren, entdeckte dieser eine ganze Anzahl neuer Dörfer. Allein im Slawgoroder Kreise zählte man 42 deutsche Kolonien mit einer rein lutherischen Bevölkerung, die sich aus eigener Initiative, ohne Zutun der Kirchenbehörde, 1914 zu einem Kirchspiel zusammengeschlossen und einen Pastor berufen hatten!

Im Sommer 1926 machte noch Bischof Meyer eine Reise durch eine Anzahl sibirischer Gemeinden. In seinem Buch „Nach Sibirien im Dienste der evangelisch-lutherischen Kirche"[23]) schildert er diese Reise, über die er zusammenfassend berichtet:

„Im ganzen haben wir in der Zeit vom 30. Mai bis 23. August zurück-

gelegt: 11684 km mit der Bahn, 2322 km auf Flußdampfern, 1500 km im Auto, 702 km mit Pferden, im ganzen 16208 km. Ich besuchte 19 lutherische Gemeinden ... An Gottesdiensten in deutscher, lettischer und russischer Sprache habe ich 44 gehalten, kirchliche Versammlungen zehnmal geleitet. An 212 Kindern vollzog ich die heilige Taufe oder die Bestätigung der Nottaufe, 297 Jünglinge und Jungfrauen konnte ich konfirmieren, 49 Paare habe ich eingesegnet und 2616 Personen das heilige Abendmahl gereicht."

Die Zahl der in West- und Ostsibirien ansässigen Evangelischen zu Beginn des Weltkriegs wird auf 85000 geschätzt.

Rußlanddeutsche in Nord- und Südamerika

Als den deutschen Kolonisten aller Gebiete im Jahre 1874 ihr Privileg der „ewigen Befreiung" vom Militärdienst entrissen wurde, setzte eine starke Auswanderung nach Süd- und Nordamerika ein, wo große Gebiete von ihnen besiedelt, Prärien urbar gemacht, Wälder gerodet wurden. Erwähnt seien Kansas, Nebraska, Colorado, Nord- und Süddakota, wo Rußlanddeutsche in großer Zahl angesiedelt sind. In Kanada und den USA mögen gegen 450000 Rußlanddeutsche bzw. ihre Nachkommen leben, etwa ebensoviel in Brasilien und Argentinien. Sie sind zahlenmäßig nicht genau erfaßt.

Da die kirchlichen Verhältnisse in Übersee den rußlanddeutschen Pfarrern unbekannt waren, konnten die lutherischen Auswanderer kaum oder gar nicht beraten werden, an welche amerikanische Synode sie sich wenden sollten. Ebenso hatten die lutherischen Synoden in Amerika während der ersten Jahrzehnte dieser Auswandererbewegung an den Rußlanddeutschen wenig Interesse, weil sie über die Bedeutung der lutherischen Kirche in Rußland nicht informiert waren. So kam es, daß unsere Lutheraner — dem Zufall überlassen — den ersten besten „Missionaren" in die Hände fielen. Das Ergebnis war eine große Zersplitterung in verschiedene Synoden. Ich habe auf meiner Reise durch die Vereinigten Staaten (1922—23) kleine Landstädtchen getroffen von 300 Einwohnern, die fünf oder sechs Kirchen hatten, die miteinander konkurrierten, jede von ihnen behauptete, die richtige lutherische Kirche „wie drüben in Rußland" oder „wie bei uns an der Wolga" zu sein. Besondere Verdienste um die Sammlung dieser Auswanderer, die sich auch in Amerika bewährt haben, hat sich die Iowa-Synode erworben. Andere Synoden fingen ebenfalls in den zwanziger Jahren an, sich redlich um die Rußlanddeutschen zu bemühen.

Nach dem zweiten Weltkrieg gab es noch einmal eine rußlanddeutsche Auswanderung nach Nord- und Südamerika. Wohl 25–30000 jener Schwarzmeerdeutschen, die nach dem Einmarsch der deutschen Truppen nach Rußland in den „Warthegau" umgesiedelt worden waren und von dort aus am Ende des Krieges in den Westen gelangten, fanden in Übersee eine neue Existenz, zusammen mit den Angehörigen vieler anderer europäischer Völker, die die Kriegsereignisse dorthin verschlugen.

Die evangelisch-lutherische Fakultät an der Dorpater Universität

In den ersten Jahrzehnten kamen, wie wir gesehen haben, mehrere Geistliche aus der Baseler Missionsanstalt, die den von Gefahren umdrohten Weg zu den dortigen reformierten Kolonien wagten, ins Wolgagebiet. Selbstverständlich waren die lutherischen Gemeinden bemüht, Pfarrer ihres Bekenntnisses aus Deutschland zu erhalten. Es haben sich auch hier immer wieder wagemutige Männer gefunden, die dem Rufe aus dem Osten folgten. Trotzdem blieben einzelne Kirchspiele oft jahrelang unbesetzt.

Mit der Wiederbegründung der Universität in Dorpat im Jahre 1802, die von Anfang an eine evangelisch-lutherische Fakultät hatte und an der in deutscher Sprache gelehrt wurde, war der Weg zur Besserung der Versorgung der Gemeinden im Inneren Rußlands beschritten. In den baltischen Provinzen bestand seit der Reformationszeit eine fest in ihrem Glauben wurzelnde, mit der Mutterkirche in Deutschland eng verbundene wohlorganisierte lutherische Kirche. Mit jedem Wechsel ihrer Staatszugehörigkeit hatten es die baltischen Stände verstanden, sich in der Reihe ihrer zäh verteidigten Privilegien an erster Stelle ihren evangelisch-lutherischen Glauben feierlich garantieren zu lassen. So konnte sich die baltische Kirche auch unter der russischen Regierung im Geiste ihrer Tradition als festgefügtes Kirchenwesen weiter entwickeln.

Von der Theologischen Fakultät der Dorpater Universität, die schon von Gustav Adolf gestiftet war, aber – in den Kriegswirren eingegangen – von Peter dem Großen nicht wieder eröffnet worden war, zogen vom Beginn des 19. Jahrhunderts an Geistliche mit einer theologischen Bildung, die sich mit der an besten deutschen Universitäten erworbenen messen konnte, in die lutherischen Gemeinden in Rußland. Von Bedeutung war ihr ausgeprägtes Luthertum und, sofern es Deutsch-Balten waren, ihr Deutschbewußtsein. Schwieriger war das Verhältnis zwischen den lutherischen Gemeinden in Rußland und estnischen oder lettischen Geistlichen, die gelegentlich in die Kolonien kamen.

Unproblematisch war allerdings das Verhältnis der lutherischen Gemeinden auch zu den deutschen Dorpater Kandidaten zunächst nicht. War doch in Dorpat seit dem Reformationsgedächtnisjahr 1817 die bis dahin herrschende rationalistische Theologie zunächst durch eine biblizistische Richtung, dann durch eine bewußt lutherisch-konfessionelle Theologie abgelöst worden. Es war für junge Theologen aus Dorpat deshalb nicht selbstverständlich, daß sie sich dem geistlichen Erbe zumal der pietistisch gesonnenen Einwanderer aus Südwestdeutschland öffneten.

In größerer Zahl sind deutsche Kolonistensöhne, besonders solche, die ihr Abitur in russischer Sprache an einem russischen Gymnasium gemacht hatten, erst in den letzten Jahrzehnten des 19. Jahrhunderts nach Dorpat gegangen, um Theologie zu studieren. Wie stolz waren die Gemeinden eines Kirchspiels, in dem einer ihrer Söhne Pfarrer war. Es war selbstverständlich, daß man ihn jedem anderen Bewerber vorzog, wie es selbstverständlich war, daß ein Kolonistensohn, groß geworden in den Sorgen und Hoffnungen der Kolonie, sie ganz anders verstehen konnte, als der aus einer anderen Welt kommende Pfarrer.

Aber nicht nur Theologen gingen nach Dorpat, sondern auch Studenten anderer Fakultäten. Die Verbindung mit der baltischen Studentenschaft und der baltischen Gesellschaft gab das Bewußtsein der Zugehörigkeit zum deutschen Volk (mit Ausnahme von zweien wurde auf allen Lehrstühlen in deutscher Sprache gelehrt), zur gleichen Kirche. Eine Reihe Kolonistensöhne trat in Dorpater Verbindungen ein, besonders die Korporation Neobaltia hat es verstanden, Kolonistensöhne im Baltikum heimisch werden zu lassen. In der Folge war die Zahl der in Dorpat studierenden Kolonistensöhne so groß, daß sie unter dem Namen „Teutonia" eine eigene Korporation gründeten, in der Vertreter aller deutschen Siedlungsgebiete sich vereinigten mit dem Ziel ernster Vorbereitung für die großen Aufgaben, die ihrer in der Heimat warteten.

Die Verfassung der evangelisch-lutherischen Kirche in Rußland

Über ganz Rußland hatten sich, wie wir gesehen haben, im Laufe der Jahrhunderte lutherische Gemeinden ausgebreitet. Sie entstanden und wuchsen in den Hauptstädten, griffen langsam über diese hinaus und waren im

19. Jahrhundert bereits in den meisten größeren Städten des ausgedehnten Reiches zu finden, während hunderte von Gemeinden an der Wolga, im Schwarzmeergebiet, im Kaukasus und Wolhynien und schließlich in den Einsamkeiten Weiten Sibiriens entstanden. Sie alle wurden aus derselben geistlichen Quelle gespeist — Bibel, Gesangbuch und Katechismus —, aber sie hatten keine Verbindung miteinander, es gab keine schlichtende, ordnende und richtunggebende Instanz. In besonderen Fällen griffen die Zaren mit ihren Verordnungen ein, aber es gab bis zum Anfang des 19. Jahrhunderts kein für sie alle geltendes kirchliches Recht. Das ergab große Schwierigkeiten, besonders wenn es sich um Glaubens- und Bekenntnisfragen handelte.

Schon Peter der Große hatte die Notwendigkeit einer geistlichen Leitung für die Gemeinden gesehen. Deshalb sollte, nach dem Beispiel der lutherischen Kirchen in den Ostseeprovinzen, ein Superintendent zur Leitung der Gemeinden eingesetzt werden. Die Wahl des Zaren fiel auf den Pastor an der Michaeliskirche zu Moskau, Berthold Vagetius, der einer hochangesehenen Hamburger Gelehrtenfamilie entstammte. Welch großes Gewicht der Zar dieser Neuordnung in der lutherischen Kirche seines Reiches beilegte, aber auch welche Hochschätzung der Zar dieser Kirche entgegenbrachte, beweist die außerordentlich feierliche Proklamierung des ersten evangelisch-lutherischen Superintendenten im Inneren seines Reiches.

Auf allerhöchsten Befehl hatten sich am 18. Februar 1711 nicht nur die lutherischen und reformierten, sondern auch die römisch-katholischen Geistlichen des Reiches mit den Ältesten und Vorstehern ihrer Gemeinden in der Reichskanzlei in Petersburg zu versammeln. Hier wurde den Anwesenden durch den Großkanzler und Stellvertreter des Zaren sowie den Vizekanzler des Reiches bekanntgegeben, daß der Kaiser

„den Ehrwürdigen und Hochgelahrten Bertholdum Vagetium, der heiligen Schrift Lizentiaten, bisherigen Pastor an der alten evangelisch-lutherischen Gemeinde in Moskau, vor anderen in Consideration gezogen und selbigen in Ansehung der bei ihm wohnenden guten Qualitäten und Erudition und Treue gegen Uns zum Superintendenten aller in Rußland befindlichen lutherischen Kirchen und Gemeinden verordnet und angestellt haben"[24]).

Das Amtsgebiet des neuen Superintendenten umfaßte die damaligen zehn Gemeinden, die aber weit auseinander lagen. Vagetius selbst nennt die folgenden Gemeinden:

„Zwei in der teutschen Slabode vor Moskau (hinter der weißen Mauer), zu St. Petersburg, in Archangel, zu Kasan und Astrachan, in Paulowski oder

Seroda (?), auf den ohnweit Moskau liegenden, auch endlich auf den Olo-
netzischen Eisenwerken, auch anderswo."

Die Zahl der Gemeinden (sie ist hier allerdings nicht vollzählig) war
zwar noch niedrig, aber man denke an die Entfernungen – von Archangelsk am Eismeer bis Astrachan am Kaspischen Meer! Und jede Kirche hatte ihr eigenes Recht, ihre eigene Ordnung, und wie oft auch ihre eigene Unordnung! Hier griff Vagetius zuerst ein. Er schuf eine Gottesdienstordnung
für die ihm unterstellten Kirchen und Schulen, um endlich wenigstens auf
diesem Gebiet die Einheit herzustellen. Auch an dieser Ordnung nahm der
Kaiser regen Anteil. Als sie fertiggestellt war, ordnete er an, daß sie „auf
allerhöchsten Befehl" am Ostermontag des Jahres 1715 von allen Kanzeln
der Gemeinden bekanntgegeben würde.

Das von Vagetius verfaßte „Revidierte Kirchen- und Schul-Reglement
oder Verordnung" lehnt sich in seiner Gottesdienstordnung stark an die
Hamburger Gottesdienstordnung. Es zeugt von echt lutherischem Geist,
daß schon in diesem frühen Entwurf einer Kirchenordnung in Rußland
der Paragraph über die Schule neben der Gottesdienstordnung ihren Platz
findet; Kirche und Schule gehören in der evangelischen Kirche zusammen.

Diese Superintendentur für alle Kirchen in Rußland war die erste und
leider auch letzte. Vagetius bekam, als er 1718 aus dem Amte schied, keinen Nachfolger. Die Gemeinden waren wieder auf sich selbst gestellt.

Erst unter Alexander I. wurde die Frage nach einer einheitlichen
kirchlichen Verfassung für alle lutherischen Kirchen wieder aufgenommen.
Wieder drängte die Not der Zeit zum Handeln. Seit 1805 gab es verschiedene
Bemühungen, die Verfassungsfrage in Fluß zu bringen. Die Entwürfe, die in
dieser Zeit entstanden, atmen den Geist eines krassen Vernunftglaubens. Aus
diesem Geiste heraus entstand in Petersburg auch ein neues evangelisches
Gesangbuch für die Gemeinden, in dem die Lieder im seichten Geist der
aufklärerischen Neuerer umgedichtet waren. Welche Verunglimpfungen
mußten sich die Gesänge eines Paul Gerhardt, eines Herrmann, ja selbst eines
Luther gefallen lassen! Wir müssen es uns versagen, Proben der Geschmack-
losigkeit aus diesem Gesangbuch wiederzugeben. Aber in den Gemeinden
war inzwischen ein neuer Geist eingezogen, der Geist der Verinnerlichung
und Vertiefung. Die Erweckungsbewegung, die über Deutschland in die Ostseeprovinzen (hier durch die Herrnhuter) vorgedrungen war, erfaßte auch
die Gemeinden in Petersburg. So mögen die Beschwerden, die beim Kaiser
einliefen, auch aus diesen Kreisen gekommen sein. Die Kenntnisnahme von
diesen „geistlichen Liedern", deren Bearbeiter, der Senior Heinrich Busse,

bald darauf sein Amt verlor, machte tiefen Eindruck auf den Kaiser, der der evangelischen Kirche innerlich nahestand. Er ließ sogleich den Befehl ergehen, einen Bischof[25]) zu berufen, *„um die evangelische Kirche gegen die Einführung solcher Grundsätze, die von der christlichen Sittlichkeit abzuführen geeignet sind, sicher zu stellen"*. Ferner wird, wie schon erwähnt, die Gründung eines evangelischen Reichs-Generalkonsistoriums angeordnet *„zur Aufsicht über die Erfüllung der kirchlichen Verordnungen, in Übereinstimmung der kirchlichen Bücher und der Lehre mit den Grundsätzen der Kirche sowie über den Wandel und das Verhalten der Geistlichkeit"*.

Es vergingen aber wieder 13 Jahre, bis Kaiser Nikolai I. am 22. Mai 1832 von Belgogrod in Bessarabien aus den Erlaß über die Fertigstellung des Verfassungsentwurfs an den Generaldirektor des Departementes für geistliche Angelegenheiten fremder Konfessionen (Minister der Volksaufklärung, dem es unterstellt war, war zu dieser Zeit ein treuer Lutheraner, Fürst Karl von Lieven) ergehen ließ. Die Marschroute war in dem Erlaß verständnisvoll gegeben. Die Verfassung sollte einerseits in genauem Einklang mit der Lehre, der Gottesdienstordnung und der Kirchenverwaltung der evangelischen Kirche stehen, dann aber auch dem gegenwärtigen Stand dieser Kirche in Rußland entsprechen. In die Verfassungskommission wurden führende Männer der Kirche, besonders der Ostseeprovinzen, ernannt und auf ausdrücklichen Wunsch des Kaisers der Generalsuperintendent von Pommern, Bischof Dr. Georg Ritschl, Vater des berühmten Theologen Albrecht Ritschl, berufen. Am 28. Dezember 1832 wurde das Verfassungswerk, nachdem es vom Reichsrat in allen wesentlichen Punkten angenommen war, vom Kaiser bestätigt und erhielt damit Gesetzeskraft. Der Senat erhielt am selben Tage Befehl, das Gesetz mit der gleichfalls bestätigten Agende für die evangelisch-lutherische Kirche in Rußland zu veröffentlichen.

Es war eine rein konsistoriale Verfassung mit Bindung an den Staat. An der Spitze der Kirche stand das Generalkonsistorium mit einem Bischof als geistlichem Oberhaupt der Kirche und ein weltlicher Präsident — beide wurden vom Kaiser bestätigt. Auch die Mitglieder, je zwei geistliche und weltliche, wurden dem Minister des Innern benannt und von diesem mit einem Gutachten dem Kaiser zur Bestätigung vorgeschlagen. Das Generalkonsisterium war dem Minister des Innern unterstellt. Alle bisher vom Justizkollegium behandelten Angelegenheiten gingen ans Generalkonsistorium über. Das erstere wurde aufgelöst.

Dem Generalkonsistorium waren die Konsistorien unterstellt: neben den sechs Konsistorien der Ostseeprovinzen zwei für Inner-Rußland und Sibirien, die beide ungeheure Gebiete von rund 22 000 000 qkm — vierzigmal größer als das kaiserliche Deutschland (!) — zu verwalten hatten. Das Petersburger Konsistorium mit dem Sitz in Petersburg umfaßte das Gebiet von Archangelsk am Eismeer bis zum Schwarzen Meer, von Wolhynien im Westen bis nach Mittelrußland, zusammen 2 332 100 qkm mit einem Generalsuperintendenten, fünf Pröpsten, drei Oberpastoren, 81 Pastoren, 12 Vikaren, 12 Adjunkten und fünf Kandidaten — also 114 Geistlichen und fünf Kandidaten mit 87 Kirchspielen. Das Moskauer Konsistorium mit dem Sitz in Moskau war noch viel ausgedehnter: es umfaßte die ganze östliche Hälfte des europäischen Rußland — 1 957 400 qkm — mit 65 Kirchspielen im Nordkaukasus, Sibirien und Mittelasien. Das Gebiet wurde von nur 76 Geistlichen — einem Generalsuperintendenten, zwei Pröpsten, zwei Oberpastoren, 60 Pastoren, elf Vikaren und drei Kandidaten bedient[26]). Jedes Konsistorium bestand aus einem weltlichen Präsidenten, einem geistlichen Vizepräsidenten — dem Generalsuperintendenten — und je zwei weltlichen und geistlichen Beisitzern. Die Gemeinden hatten auf die Zusammensetzung dieser Behörde keinerlei Einfluß. Es war ihnen aber weitgehende Freiheit für die Gestaltung ihres Gemeindelebens gegeben. Jede Kirchengemeinde wählte ihren Kirchenrat, der das Kirchenvermögen verwaltete, für die Wortverkündigung im Schulunterricht zu sorgen hatte und mit Vertretern der Gemeinde den Pfarrer wählte. Bisher übliche Traditionen durften in den Gemeinden beibehalten werden. Für die reformierten Gemeinden bestand bei jedem Konsistorium eine Abteilung, die „reformierte Sitzung", die von einem reformierten Konsistorialassessor geleitet wurde[27]).

Ein großes weitausgedehntes Haus war im Innern Rußlands erstanden, an dessen Bau viele Generationen mitgearbeitet hatten, auf dem Fundament der heiligen Schrift und der Bekenntnisse der Väter aufgerichtet, in dem rund zweieinhalb Millionen evangelische Christen die Tradition ihrer Heimatkirche hochhielten und bei denen, trotz aller Verschiedenheit der Herkunft und der äußeren Lebensbedingungen doch das Gefühl der Zusammengehörigkeit über ein Jahrhundert hindurch sich immer stärker entfalten konnte bis zu den Schicksalsstunden, in denen sie alle den schweren Weg durchs finstere Tal wandern mußten.

Die Kirchenschulen

Das Bild des lutherischen Kirchenwesens wäre unvollständig ohne das
Bild des blühenden evangelischen Schulwesens. In dem Bestreben, der
christlichen Gemeinde auch die Verantwortung für einen geordneten Unterricht der Jugend zuzuordnen, sind die Gemeinden in Rußland stets treue
Nachfolger Martin Luthers gewesen. Und wie die Kirche seit dem 16. Jahrhundert allmählich aus ihrem einfachen und bescheidenen Holzkleide her-
auswuchs und immer größere und imposantere Formen annahm, so wuchs
mit ihr auch das Schulwesen: aus der Kleinkinderschule, in der nur das Lesen und Schreiben und die wichtigsten Stücke des christlichen Glaubens gelernt wurden, entstanden Mittel- und Oberschule, Gymnasien, Realschulen
und Lyzeen, die klangvolle Namen hatten. All diese Einrichtungen wurden
nicht nur zu Erziehern der Angehörigen der Kirche, mit der sie eine Einheit bildeten, sondern auch ihres Gastvolkes, das anfing, sich ihre Methoden
anzueignen und ihrem Vorbilde nachzueifern, mehr noch: dessen beste

St. Petrischule in St. Petersburg

Familien bestrebt waren, ihre Kinder, wenn irgend möglich, in den deutschen Kirchenschulen unterzubringen.

Als die Petrischule in St. Petersburg, neben der repräsentativen St. Petri-Kirche am Newski-Prospekt gelegen, im Jahre 1910 ihr 200jähriges Jubiläum feierte, da faßte der prächtige Festsaal, der zweitgrößte Saal in Petersburg, kaum die Zahl der Festgäste, die gekommen waren, ihren Dank und ihre Anerkennung für das, was sie dieser Schule verdankten, zum Ausdruck zu bringen. Der Kaiser und die Kaiserin schickten Grußtelegramme. Der Kaiser sprach es vor dem damals schon von nationalistisch und slawistisch gesonnenen Gruppen gegen die Deutschen aufgehetzten russischen Volke aus, daß diese Schulen Vorbildliches geleistet hatten für das Bildungswesen Rußlands. *„Nun steht sie da"*, schrieb der Direktor der deutschen Hauptschule zu St. Petri anläßlich dieser Jahrhundertfeier, *„als ein Riesenorganismus, der fünf verschiedene Schulen umfaßt und 42 Klassen, 1667 Zöglinge und 69 Lehrende."* Die Schule unterhielt ein achtklassiges Knabengymnasium nebst Vorklassen, eine siebenklassige Oberrealschule mit einer Handelsabteilung und ein achtklassiges Mädchengymnasium, Elementarschule und Waisenschule. Alle Schulen genossen dieselben Rechte wie die entsprechenden staatlichen Lehranstalten.

Bei Ausbruch des ersten Weltkrieges gab es vier solcher deutscher Bildungszentren in Petersburg, die täglich von mehr als 5 000 Kindern besucht wurden. Neben der St. Petri-Schule war das zweite deutsche Bildungszentrum in Petersburg die St. Annen-Schule, das dritte die St. Katharinen-Schule — diese drei waren lutherisch —, das vierte war die reformierte Kirchenschule. Alle vier Bildungszentren bildeten eine Einheit mit der Kirche, deren Namen sie trugen. Der entsprechende Kirchenrat trug für sie die Verantwortung und hatte die Mittel für sie aufzubringen. Ihre Bedeutung und ihr Ansehen in Rußland war so groß, daß selbst in der Zeit der schlimmsten Russifizierungspolitik Alexander III., der auch vor den jahrhundertealten Vorrechten der deutsch-baltischen Schulen nicht zurückschreckte, sondern sie trotz aller Proteste des Baltenlandes russifizieren ließ, vor den deutschen Kirchenschulen in Petersburg haltmachte und ihnen ihre deutsche Unterrichtssprache beließ. Erst bei Ausbruch des Weltkrieges mußten die Schulen die russische Unterrichtssprache einführen, wenn sie es nicht vorzogen, die Schule einfach zu schließen.

Was die deutschen evangelischen Gemeinden Großes auf dem Schulsektor in Petersburg geleistet hatten, das wurde den übrigen Gemeinden im Reich zum anspornenden Vorbild. Keine Kirche ohne Kirchenschule — das war die Losung aller, und jeder Kirchenvorstand war mit seinem Pfarrer bemüht, die Schule entsprechend den finanziellen Kräften der Gemeinde auszubauen.

Dem Vorbild der Petersburger Kirchenschulen kamen die in Moskau am nächsten. Hier, wo die Zahl der Deutschen geringer war, gab es zwei solcher Kirchenschulzentren — bei der alten Michaeliskirche, wo 1828 die ersten Abiturienten die 1814 zum Gymnasium erweiterte Schule verließen, und bei der Petri-Pauli-Kirche, wo 1881 sogar ein Mädchengymnasium anerkannt wurde. Jenes Vorrecht, sich der deutschen Unterrichtssprache zu bedienen, konnten sich nach 1890 allerdings nur noch die Petersburger Schulen bewahren. Eine Ausnahme galt lediglich für die Fächer Deutsch und Religion.

Die Entwicklung des Schulwesens in den großen Kolonistengebieten, wo man den Gemeinden der Städte nach Kräften nacheiferte, faßt Karl Stumpp folgendermaßen zusammen: *„Laut Kolonistengesetz hatten die deutschen Siedler in Rußland ihre eigene Kirchenschule mit eigener Schulverwaltung. Von jeher waren in Rußland bei den Deutschen die Kirchen- und Schulfragen eng miteinander verknüpft ... Da der Lehrermangel immer größer wurde, sind im Wolgagebiet seit 1834 und im Schwarzmeergebiet seit den vierziger Jahren die sogenannten Zentralschulen eingeführt worden. Zwar war die Unterrichtssprache in diesen Schulen russisch, aber andrerseits wurde die deutsche Sprache gut gepflegt. Jedenfalls waren diese Schulen von großem Segen für die Kolonisten, da aus ihnen die Lehrer und die Dorfschreiber hervorgingen. Das war ja um so bedeutungsvoller, als mit der Aufhebung der Kolonistengesetze (1874) die Amtssprache russisch war und die Kolonien der russischen Verwaltung unterstellt wurden. Im Schwarzmeergebiet wurde eine größere Zahl von Zentralschulen, höheren Schulen und Fachschulen unterhalten — im ganzen 21 Zentralschulen, in Odessa eine Realschule. In Transkaukasien bestand ein Realgymnasium in Tiflis, eine Oberrealschule in Helenendorf, eine Mittelschule in Katharinenfeld."*[28])

Werke der Inneren Mission

Die Impulse der von Johann Hinrich Wichern ausgehenden Bewegung der Inneren Mission wurden auf dem Wege über das Baltikum sehr schnell auch in Petersburg und von hier weiter in den evangelischen Gemeinden im

Innern des Reiches wirksam. In rascher Folge entstanden seit den vierziger und fünfziger Jahren des 19. Jahrhunderts die verschiedensten Werke und Anstalten, Kinderheime, Altenheime, Hospitäler. Allein in Petersburg gab es vor dem ersten Weltkrieg — unter Einschließung der Schulen — 101 verschiedene Einrichtungen der Inneren Mission. Der 1914 kurz nach Kriegsbeginn verstorbene Generalsuperintendent Guido Pingoud unterscheidet dreierlei Anstalten[29]):

1. Solche, die ausschließlich geistigen Notständen dienen, wie die Evangelische Bibelgesellschaft in Rußland, die seit 1828 neben der russischen Synodalgesellschaft bestand, die Evangelischen Jünglings- und Jungfrauen-Vereine, die Heidenmission und die 1876 gegründete Evangelische Stadtmission in St. Petersburg (diejenige in Moskau wurde drei Jahre später ins Leben gerufen). Sie besaß ein großes Vereinshaus, in dem verschiedene evangelische Wohltätigkeitsanstalten (Gouvernantenheim, Heim für junge Mädchen) gleichfalls ihren Sitz hatten. Die Gründung eines Evangelischen Greisenheims, eines Evangelischen Seemannsheims im Schulschiff „Morjak" und anderer Anstalten gehen auf die Evangelische Stadtmission zurück.

2. Wohltätigkeitswerke, die ausschließlich leiblichen Notständen dienten: Es waren im wesentlichen die Anstalten für Kranke und Sieche. Hier wären das Evangelische Hospital und Diakonissenhaus in Petersburg (gegründet 1859) mit einem herrlichen eigenen Gebäude zu nennen. Das „Alexandrastift für Frauen" unter Leitung von Dr. Wiedemann mit seiner Hebammenschule und Ambulanz war eines der auch äußerlich ansehnlichen Krankenhäuser der Stadt. Ihm zur Seite stand das „Deutsche Alexander-Hospital für Männer" (reichsdeutsch und nicht rein evangelisch), das Immanuel-Stift für Epileptiker und schwachsinnige Kinder und das Kinderheim in Pargola, das Evangelische Siechenhaus in Bethesda und das Männer-Siechenhaus, das Evangelische Sanatorium für Brustleidende, die Anstalten für Blinde und Taubstumme.

3. Zu den Anstalten, die beide Gesichtspunkte, den leiblichen und den geistigen, berücksichtigten, gehörte neben den Schulen, Waisenhäusern, Kinderheimen, Gouvernantenheimen vor allem auch die Unterstützungskasse für die evangelisch-lutherischen Gemeinden in Rußland.

Viele Gemeinden in Stadt und Land waren gegen Ende des vorigen Jahrhunderts bemüht, die Werke des Dienstes am Nächsten nach Kräften auszugestalten. Es würde den Rahmen, der dieser Darstellung gezogen ist, sprengen, wollten wir die Werke der Barmherzigkeit in den lutherischen Gemeinden im einzelnen aufzählen. Es gab Siechen- und Waisenhäuser in den evangelische Siedlungen, es gab Blinden- und Taubstummenanstalten, es gab Rettungsanstalten für verwahrloste Jugendliche, es gab Krankenhäuser und Armenasyle.

In Talowka (Bergseite der Wolga) hatte der rührige Pastor Hugo Günther ein Diakonissenmutterhaus geschaffen, in dem seit 1903 Schwestern für die Gemeinden ausgebildet wurden. Es war aus einem Siechenhaus und einem Waisenhaus hervorgegangen. Auch gründete Günther eine christliche Buchhandlung. Von hier ging seine Monatsschrift „Der Friedensbote" nicht nur in die Dörfer der Wolgakolonien, sondern weit darüber hinaus — ein treuer Freund der Kolonisten, der ihre Sorgen mit ihnen teilte, der ihnen aber auch die wichtigsten Nachrichten aus Kirche und Welt brachte.

Ähnlich verhielt es sich im Schwarzmeergebiet: Auch hier gab es Kranken-, Armen- und Waisenhäuser, Siechenheime, Blinden- und Taubstummenanstalten. Das evangelische Hospital in Odessa, 1892 gegründet, hatte in ganz Südrußland den besten Ruf nicht nur bei den Deutschen, sondern auch in russischen Kreisen.

Besondere Erwähnung verdient schließlich das sogenannte Evangelische Feldlazarett. 1877 nach dem Ausbruch des Türkenkrieges gegründet, leistete es einige Jahre später Hungerhilfe in Südrußland. Erneut wurde ein — wesentlich größeres — Lazarett im Russisch-Japanischen Kriege 1904 bis 1906 in die Mandschurei entsandt. Nachdem es wiederum Hungerhilfe an der Wolga geleistet hatte, wurde es nach dem Ausbruch des ersten Weltkrieges 1914 an der Front eingesetzt.

Das dreifache Band

Das Verfassungswerk von 1832 wurde zur Klammer, welche die weit über das Reich zerstreuten Gemeinden, wenn auch nur lose, miteinander verband. Hatten die Gemeinden auch keinen Einfluß auf die Verwaltung der Kirche, so schufen sie sich doch drei große Werke, die sie nicht nur äußerlich, sondern auch innerlich dreifach miteinander verbanden und ihnen das Gefühl gaben, Träger gemeinsamer großer Aufgaben zu sein: es war die Bibelgesellschaft, die Äußere Mission und die Unterstützungskasse der evangelischlutherischen Kirche in Rußland. Die Bibelgesellschaft entstand zu der Zeit, als die Erweckungsbewegung innerhalb des russischen Adels um sich griff. Alexander I., der dieser Bewegung innerlich nahe stand, bestätigte die Bibelgesellschaft, der auch protestantische Gruppen angehörten, im Jahre

1812. Sie hatte ihren Sitz in Petersburg mit einzelnen Sektionen und Hilfskomitees im Reich. Erst im Jahr 1831 wurde eine selbständige Evangelische Bibelgesellschaft bestätigt, die die Bibeln in deutscher, lettischer und estnischer Sprache verbreitete.

Das Interesse an der Mission wurde bereits während der mehrjährigen Wirkungszeit des in seinen späteren Berliner Jahren bekanntgewordenen Johannes Baptista Goßner in Petersburg geweckt und ist seitdem ständig gewachsen, besonders in den letzten Jahrzehnten vor dem ersten Weltkrieg. Zu einer selbständigen Mission ist es allerdings nicht gekommen, es sind aber große Summen gesammelt und an verschiedene Missionsgesellschaften, hauptsächlich an die Leipziger, überwiesen worden — im Jahre 1912 allein 49 361 Mark. Große Festsonntage der Bibel- und Missionsgesellschaften waren besonders beliebt in den Wolgakolonien. Sie wurden jedes Jahr abwechselnd in verschiedenen Gemeinden begangen. Unter reger Beteiligung der Pfarrerschaft strömten die Gemeindeglieder aus den Nachbardörfern schon zum Vormittagsgottesdienst zusammen. Auch an den Nachmittagen war der Andrang so groß, daß die größten Kirchen zu klein waren. Hier sprachen mehrere Pfarrer und weckten das Interesse für die großen Werke.

Das dritte gemeinsame Werk war die Unterstützungskasse der evangelisch-lutherischen Gemeinden in Rußland, deren Organisation der des Gustav-Adolf-Werks oder des Martin-Luther-Bundes entsprach. Sie wurde auf die Anregung des Bischofs Ullmann im Jahre 1844 gegründet und 1858 vom Zaren bestätigt mit dem Zentralkomitee in Petersburg und Bezirks- und Hilfskomitees, die über ganz Rußland verteilt waren. Satzungsgemäß wurden die Gelder für folgende Ausgaben verwandt: Bau von Kirchen, Bethäusern, Schulen, Pfarrhäusern, ferner zum Unterhalt von Predigern, Küsterlehrern, Adjunkten, für Lehrmittel, für Stipendien an Theologiestudenten. Sie wurde ausschließlich aus freiwilligen Schenkungen, Vermächtnissen, Beiträgen und Kollekten, die zweimal im Jahr in allen evangelischen Gemeinden erhoben wurden — am Palmsonntag und am Reformationsfest — finanziert. Flugblätter und Jahresberichte weckten und förderten das Interesse für die Aufgaben der Kasse. In fünfzig Jahren sind mit Hilfe der Unterstützungskasse hundert neue lutherische Kirchgemeinden gegründet worden, für deren Neubauten — Schulen, Pfarrhäuser, Kirchen — die Unterstützungskasse 700 000 Rubel zur Verfügung stellen konnte. Für das Schulwesen hat die Unterstützungskasse in der gleichen Zeitspanne 450 000 Rubel, für die Anschaffung von Kirchengeräten 17 000 Rubel, für die Ausbildung von Predigern, Lehrern, Küstern 250000 Rubel ausgezahlt. Die Gesamtausgaben dieses halben Jahrhunderts belaufen sich auf 3,3 Millionen Rubel.

Viel hingebende Arbeit, treuer Dienst, Verantwortungsbewußtsein dem Erbe der Väter gegenüber ist in diesem Werk beschlossen — einem Werk, das beredtes Zeugnis ablegt für die Liebe zahlreicher Gemeindeglieder in Stadt und Land zu ihrer Kirche, die ihnen Heimat und Halt geworden war im fremden Lande und die sie ihren Kindern erhalten wollten, zum Segen auch für ihr Gastland. Und ist das alles auch heute zerschlagen, es hat die Generationen gesegnet, die es trugen.

Der erste Weltkrieg

Wie ein verheerender Blitz schlug in die kirchliche Arbeit, in alle ihre Planungen und Zielsetzungen der Ausbruch des ersten Weltkriegs 1914. Von einem Tag zum andern wurden die Rußlanddeutschen zu Feinden des Reiches. Regierung und vaterländische Verbände setzten einen riesigen Propagandaapparat gegen den sogenannten deutschen „Erbfeind" und alles Deutsche, auch das deutsche Geistes- und Kulturleben, damit auch gegen die lutherische Kirche, in Bewegung. Die deutsche Sprache wurde verboten, der Druck deutscher Zeitungen mußte eingestellt werden, die deutschen Schulen wurden entweder geschlossen oder mußten sich ganz auf die russische Sprache umstellen.

Die Feindschaft richtete sich besonders gegen die evangelische Kirche und ihre Pfarrer. Evangelisch galt plötzlich als deutsch. Zweifellos war das gemeinsame lutherische Kirchenwesen zu einer starken Klammer deutschen Volkstums im russischen Reiche geworden. Und solange man sich in den Kirchenschulen der deutschen Unterrichtssprache hatte bedienen können, war diesen eine besondere Rolle bei der Pflege der deutschen Sprache und des deutschen geistigen Erbes zugefallen. So waren Volkstum und Kirche von Anfang an in Rußland eng miteinander verknüpft gewesen, zumal durch das bis zur 1905 proklamierten Gewissensfreiheit bestehende Verbot des Übertritts orthodoxer Russen zu einer anderen Konfession auch die lutherische Kirche auf die Ghettoexistenz einer „ausländischen Konfession" beschränkt war.

So war denn durch den Verbot des Gebrauchs der deutschen Sprache das kirchliche Leben in den Gemeinden auf das Schwerste getroffen. Stellenweise durfte nicht mehr in deutscher Sprache gepredigt werden. In Südrußland, wo das Verbot am konsequentesten durchgeführt wurde, wurden, weil es keine gedruckten Predigten oder Gesangbücher in russischer Sprache gab, Lesegottesdienste unmöglich gemacht. Die Überwachung von Gottesdiensten durch Polizeibeamte wurde zur gewohnten Erscheinung. Dutzende von evangelischen Pfarrern beschuldigte man in der Öffentlichkeit der „Germanophilie" und deportierte sie nach Sibirien.

Ein besonders hartes Schicksal hatten die Wolhyniendeutschen zu tragen. Im zweiten Kriegsjahr verloren sie durch die sogenannten „Liquidationsgesetze" ihren Landbesitz und wurden — etwa 100000 Menschen waren durch diese Maßnahme, die dem Schutz der russischen Westfront dienen sollte, betroffen — nach Sibirien verschleppt. Ein Teil von ihnen konnte nach dem Krieg in ihre Heimatdörfer zurückkehren.

In Sibirien war hingegen durch die Ankunft vieler Deportierter — unter den Rußlanddeutschen war die Mehrheit lutherischen Bekenntnisses — für die evangelische Kirche ein überraschendes Wachstum zu verzeichnen. Schon seit der Jahrhundertwende hatte es aus dem Wolga- und Schwarzmeergebiet einen ständigen Zuzug Deutscher nach Sibirien und Mittelasien gegeben, und bereits 1913 hatte das Generalkonsistorium die Erweiterung der bestehenden neun Kirchspiele auf siebzehn erwogen. Nun wurden mehrere Pastoren nach Sibirien entsandt, die — unterstützt von deportierten baltischen Geistlichen — den Gemeinden als Wanderprediger dienten.

Im Februar 1917 sollten die Liquidationsgesetze auch auf die Wolgadeutschen angewandt werden. Der Ausbruch der Revolution ersparte ihnen zunächst dieses Schicksal. Die nach dem Sturz des Zaren gebildete Provisorische Regierung suspendierte die Gesetze bis zur Neugestaltung des Staatswesens durch eine verfassunggebende Versammlung.

Die lutherische Kirche im Sturm der Revolution

Für viele Menschen im russischen Reich, gerade auch für die Deutschen und ihre evangelische Kirche, war die Februarrevolution 1917 zunächst ein befreiendes Ereignis. Wohl war die im März gebildete Provisorische Regierung nicht gerade deutschfreundlich gesonnen. Aber sie hatte allen Völkern im Reich das Recht auf Selbstbestimmung zuerkannt. Auf dieser Grundlage begannen die Rußlanddeutschen sich neu zu organisieren. Am Anfang stand eine Versammlung von 86 Delegierten aus 15 Gouvernements in Moskau vom 20. bis 23. April 1917, aus der unter Führung des Professors an der Landwirtschaftlichen Akademie, Dr. Karl Lindemann, der schon während des Krieges gegen die Deutschenhetze aufgetreten war, der „Verband der russischen Staatsbürger deutscher Nationalität" hervorging. Der Kongreß bedeutete einen Wendepunkt in der Geschichte der Rußlanddeutschen — so empfand man es damals.

Ähnliche Versammlungen fanden in den einzelnen Siedlungsgebieten statt. Am 25. April 1917 war das Theater in Saratow am hohen Wolgaufer bis auf den letzten Platz gefüllt von Delegierten aller Dörfer des Gebiets. Die Einführung der deutschen Sprache in allen wolgadeutschen Schulen, die Gründung eines Lehrerseminars, die Herausgabe einer deutschen Zeitung, die Wiedereinführung der Selbstverwaltung waren die wichtigsten, einstimmig gefaßten Beschlüsse. Ähnliche Kongresse wurden auch in den anderen Gebieten der deutschen Siedlungen abgehalten: im Schwarzmeergebiet am 14. Mai 1917, an dem 2000 deutsche Delegierte teilnahmen; in Slawgorod am 7. März 1917, hier beteiligten sich 1500 Vertreter der sibirischen Kolonien. Ähnlich war es in Transkaukasien. Von diesen Kongressen gingen die Impulse in die einzelnen Dörfer. Im Frühling und Sommer dieses Jahres rührten sich alle Kräfte in den Kolonien. Wieviel Leben, wieviel Schaffensfreude pulsierte überall! Wieviel schöne Hoffnungen!

Auch in der evangelischen Kirche regte sich der Wunsch nach einer neuen Ordnung. Im Sommer 1917 versammelte Bischof Freifeldt in Petersburg die Vertreter der fünf Konsistorien und Beauftragte der finnischen, schwedischen, estnischen und lettischen Gemeinden, um mit ihnen eine neue Kirchenordnung zu beraten, die auf einen Entwurf aus dem Jahre 1907 zurückging und den Gemeinden mehr Mitspracherecht durch die Bildung von Synoden geben sollte. Eine für Januar 1918 berufene Generalsynode sollte die neue Kirchenordnung verabschieden. Aber dazu kam es nicht mehr.

Auch in den einzelnen Siedlungsgebieten regten sich solche Bestrebungen. Auf einem „Kirchenkongreß" in Katharinenstadt an der Wolga, zu dem sich die Abgesandten und Pastoren von über hundert Gemeinden im Juli 1917 versammelten, war die Frage, welche Rolle in Zukunft dem sogenannten „Küsterlehrer" im kirchlichen Leben zugewiesen sein sollte, von besonderem Gewicht. Schon bisher war er oft — der großen Entfernung wegen — der eigentlich Verantwortliche für das Leben der Gemeinde gewesen. Nur die Feier des heiligen Abendmahls, die Trauung und die Konfirmation blieben dem Pastor vorbehalten. Leider konnte man — verhängnisvoll für die

Folgezeit — sich damals nicht dazu entschließen, den Küsterlehrern das Recht zuzugestehen, die Predigt frei vorzutragen und im Gottesdienst den Talar zu tragen, geschweige denn das Altarsakrament zu verwalten.

Die politische Entwicklung überholte alle Bestrebungen zur Neuordnung des kirchlichen Lebens sehr rasch. Bald nach der Oktoberrevolution erließ die neue Regierung, der „Rat der Volkskommissare" unter Lenin, eine Reihe von Gesetzen, die nicht nur die Trennung von Kirche und Staat zum Inhalt hatten, sondern der Kirche auch die materielle Grundlage nehmen sollten. Eine erste und wirksame Maßnahme, die natürlich nicht nur die Kirche traf, war die entschädigungslose Enteignung von Grund und Boden. Die Kirchen, Pfarrhäuser, kirchlichen Schulgebäude, Anstalten der Diakonie, alles verfiel dem Staat — selbstverständlich auch die Liegenschaften und Ländereien, die oft den Unterhalt des Pfarrers sichergestellt hatten. Mit einem Schlag war die evangelische Kirche — wie natürlich auch die orthodoxe Kirche — all ihrer äußeren Mittel beraubt. Die Gemeinden brachten trotz eigener Armut, in die die Gemeindeglieder gestürzt waren, doch auf freiwilligem Wege so viele Mittel zusammen, daß man die hohe Miete, die für die Benutzung der Kirche gefordert wurde, immer wieder zahlen konnte.

Das Dekret vom 23. Januar 1918, das die Trennung von Staat und Kirche verkündigte, bedeutete auch die Trennung der Schule von der Kirche. Fortan gab es keinen Religionsunterricht mehr. Zwar versuchten die Pastoren, die kirchliche Unterweisung, so gut es ging, in den Gottesdienst zu verlegen und Katechismuspredigten zu halten. Aber die Aufgabe, das Erbe des Evangeliums an die junge Generation weiterzugeben, fiel doch weitgehend den Eltern und Großeltern zu. Wie treu haben viele sie wahrgenommen, bis auf den heutigen Tag!

Ein besonders schweres Schicksal traf die Pfarrer. Die 1918 proklamierte Verfassung der sogenannten „Sozialistischen Föderativen Sowjetrepublik" nahm ihnen, zusammen mit Kapitalisten, Verbrechern und Geisteskranken, das aktive und passive Wahlrecht. Praktisch bedeutete dies, daß sie auch kein Recht auf Lebensmittelrationen hatten und daß man ihre Kinder mit einem höheren Schulgeld belegte, um sie später ganz von den höheren Erziehungseinrichtungen auszuschließen. Oft fanden sie, denen auch das Zuhause im Pfarrhaus genommen war, Zuflucht und Auskommen bei treuen Gemeindegliedern.

Diese erste Periode nach der Oktoberrevolution war gekennzeichnet von einer Kirchenpolitik, die sich — zumindest auf der höheren Ebene des Staates — zunächst auf administrative Maßnahmen beschränkte. Sie reichten aus — so meinte man — zur „Austrocknung" kirchlichen Lebens. Jedenfalls schien Lenin — wiewohl selber ein kompromißloser Atheist — nach der Machtergreifung der Bolschewisten eine mehr pragmatische Linie zu verfolgen. Sorgfältig unterschied er — zumindest vor 1917 — zwischen der Rolle, die der Staat, und derjenigen, die die Partei zu spielen hatte. Während der Staat lediglich sicherzustellen hatte, daß alle Religion auf die private Sphäre jedes Einzelnen beschränkt blieb, hatte die Partei den Klassenkampf zu führen und im Rahmen der Befreiung der werktätigen Klasse von aller Bevormundung auch für die Befreiung von der religiösen Unterdrückung zu sorgen. Aber immer war für Lenin und seine Mitkämpfer und Nachfolger der Kampf gegen die Religion nur ein Teil des Klassenkampfes. Dann und wann konnte dieser „Nebenkriegsschauplatz", auf dem man zunächst meist Gesetze und Verwaltungsmaßnahmen als Waffen benutzte, sogar einmal an den Rand des Interesses geraten. Und wenn es nützlich erschien (man denke an die Zeit nach 1921), konnte man den Druck einmal lockern!

Es war trotzdem für viele Gemeinden und ihre Pfarrer eine schwere und leidvolle Zeit. Die Wirren des Bürgerkrieges bedeuteten Verfolgung und Schrecken; wenn auch die Pfarrer nicht die einzigen Gefährdeten oder Opfer waren, sie lebten doch unter einer besonderen Bedrohung, gerade dort, wo sie für die Bedrängten und Gequälten eintraten. Viele von ihnen waren untergetaucht oder lebten ständig auf der Flucht. Andere konnten — zusammen mit ihren Gemeindegliedern — ihren Mördern nicht mehr entkommen.

Eine kurze Atempause wurde noch den Schwarzmeer- und Kaukasusdeutschen gewährt, als im Sommer 1918 deutsche Truppen einrückten, deren Anwesenheit für eine Zeitlang alle Schrecken bannte, die über die anderen Kolonien hingingen. Hier war noch eine Oase der Ordnung und der Arbeit inmitten des ringsum fortschreitenden Chaos. Aber die Spanne der Friedlichkeit war von kurzer Dauer. Nach dem Zusammenbruch der deutschen Front im Westen mußten auch die siegreichen Truppen im Osten das Feld räumen. Nun brach die Flut der Vernichtung um so verheerender über die Oase des Friedens herein. Plündernde Truppen und umherziehende Banden bestimmten das Feld. Alle Gegenwehr — selbst Mennoniten griffen, zum ersten Mal in ihrer Geschichte, zu den Waffen, um Frauen und Kinder zu verteidigen — war umsonst.

Trotz aller Schikanen und Verfolgung ließ sich das gottesdienstliche Leben nicht unterdrücken. Wo Gottesdienste in der Kirche nicht mehr gehalten werden konnten, ging man in die „Brüderversammlungen", die in Privatwohnungen abgehalten wurden. Die in die Rote Armee einberufenen Pfarrer wurden wieder auf freien Fuß gesetzt, da man ihren „schädlichen" Einfluß befürchtete. Obwohl das Damoklesschwert ständig über ihrem Haupte hing, erfüllten die wenigen, die noch amtieren konnten, in großer Treue ihre priesterliche Pflicht.

Während der großen Hungerkatastrophe 1920—21 ließ der Sturm gegen die Kirchen nach. Die Katastrophe, die millionenfachen Tod in Rußland brachte — allein im Wolgagebiet starben 100000 Deutsche den Hungertod —, zwang die Machthabenden, auf dem eingeschlagenen Weg innezuhalten. Die sogenannte „Neue Ökonomische Politik" (NEP), die der privaten Initiative mehr Spielraum ließ, leitete eine Phase der wirtschaftlichen Erholung und der Stabilisierung des herrschenden politischen Systems ein. Auch die außenpolitischen Kontakte wurden verstärkt, und über die Grenzen kamen mancherlei Hilfsgüter aus dem Westen zur Linderung der Not. Unter den kirchlichen Hilfsaktionen muß besonders diejenige des amerikanischen National Lutheran Council erwähnt werden. Dank der Hilfe der amerikanischen lutherischen Kirchen sind viele Pfarrer und Gemeindeglieder vor dem Hungertod gerettet worden.

Zeit des Atemholens

Die Proklamation der Neuen Ökonomischen Politik bedeutete auch für die Kirchenpolitik eine Wende. Bis 1928 währte die Periode der Konsolidierung, in der — auf der Basis der Anerkennung der staatlichen Gesetzgebung und der herrschenden Rolle der Kommunistischen Partei in der Gesellschaft — sich das kirchliche Leben in den gesetzten Grenzen verhältnismäßig frei entfalten konnte. Dies galt auch für die Verbindungen zu den Glaubensbrüdern im Ausland, die sich gerade bei der Linderung der Hungersnot bewährt hatten. 1923 konnte Generalsuperintendent Theophil Meyer am ersten lutherischen Weltkongreß in Eisenach teilnehmen, 1924 und 1928 reiste der Leningrader Bischof Artur Malmgren, dem seit der Generalsynode 1924 insbesondere die Verantwortung für die Beziehungen zu den Kirchen und Hilfswerken des Westens zugefallen war, nach Deutschland; 1924, um an der Jahresversammlung des Gustav-Adolf-Vereins teilzunehmen und über die Lage in Rußland zu berichten. Über die Situation der ersten Jahre sagte Malmgren damals[30]):

„Als das Jahr 1920 anbrach, sah unsere lutherische Kirche in Ruß-
land aus wie ein weites Feld, über das die Springflut verheerend hinweg-
gebraust ist. Überall Schutt und Geröll, überall Zerstörung und Verwüstung.
Zerrissen war jede Verbindung der Gemeinden untereinander, zerbrochen
waren alle Klammern der Gemeinschaft, zerstört auch der Zusammenhang
mit der kirchlichen Leitung der Verwaltung. Da alles kirchliche Vermögen
nationalisiert war, lösten kleinere städtische Gemeinden sich einfach auf,
weil sie ihr Kirchenwesen nicht mehr erhalten konnten..."

Bischof Arthur Malmgren

1920 war dann bereits ein kleiner Schritt zur Festigung des Kirchenwesens gelungen. Die lutherischen Gemeinden Moskaus hatten die „Tempo-
rären Bestimmungen über die Selbstverwaltung der evangelisch-lutherischen

Gemeinden in Rußland" beschlossen, die später auch in Petersburg und an der Wolga angenommen wurden. Insbesondere war nunmehr die Integration der nichtdeutschen Lutheraner gelungen.

Im Jahre 1924 faßte die Generalsynode, die vom 21. bis 26. Juni in Moskau zusammentrat, weitere wichtige Beschlüsse zur Reorganisation und tat damit einen großen Schritt dazu, der lutherischen Kirche die Festigkeit und Geschlossenheit zu geben, die sie in den kommenden Jahren – so Gott ihr noch eine Zukunft schenkte – bitter nötig hatte. Aus den Gemeinden des europäischen Rußland waren nahezu sechzig Vertreter nach Moskau gekommen. Ein Ereignis von kirchengeschichtlicher Bedeutung: Zum ersten Mal seit dem Bestehen lutherischer Gemeinden in Rußland konnten sich deren geistliche und weltliche Vertreter zu einer Synode versammeln. Malmgren berichtet über den Verlauf der Verhandlungen:

„Mit tiefer innerer Bewegung und verhaltener Spannung wurde verhandelt. Rückhaltlos stimmte ein jeder den Worten zu, mit denen die Synode eingeleitet wurde, daß wir schon einig seien, einig im Geist, im Glauben, im Bekenntnis, und daß wir darum auch einig werden müßten in der äußeren Form und Ordnung. Und einmütig wurde die neue Verfassung angenommen, die einen dreistufigen Aufbau vorsieht: zu unterst die Einzelgemeinde mit ihrem Kirchenrat und dem Pastor, sodann die Zusammenfassung einer Vielheit geographisch zusammengehöriger Einzelgemeinden zu einer Synode mit je einem Synodalrat und einem Propst, und endlich die Zusammenfassung aller Synoden zu einer Generalsynode mit dem Oberkirchenrat und dem Landesbischof[31])."

Die Geistlichkeit der wieder vereinten evangelisch-lutherischen Kirche bestand nur noch aus zwei Bischöfen, 13 Pröpsten und 66 Pfarrern, also 81 Geistlichen gegenüber 198 im Jahr 1914. Um dem Pfarrermangel abzuhelfen und den Gemeinden, in denen sich zum Teil tüchtige Lektoren, zum Teil aber auch unqualifizierte Hochstapler der Verwaltung des Pfarramtes angenommen hatten, tüchtige Theologen zu senden, wurde die Gründung eines Theologischen Seminars in Leningrad beschlossen. Denn die Universität Dorpat war seit der staatlichen Neuordnung unerreichbar und ein Theologiestudium im Ausland unmöglich. Das neue Seminar hatte als Vorläufer einen dreijährigen Kursus gehabt, der Notstandsprediger ausbildete und schon zehn Prediger in die Gemeinden entlassen hatte; auf dieser Grundlage sollte weitergebaut werden. Und es wurde mit Einsatz letzter Kräfte unter mancherlei Mangel, unter dem das Fehlen von Lehrmitteln sicherlich am drückendsten war, obwohl sich an dieser Stelle die deutschen kirchlichen Hilfswerke, aber auch die amerikanischen Lutheraner mit dem um die Rußlandhilfe hochverdienten Generalsekretär des Lutherischen Weltkonvents, John Morehead, große Verdienste erworben haben, weiter gebaut, bis die vernichtende Sturmflut der dreißiger Jahre auch dieses Werk begrub. Es kamen 60 Bewerber, von denen nur 18 in den ersten Kursus aufgenommen werden konnten. 15 von ihnen beendeten bereits 1928 ihre Ausbildung.

Die Generalsynode hatte den beiden Bischöfen (dieser Titel war ihnen von der Synode verliehen worden), neben denen noch Bischof Palsa als Vertreter der estnischen, lettischen und finnischen Kirchenbezirke und zwei weltliche Mitglieder zum Oberkirchenrat gehörten, jeweils besondere Verantwortungsbereiche zugedacht. Waren es für Malmgren — neben der geistlichen Aufsicht über die in der unmittelbaren Nachbarschaft Leningrads gelegenen Synodalbezirke — besonders die Außenbeziehungen und das Predigerseminar, in dem er mit sieben anderen Theologen die Vorlesungen hielt, so fielen Bischof Meyer, der seinen Sitz in Moskau hatte, die administrativen Aufgaben zu, insbesondere die Verantwortung für die übrigen Synodalbezirke, die er in mehreren Besuchsreisen wahrzunehmen versuchte. 1925 besuchte er Sibirien und Mittelasien. Die Strapazen dieser Reise kosteten ihn seine Gesundheit[32]).

Erwähnen wir noch Bischof Malmgrens Urteil über die Situation der evangelisch-lutherischen Kirche Rußlands nach der Generalsynode:

„Damit steht die evangelisch-lutherische Kirche Rußlands nach außen wieder geschlossen als die eine da, die sie war vor Beginn der Revolution, — nur mit dem Unterschied, daß sie jetzt eine ist nicht aus fremden Willen, nicht aus dem Willen der Staatsgewalt, sondern aus eigenem freien Entschluß und Willen...[33])"

1928 konnte wieder eine Generalsynode zusammentreten. Sie brachte mit dem Anschluß der bis dahin selbständigen transkaukasischen Gemeinden den Lutheranern eine Geschlossenheit, wie man sie im zaristischen Rußland nur hatte erträumen können — wobei nachzutragen ist, daß auch die reformierten Gemeinden, deren fünf Geistliche als Ausländer das Land nach der Oktoberrevolution hatten verlassen müssen, von lutherischen Geistlichen betreut wurden.

Die Periode der NEP von 1922 bis 1927 ermöglichte ein Atemholen, mehr nicht. Unverändert galt weiter, was zwei führende Männer der Revolution, Bucharin und Preobrazenski, in ihrem „ABC des Kommunismus" 1919 so formuliert hatten: *„Religion und Kommunismus sind unversöhnbar un-*

tereinander, ebenso theoretisch wie auch praktisch." Die Genehmigung zur Generalsynode 1924, die Duldung kirchlicher Neuorganisation, die Erlaubnis zur Veröffentlichung eines Kirchenkalenders und einer kirchlichen Zeitschrift, die im Jahre 1927 erscheinen konnte (und nach zwölf Nummern wegen „Papiermangels" wieder eingestellt wurde): all dies konnte nicht über die grundsätzliche Feindschaft des Staates gegen alles kirchliche Leben hinwegtäuschen. War doch der legale Rahmen, in dem gemeindliches und kirchliches Leben sich entfalten konnte, eng genug. Scit 1923 galt das sogenannte„Normalstatut der religiösen Gesellschaften", das den Gemeinden die Eigenschaft einer juristischen Person verweigerte und eine ordentliche Finanzwirtschaft aufgrund regelmäßiger Beiträge der Gemeindeglieder unterband, ja in dessen Paragraph 23 — und dies war am einschneidendsten — es sogar hieß:

„Die Vorstandsmitglieder sind verpflichtet, ... im besonderen die Anwesenheit von Personen unter 18 Jahren weder bei Versammlungen noch Unterredungen, Vorlesungen oder zur Unterrichtung in den Lehren ihres Glaubens zuzulassen, wofür sie die strafrechtliche Verantwortung tragen."

Allein diese Einschränkung bedeutete eine zusätzliche Arbeitslast für die Pastoren, die kaum zu bewältigen war. Einer von ihnen, der jährlich 200 Konfirmanden hatte, berichtet:

„... So mußte ich denn in den sauren Apfel beißen und mich an den Konfirmandenunterricht mit drei Kindern [in einer Gruppe] *heranmachen ... Ich verpflichtete alle Konfirmandeneltern dazu, daß sie ihren Kindern die Kenntnis des Katechismus beibrachten. Und sie haben das gewissenhaft getan, so daß ich mich mit dem Abfragen im Unterricht nicht mehr befassen mußte. Nichtsdestoweniger war das eine fast nicht zu bewältigende Arbeit. Jeden Tag fing ich des Morgens früh um sieben Uhr an und unterrichtete bis acht Uhr abends und mitunter noch länger. So ging es von Ostern bis Pfingsten, und doch konnte ich auf den einzelnen Konfirmanden nicht viel Zeit verwenden. Aber ich habe die Erfahrung gemacht, daß diese saure Arbeit nicht ohne Frucht blieb Wie haben sich doch die Kinder in diesem Unterricht unter wenig Augen erschlossen und wie haben sie einem da das Wort von den Lippen genommen ... Ich habe es so gehalten vom Jahre 1926 bis 1930 und ich habe dabei den Eindruck gewonnen: was die Kinder da hörten, das werden sie nicht so bald vergessen...*[34]*"*

Auch war die Bewegungsfreiheit der Pfarrer schon frühzeitig eingeschränkt. Wollte man einen Gottesdienst oder eine Amtshandlung in einer Predigtstation auswärts halten, so konnte dies ein tagelanges Spießrutenlaufen durch die Verwaltungsinstanzen bedeuten. Gerade die Älteren und nicht ganz Gesunden waren solchen Strapazen kaum gewachsen, und es bedurfte keiner offenen Verfolgung (die es auch schon gab), um die Zahl der in den Gemeinden tätigen Pastoren laufend sinken zu lassen.

Dem Versuch, der Kirche über die Gesetzgebung, Verwaltungsschikanen und wirtschaftliche Repressalien den Garaus zu machen, war wenig Erfolg beschieden. Bereits 1923 heißt es in einem Artikel der Zeitschrift „Unsere Wirtschaft" in Bezug auf die evangelische Kirche:

„Wir kämmen sie alle mit einem Kamm und setzen dasselbe fort. Wir setzen fort, den ganzen Kampf auf die Kompromittierung der Geistlichkeit zu konzentrieren, wobei wir hiermit nur die Untergrabung der Autorität einiger Geistlichen in den Augen der Masse erreichen. Die Standhaftigkeit der Kirche selbst leidet darunter jedoch am wenigsten. Sogar die Arbeit der Untergrabung der Autorität der Geistlichen wird manchmal ungeeignet roh und schlecht geführt, daß nicht selten das umgekehrte Resultat erzielt wurde. So erreichten wir, daß in den Augen der Gläubigen einige Geistliche als Märtyrer angesehen wurden, die von unserer Seite der Verfolgung und der Beschimpfung ausgesetzt waren ... So ist in Beziehung des Kampfes gegen die Religion, ich wiederhole es, so gut wie gar nichts erreicht."

Am Osterfest des Jahres 1925 wurde — unter Geburtshelferschaft des Staates — der sogenannte Bund der Gottlosen begründet, der sich der Verbreitung des Atheismus verschrieben hatte. Paßte sein Programm auch zunächst noch nicht in die offizielle Linie der Duldung religiöser Aktivitäten, so erfreute er sich doch mannigfacher Förderung.

Von 1928 an hatte er seine große Zeit. Mit dem Ende der Neuen Ökonomischen Politik und dem Beginn des Fünfjahresplans begann für alle Gläubigen eine Zeit der Verfolgung und des Leidens und für die Kirchen, insbesondere für die evangelisch-lutherische, die Periode der offenen Unterdrückung bis hin zur Austilgung ihrer äußeren Existenz.

Bruder Ehlers

In den Jahren der Not, in denen ein geistlicher Führer nach dem anderen aus den Gemeinden verschwand und die Gemeinden immer beistands- und trostloser der Willkür, dem Hohn und der Bedrohung ausgesetzt waren — ein Zustand, der sie mürbe und an ihrem Glauben irre machen sollte —, bewährten sich in besonderer Weise viele Männer und Frauen aus den Kreisen der „kirchlichen Brüder", Gemeinschaftschristen, die mit großer Treue an ihrer evangelischen Kirche festhielten und auch das gottesdienstliche Leben, wo die offizielle Kirche „liquidiert" war, in der Stille weiterführten, „hin und her in den Häusern" wie in der Zeit des Urchristentums. Sie waren es, die schon in früheren Zeiten, trotz vielerorten eingeschlichenen geistlichen Hochmuts, nicht nur die treuesten Besucher der Gottesdienste waren, die der Pastor oder der Schulmeister an den Sonntagvormittagen in der Kirche hielten, sondern auch an den Sonntagnachmittagen sich in Privathäusern versammelten zur gemeinsamen Betrachtung des Gotteswortes, zu Gebet und Gesang. Hier wurde in vielen der Same einer Bibel- und Gesangbuchkenntnis gelegt, der später, als es keine Kirche und kaum noch eine Bibel oder ein Gesangbuch gab, aufgehen und Früchte des Glaubens und der Kraft im Leiden bringen sollte. Wie viele markante Gestalten drängen sich meiner Erinnerung auf, die jetzt − an den Wochentagen die tüchtigsten Bauern und an den Sonntagen die treuesten Bibelleser −, trotz Bedrohung mit Gefängnis und Verbannung in den Norden oder nach Sibirien, die zerstreute und von Angst verfolgte Herde Christi um sich versammelten, um sie zu tapferem Festhalten an dem Glauben der Väter aufzurufen. Eine Gestalt vor allen verdient dankbar festgehalten zu werden in der Erinnerung an die evangelische Kirche Rußlands. Es ist die des „Bruder Ehlers". Wer kannte ihn nicht in den Wolgakolonien? Wem von allen, die das Bibelstudium pflegten, auch weit über die Wolgakolonien hinaus, klang dieser Name nicht vertraut? Heinrich Peter Ehlers, ein schlichter wolgadeutscher Bauer, mit hellem intelligentem Gesicht, stets glattrasiert, das Haar nach alter Bauernart in der Mitte gescheitelt, das Haupt umrahmend, zog ein halbes Jahrhundert Sonntag für Sonntag durch die Dörfer, um die Erweckten zu stärken und die Gleichgültigen aufzurütteln. Im Winter nahm er auch die Wochentage hinzu. Kam er in ein Dorf, dann waren die größten Bauernstuben zu klein, um alle zu fassen, die ihn hören wollten. Hielt er die Brüderkonferenzen ab, zu denen auch die Nachbargemeinden herbeiströmten, dann waren auch die Kirchen und Bethäuser, die ihm viele Pfarrer zur Verfügung stellten, dicht gefüllt. Größten Wert legte er immer, trotz des „Ruhmes", der ihn allmählich umgab, auf engste Zusammenarbeit mit den Pfarrern und treues Festhalten an der lutherischen Kirche. Worin bestand der Zauber seiner schlicht vorgetragenen Rede, die er in den Brüderversammlungen hinter dem Tisch sitzend, umgeben von anderen führenden Brüdern, hielt? Es war der wolgadeutsche Bauer, der alle Nöte und Sorgen seiner Landsleute kannte, der mit ihnen die Jahreszeiten − sei es draußen auf dem Acker in der Sonnenglut oder in den kalten Winterstürmen — erlebte, der die lebenspendende Macht des Evangeliums erfahren, im Alten Testament den Gott der Geschichte und im Neuen in Jesus Christus seinen Bruder und Erlöser gefunden hatte.

Eine einzigartige Bibelkenntnis war ihm eigen. Seine Rede war illustriert, neben den Beispielen aus seiner Zeit und Umgebung, mit hunderten von Bibelstellen; ganze Kapitel Alten und Neuen Testaments zitierte er auswendig mit genauer Angabe von Kapiteln und Versen der zitierten Stellen. Die Gestalten der Bibel, weil im schlichten volkstümlichen Erzählerton dargestellt, traten lebendig in die Gegenwart hinein und begleiteten die Zuhörer in ihren Alltag.

Gleich einer Patriarchengestalt waltete er auch in der Zeit der Christenverfolgung seines Amtes. Als fühlte er, daß sich der Generalangriff gegen die Kirche mit dem Fünfjahresplan vorbereitete und auch seine Tage gezählt waren, entschloß er sich zu einer letzten kühnen Tat und lud — mitten in der Zeit der Zusammenballung des Gottlosentums zu vernichtendem Schlage — zu einer letzten großen Brüderkonferenz nach Warenburg auf der Wiesenseite der Wolga vom 24. bis 30. August 1928 ein. Handschriftliche Einladungen ließ er hinausgehen — nicht nur in die Wolgakolonien, sondern auch in die anderen Siedlungsgebiete bis nach Sibirien. Tausende und Abertausende hörten den Ruf und bereiteten sich für die Fahrt nach Warenburg vor. Und sie kamen zu Tausenden. Sie kamen nicht nur aus den Wolgakolonien von fern und nah, sie kamen aus dem Schwarzmeergebiet und dem Kaukasus, aus Helenendorf, Katharinenfeld und Grünfeld in Transkaukasien, aus Astrachan am Kaspischen Meer, vom Ural, vom Baikalsee und aus Omsk in Sibirien.

Sie waren tagelang unterwegs mit Wagen und Pferden, sie scheuten keine Unbilden der Witterung, sie schreckten vor Gefahren nicht zurück, sie wollten Bruder Ehlers, den Patriarchen unter den Evangelisten, gern noch einmal hören, weil sie wußten, daß es sein letztes Wort sein würde, das sie alle brauchen würden in der heraufziehenden Zeit. Sie wollten noch einmal zusammen sein mit ihren Glaubensgenossen und gemeinsam mit ihnen Kraft schöpfen aus den Tiefen unseres Glaubens, wie es in den Liedern aufklingt, und aus dem Buch der Bücher, das im Mittelpunkt der Tagung stehen sollte. Wo aber sollten die hunderte von Wagen und Tausende von Menschen eine Woche lang untergebracht werden? Die Wolgadeutschen hatten für ihre großen Missions- und Bibelfeste eine einfache Methode, die sich diesmal — zum letzten Mal — wunderbar bewähren sollte. Am Tage vor der Eröffnung der Konferenz wurden die Tore aller Bauernwirtschaften weit geöffnet. Wer keine persönlichen Bekannten hatte, von denen er erwartet wurde, fuhr in den ersten besten Hof hinein. Hier wurde er als Bruder – „als die Unbekannten und doch bekannt" – aufgenommen. Das Tor stand so lange offen, bis der Hof so angefüllt war mit Wagen und Pferden, daß kein Platz mehr für Neuankommende vorhanden war. Dann wurde es geschlossen. Später Ankommende brauchten hier nicht mehr anzuklopfen, sie fuhren weiter zum nächsten offenstehenden Tor. So fanden alle Platz und freundlich-gastliche Aufnahme. Tagelang hatten sich die Gastgeber vorbereitet und gespart, so daß auch von diesen Tausenden das Wort des Evangeliums galt: Sie aßen alle und wurden satt.

Den Eröffnungsgottesdienst hielt am 24. August Pastor Johannes Grasmück aus Brunnental in der großen evangelisch-lutherischen Kirche zu Warenburg, die die Tausende, die gekommen waren, nicht alle zu fassen vermochte. Die Menschen standen bis auf die Straße hinaus. Der Predigt lag das Wort 2. Chron. 20,15b zugrunde: „Ihr sollt euch nicht fürchten, noch zagen vor diesem großen Haufen, denn ihr streitet nicht, sondern Gott." Es war ein gewaltiger Weckruf angesichts des drohenden Vernichtungskampfes gegen die Kirche Christi, unerschütterlich festzustehen auf dem ewigen Grund des Gotteswortes, wie es uns in Christus offenbart und in Martin Luther neu geschenkt wurde[35]). Gewaltiger ist das Lutherlied nicht gesungen worden in der Geschichte der Reformation, heiliger, inniger, zeitnäher ist das Glaubensgelübde „Nehmen sie uns den Leib, Gut, Ehr', Kind und Weib, laß fahren dahin, sie haben's kein Gewinn: das Reich muß uns doch bleiben" nie abgelegt worden, als von den viertausend Menschen, die zu diesem Gottesdienst versammelt waren; viele von ihnen hatten es schon erfahren und all die anderen ahnten es, daß sehr bald die schwersten Opfer von ihnen verlangt würden.

Die Konferenztage verliefen nach einem genau festgelegten Programm. Um fünf Uhr Morgenandacht, neun Uhr Hauptgottesdienst, 14–17 Uhr Betstunde, am Abend Bibelstunden. Die ganze Leitung lag in Händen des unermüdlich scheinenden Bruder Ehlers. In jeder Versammlung sprachen außer ihm drei Brüder. In den Betstunden wurde frei gebetet. Hier war Urchristentum gegenwärtig. Hier spürte man bei dem Zusammenbruch aller weltlichen Stützen und Sicherheiten das Wehen des Heiligen Geistes wie am ersten Pfingsttage.

In der letzten Andacht sprach Bruder Ehlers über den Abschied des Apostel Paulus von den Ephesern, Apg. 20,17–38. Wie paßten diese Worte für diese Stunde! Welchen tiefen Widerhall mußten sie in allen Herzen finden und sie alle zu einer Gemeinschaft der Treue und des Glaubens verbinden! Der greise Evangelist hatte Rechenschaft abgelegt über sein Lebenswerk und sich erneut zu dem Glauben der Väter bekannt, den er ein Leben lang gepredigt, und die Gemeinden zum Festhalten an diesem Glauben aufgerufen.

„Und als er solches gesagt, kniete er nieder und betete mit ihnen allen. Es ward aber viel Weinen unter ihnen allen, und sie fielen Paulus um den Hals und küßten ihn, am allermeisten betrübt über das Wort, das er sagte, sie würden sein Angesicht nicht wieder sehen" (Apg. 20,36—38).

Diese Worte bezog man ja nicht nur auf den greisen Evangelisten allein, sondern auf jeden der anwesenden Glaubensgenossen. Man spürte tief erschüttert und bewegt, daß das Tal, durch das man noch zu wandern hatte, immer dunkler und einsamer wurde, und klammerte sich darum um so fester an das „Du bist bei mir, Dein Stecken und Stab trösten mich".

Vernichtung der Kirche

Nach der Konsolidierung, die die NEP gebracht hatte, schien dem siegreich aus den inneren Kämpfen um die Nachfolge Lenins hervorgegangenen Generalsekretär der Kommunistischen Partei, Stalin, der Zeitpunkt gekommen, zu den ursprünglichen radikalen kommunistischen Zielen zurückzukehren. „Sozialismus in einem Lande" hieß — im Gegensatz zu der innerparteilichen Opposition um Trotzkij, die weiter das Ziel der Revolution auch in den westlichen Industriestaaten verfolgen wollte und die jetzt brutal ausgeschaltet wurde — das Programm. Obenan stand dabei die Kollektivierung des Bauerntums sowie die Ausschaltung der städtischen Mittelschichten aus dem wirtschaftlichen Leben. Beides traf gerade die Glieder der evangelisch-lutherischen Kirche weitaus härter als den Durchschnitt der russischen Bevölkerung, zählten doch die einen, die sich vielfach durch harte Arbeit einen gewissen Wohlstand erworben hatten, zu den sogenannten „Kulaken", den kapitalistischen und angeblich ausbeuterischen Großbauern, die es als Klasse auszurotten galt, und zählten die anderen oftmals zur bürgerlichen Intelligenz, in der man — sicher nicht zu Unrecht — die Feinde des herrschenden Systems vermutete.

Um die Mitte des Jahres 1929 begann die planmäßige Durchführung dieses Programms, zunächst unter „legalem" Vorzeichen: Man erhöhte die Steuerlast der größeren Bauern derart, daß sie untragbar wurde; zumeist überstieg sie den Wert der zu erwartenden Ernte um das Doppelte oder Dreifache. Die unweigerlich folgende Zwangsversteigerung sah gewöhnlich nur die neugebildeten Kollektive als Käufer, wobei niemals ein Preis erzielt wurde, mit dem man seine Schuld bezahlen konnte. Hunderttausende standen von einem Tage zum anderen mittellos da, aus ihren Häusern vertrieben, und ihr Schicksal war glimpflich, wenn sie bei Verwandten im gleichen Dorf eine Bleibe fanden. Wieder begann eine Schreckenszeit: Denunziantentum und nächtliche Verhaftungen, Folterungen und willkürliche Urteile, Hinrichtung und Mord, Verbannung in die Arbeitslager und ein Dasein, das nur die ganz Gesunden überstehen konnten, Trennung von Eltern und Kindern, Wanderschaft ohne Ziel, Hoffnungslosigkeit, Not und Elend, das alles gehörte fortan zur Tagesordnung. Wird man je einmal die Übersicht gewinnen über das unsagbare Leid, das damals und in den folgenden Jahren wehrlosen und unschuldigen Menschen zugefügt worden ist?

Im Herbst 1929 wurde vielen deutschen Bauern klar, daß die Machthaber es auf ihre Vernichtung abgesehen hatten. Es war nicht nur die Enteignung von Haus und Hof. Die Familie wurde zerstört, der Glaube, von den Vätern überkommen, sollte keine Zukunft mehr haben. So kam es zur spontanen Massenflucht der Verzweifelten. Man wollte heraus aus dem Land, das keine Heimat mehr sein konnte, nach Deutschland oder — wie vor allem bei vielen Mennoniten — zu den Glaubensbrüdern nach Übersee. Im November lagen tausende deutscher Bauern in den Vororten Moskaus; durch Vermittlung des deutschen Botschafters gelangten rund 8000 nach Deutschland. Ein Vorgang, der den Ruf des bolschewistischen Staates in der Weltöffentlichkeit vorerst ruinierte. Um so schneller mußte diese Bewegung, die zeitweise in den deutschen Siedlungsgebieten wohl Hunderttausende ergriff, zum Stillstand gebracht werden. Mit unerhörter Brutalität griffen die Behörden ein. Viele Unglückliche wurden vor den Toren der Hauptstadt aufgegriffen und als Staatsfeinde nach Sibirien deportiert. Ihr Schicksal teilten diejenigen, die man für die Initiatoren der Massenflucht hielt, unter ihnen viele Geistliche und aktive Gemeindeglieder.

Zu dem Unternehmen „Entkulakisierung" hatten von Anfang an Maßnahmen gegen die Gemeinden und ihre Pfarrer gehört. So kehrten die Bedrängnisse der ersten Jahre nach der Revolution wieder! Schon damals hatten die Pfarrer ihr Einkommen und das Stimmrecht verloren und seitdem nicht wiedererhalten, sie hatten — zumindest zeitweise — auf die Zuteilung von Lebensmitteln verzichten müssen und waren aus den vom Staat konfiszierten Pfarrhäusern vertrieben oder auf einen oder zwei Wohnräume beschränkt worden. Sie galten als freiberuflich Tätige und paßten in kein Kollektiv. Deshalb hatten sie eine übergroße Steuerlast zu tragen. Obendrein war ihre Arbeit — wegen der vielen vakanten Stellen, der sowieso übergrossen Gemeinden und der behördlichen Schikanen — so umfangreich geworden, daß die Kräfte nicht reichten. Wohl erfuhren die Pfarrer viel Unterstützung aus der Gemeinde. Es fanden sich Lektoren, es fanden sich Gemeindeglieder, die dem Pfarrer und seiner Familie ein Unterkommen boten, und manches Mal wurde eine Steuerzahlung durch eine spontane Sammlung der Gemeinde geleistet. Immerhin amtierten — vor der Revolution waren es etwa 200 gewesen — im Jahre 1929 noch neunzig evangelisch-lutherische Pastoren, mehr sogar, als es fünf Jahre zuvor bei der Gründung des Leningrader Seminars gewesen waren.

Die Kollektivierung nahm den Kirchengemeinden vollends die Existenzgrundlage. Die Enteigneten hatten selber nicht mehr genug zum Leben, ebensowenig wie die Glieder vieler städtischer Gemeinden. Wo aber eine Kirche von der Gemeinde nicht mehr unterhalten werden konnte, wurde sie geschlossen. Fortan versammelte man sich in einer Wohnung oder auf dem Friedhof zum Gottesdienst und sprach die Lesungen und Gebete wechselweise, damit niemand der Anwesenden zur Besteuerung als Geistlicher herangezogen werden konnte. Einem damaligen Bericht[36] entstammt der folgende Abschnitt:

„Ein vor kurzem unter Aufhebung aller früheren Bestimmungen erlassenes neues Wohnungsgesetz rechnet die Geistlichen in die Kategorie der Nepmänner, d. h. der Kaufleute, Spekulanten usw. Für diese Kategorie aber ist eine für sie unerschwingliche hohe Wohnungssteuer festgesetzt. Ein Pfarrer bewohnt z. B. eine Wohnung von vier Zimmerchen, die zusammen einen Flächenraum von ca. 60 qm haben. Für diese Wohnung zahlte die Gemeinde bisher 100 Rubel monatlich. Nach dem neuen Wohnungsgesetz aber muß dieser Pastor als ‚Nepmann' jetzt 3,75 Rubel pro Quadratmeter zahlen. Das macht für die ganze Wohnung im Monat nun 225 Rubel aus. Nehmen wir an, die Gemeinde könnte und würde das zahlen, dann stiege das Einkommen des Pfarrers, weil ja die Wohnung auch als Einkommen angerechnet wird, nominell sofort um 125 Rubel und er hätte dann für einen Quadratmeter Wohnungsfläche nicht mehr 3,75 Rubel, sondern 5,65 Rubel zu zahlen, was für die ganze Wohnung im Monat 339 Rubel ausmacht. Damit steigt das nominelle Einkommen um weitere 114 Rubel und damit auch die Wohnungssteuer auf 6,90 Rubel pro Quadratmeter und so fort, bis man endlich bei der höchsten Norm von 7,91 Rubel angelangt ist, was dann im

Monat 474,60 Rubel ausmacht, d. h. fast soviel wie jetzt für den Unterhalt des ganzen Kirchenwesens benötigt wird."

Daß die wirtschaftliche Austrocknung der Kirche und ihrer Mitarbeiter keine behördliche Schikane auf der Ortsebene war, sondern in ein breit angelegtes Programm gehörte, mag ein weiterer Passus aus dem gleichen Bericht verdeutlichen:

„... Brot, Zucker, Waschseife und manches andere [sind] *zum Staatsmonopol erklärt worden. Es werden der Bevölkerung diese Produkte in den Staatskooperativen nur noch gegen Vorweis der Kooperativkarte in karg abgemessenen Rationen ausgeteilt. Eine solche Karte, die auf den Namen lautet und allein empfangsberechtigt macht, erhält aber wieder nur das „arbeitende Volk", während sie allen ehemals bürgerlichen Staatsangehörigen versagt wird. In erster Linie zielt diese Maßnahme natürlich ab auf alles, was irgend im engeren oder loseren Verhältnis zu einer Religionsgemeinschaft einst stand oder noch steht. Kein Pastor erhält beispielsweise solch eine Karte und kein Glied seiner Familie.*

Auch den Studenten des Predigerseminars in Leningrad, die bisher doch mit den Studierenden anderer Lehranstalten gleichberechtigt waren, ist die Produktenkarte genommen worden. Was zur Verpflegung unbedingt notwendig gehört, muß im Schleichhandel zu doppelten und dreifachen Preisen beschafft werden. Das Predigerseminar steht vor der Frage, ob es seinen Haushalt bis zum Ende des Lehrjahres durchhalten kann. In wenigen Monaten sollten die Abschlußprüfungen stattfinden... [37] *)"*

Aber es kam nun auch zum frontalen Angriff. Schon zum Weihnachtsfest 1928 hatte es eine starke Agitation des Atheismus-Bundes gegen das christliche Weihnachtsfest gegeben. Zum Osterfest 1929 hieß es auf einem Flugblatt, das bei lärmenden Straßenbelustigungen während der Gottesdienste in einige evangelische Kirchen gestreut wurde:

„...Die religiösen Feiertage sind die größten Feinde der Arbeiter und Bauernschaft. Diese Feiertage soll der Werktätige nicht feiern. Im Befreiungskampf sind neue proletarische Feiertage entstanden. Der 1. Mai — Tag der Arbeiterschaft und Tag der Einigung des Weltproletariats. Weg mit den religiösen Feiertagen! Folgt nicht dem Schwindel der Pfaffen! Heraus aus der Kirche! Keine Kopeke den Pfaffen!

Kampf der Kirche! Kampf der Religion! ... [38] *)"*

Am 8. April 1929 wird eine neue Verordnung über die „Rechtsstellung der Religionsgemeinschaften" erlassen, neben dem schon genannten Dekret der Trennung von Staat und Kirche von 1918 wohl bis heute das wichtigste

Dokument der sowjetischen Gesetzgebung in religiösen Fragen. Dem äußeren Anschein nach wird hier in 68 Paragraphen der Raum eingegrenzt, in dem die Kirche offizielle Duldung und sogar den „Schutz" des Staates erfährt, in Wahrheit handelt es sich um das Instrument, mit dem endgültig die Vernichtung kirchlichen Lebens ins Werk gesetzt wird. So ist es von nun an möglich, ein kirchliches Gebäude, auch wenn noch genügend Gläubige da sind, zu konfiszieren, sobald es für einen „gesellschaftlichen Zweck" nötig erscheint. Und an den Lebensnerv geht die Bestimmung, daß es den „religiösen Vereinigungen" (geflissentlich wird das Wort „Kirche" vermieden) verboten ist, Hilfskassen zu errichten, ihren Mitgliedern materielle Unterstützungen zukommen zu lassen, *„spezielle Versammlungen für Kinder, Jugendliche, Frauen zu organisieren, Bibel-, Literatur-, Handarbeits-, Arbeitsversammlungen zu veranstalten und derartige Gruppen, Kreise, Abteilungen zu gründen, desgleichen auch Versammlungen, Gruppen, Kreise und Abteilungen, die dem Religionsunterricht dienen sollen, desgleichen auch Exkursionen zu veranstalten, Kindergärten einzurichten, Bibliotheken und Lesehallen zu eröffnen, Sanatorien zu unterhalten oder ärztliche Hilfe zu vermitteln* [39])".

Es bleibt den Gemeinden lediglich der Gottesdienst, und um ihn zu erschweren, gibt es genügend Möglichkeiten. Man kann der Gemeinde das Gebäude nehmen bzw. zu seiner Unterhaltung unbezahlbare Summen fordern, und man kann diejenigen Menschen, die zum Halten des Gottesdienstes berufen sind, bzw. die in die entstehenden Lücken eintreten, so lange unter Druck setzen, bis sie müde werden. Beides geschieht in zahllosen Fällen. Und gegen die ganz Hartnäckigen gibt es das letzte Mittel: Verhaftung, Verbannung, „Liquidation". Alle Pfarrer, die im Jahre 1929 im Amte stehen, werden − wenn es ihnen nicht gelingt, noch ins Ausland zu entkommen − in den sieben Jahren danach solch ein Märtyrerschicksal erleiden, und mit ihnen viele Küster, Kirchenvorsteher, Organisten, mit ihnen viele Menschen, die es nicht lassen können, sich zu dem Herrn und seiner Kirche zu bekennen und sich für ihr Bekenntnis einzusetzen. Viele von ihnen werden die Leidenszeit in den Lagern nicht überleben.

Die Verordnung von 1929 bot vielfache Handhabe, Pfarrer und Gemeindeglieder strafrechtlich zu belangen. Man nutzte sie zu planmäßiger Aktion. Der Bund der Gottlosen, inzwischen auf eine halbe Million Mitglieder angewachsen (1930 waren es zwei Millionen!), unterstützt von der kommunistischen Jugendorganisation, dem „Konsomol", ließ es sich angelegen sein, die nötigen Zeugen herbeizuschaffen, deren Aussage für ein Urteil ausreichte. Eine oft erhobene Anklage lautete auf „Agitation", was auch immer dieser Tatbestand bedeuten mochte. Es genügte beispielsweise, daß in einem Dorf der Widerstand gegen die Kollektivierung durch Zeugenaussagen auf die Predigt des Pfarrers zurückgeführt werden konnte. Die christliche Unterweisung eines Minderjährigen, verbotenes Sammeln und Horten von Geld, das nicht nur dem kultischen Gottesdienst dienen sollte, das Verheimlichen von Kircheneigentum, immer fanden sich Spitzel und Denunzianten, die der GPU das Material lieferten, mochte die Anklage auch noch so unbegründet sein. Waren doch jene Zuträger oft selber Gejagte, von der GPU zu ihrem elenden Dienst gepreßt.

Überhaupt die allmächtige GPU! Wie viele evangelisch-lutherische Glaubensbrüder in Rußland haben mit ihr in jenen Jahren schreckliche Bekanntschaft geschlossen! Lassen wir einen von jenen Zeugen zu Wort kommen:

„... Zuerst wurden die Pfarrer aufs Korn genommen. Diese Männer hat man immer schon scharf bespitzelt. Nicht nur ihre Post wurde strengstens kontrolliert, sondern auch ihr Haus wurde Tag und Nacht überwacht. Wenn bei mir in der Nacht jemand von auswärts erschienen war, dann kam am nächsten Tag die Polizei zu mir und erkundigte sich, wer in der Nacht bei mir gewesen wäre, warum die Leute gerade in der Nacht gekommen waren, was sie wollten, wohin sie gingen von mir usw. Die Bespitzelung der Pastoren war ganz groß aufgebaut. Aus allen Schichten der Bevölkerung waren Menschen für diese Aufgabe verpflichtet worden, selbst aus den Reihen der Organisten, Kirchenvorsteher und Pastoren. Die GPU sagte den Leuten: ,Ihr predigt doch: gebt dem Kaiser, was des Kaisers ist, dann tut auch darnach und gebt eurer Obrigkeit, was sie von euch verlangt... Wir verlangen diesen Dienst von euch, weil wir ihn im Interesse unseres Staates brauchen.' Und so kam es denn auch, daß selbst auf der Generalsynode in Moskau [1928] die Delegierten darauf aufmerksam gemacht wurden, daß Aufpasser in ihrer Mitte waren, die der GPU zu berichten hatten.

Wer einmal in der GPU war, der durfte niemand davon sagen, noch weniger durfte er davon etwas sagen, was dort gesprochen wurde und wozu er dort verpflichtet wurde. Wer davon spricht, bekommt die Kugel: Das wurde einem jeden eingeschärft. Meine Spitzel — vielleicht nicht alle, aber viele — sagten mir alles, so daß ich immer über alles im Bilde war. Sie kamen sogar von weit her zu mir gefahren, um mit mir die Beantwortung der ihnen von der GPU gestellten Fragen aufzustellen. Oder sie wurden aus dem Gefängnis nach Hause geschickt, um von mir Auskunft über meine Haltung in den verschiedensten Fragen zu erhalten. Auch in die Gefängniszelle wur-

den sie zu mir gesteckt zu diesem Zweck. Ich erwähne das hier, um die Haltung meiner Gemeindeglieder zu kennzeichnen. Sie hatten mehr Vertrauen zu ihrem Pastor, als Angst vor der gefürchteten GPU. Mir sagte einmal ein Pastor, er zittere schon, wenn er am GPU-Gebäude vorübergehen müsse, noch mehr aber, wenn er in dasselbe vorgeladen werde. Und das geschah oft, um den Pastoren auf die Nerven zu gehen und ihnen ihr Amt überdrüssig zu machen...[40]*.“*

Pastor Johann Föll hat sich noch 1928 auf der Generalsynode in Moskau eines merkwürdigen Gefühls nicht erwehren können, als er feststellte, daß er der einzige Pastor unter den Synodalen war, der bis dahin noch nicht zu einem Verhör bei der GPU vorgeladen gewesen war. Im Oktober 1930 wurde er verhaftet und brachte drei Monate im Gefängnis seines Heimatortes zu. Wenn er zum Verhör geführt wurde, gingen Polizisten mit gezogenen Pistolen vor und hinter ihm, um seinen Gemeindegliedern Furcht und Schrecken einzujagen. Die weiteren Leidensstationen — wir schildern sie stellvertretend für viele andere Schicksale — waren: drei Monate schwere Verhöre mit schlaflosen Nächten in Stalino, zweieinhalb Monate in einer Todeszelle im Gefängnis von Artjemowsk, anderthalb Monate Transportgefängnis in Charkow und ein halbes Jahr im Sowjos der GPU bei Charkow, dann drei Monate schwere Waldarbeit im Besserungslager in Potjma. Im Februar 1932 wurde Föll — nach einer 16tägigen Fahrt in einem Transport mit 500 Geistlichen und Mönchen — in Mariinsk im Gefängnis und auf einer Gemüsefarm zur Arbeit eingesetzt. Schon einige Wochen später setzte sich die unfreiwillige Wanderschaft fort: zum Bau des Weißmeerkanals bei Murmansk, schwere Arbeit bei ständig gefrorenem Boden. Nach einigen Monaten leichterer Arbeit wurde er in ein Moskauer Gefängnis gebracht und wiederum anderthalb Monate später, im Januar 1933, nach Deutschland ausgewiesen. Er war einer der wenigen, die der Hölle der Lager und Gefängnisse entkommen konnte.

Über das Schicksal von Studenten des Leningrader Predigerseminars vermerkt ein zeitgenössischer Bericht im Jahre 1932:

„... [Sie sind] ... *in einer Kolonne nahe bei der finnischen Grenze eingesetzt ..., wo sie erratische Blöcke aus dem Boden zu heben haben, die dann für einen Chausseebau zerkleinert werden müssen. Wer das vorgeschriebene, die Leistungsfähigkeit weit übertreffende Maß nicht fertigbringen kann, bekommt zu seiner zehnstündigen Arbeitszeit noch eine Extraarbeit hinzu. Dabei besteht die Kost aus einem nicht viel mehr als gekochtes Wasser darstellenden Tee des Morgens und des Abends. Mittags gibt es eine*

Wassersuppe mit ein paar Kohlblättern und Kartoffeln und einem Löffel
Nudeln. So geht es tagaus tagein in steter Einförmigkeit. Dazu gibt es 800
Gramm Schwarzbrot und monatlich ein Pfund Zucker; Fette und Fleisch
gibt es überhaupt nicht. Die Arbeitsstelle liegt acht Kilometer von der
Schlafstätte entfernt. Oft ist das zugetragene Mittagessen in dem starken
Frost jener Gegend gefroren und ungenießbar. Dazu kommt in diesem wie
in vielen anderen Fällen — besonders in Gefängnissen — die Willkür und
Rohheit der Aufseher, denen ausgeliefert zu sein ein noch schlimmeres Los
ist als die geschilderten Übelstände... [41])"

Jene Welle von Verhaftungen setzte bald nach dem Erlaß der Verordnung des Jahres 1929 mit voller Schärfe ein. Der Fünfjahresplan hatte auch
das Ziel gesetzt, daß am Ende dieser Frist die Existenz der Kirche ausgelöscht sein sollte. Natürlich gingen zugleich die Aktionen weiter, mit denen
christliche Sitte in den Familien und alle Erscheinungsformen kirchlichen
Lebens in der Öffentlichkeit zunächst lächerlich gemacht und später offen
unterdrückt wurden. Ein Erlaß vom 27. August proklamiert eine Fünf-Tage-
Woche und schafft die Sieben-Tage-Woche ab. Damit wird der christliche
Sonntag vernichtet. Um aber zu verhüten, daß ein allgemeiner Ruhetag sich
neu bildet, der auch zugleich zu gottesdienstlichen Feiern benutzt werden
könnte, darf der fünfte Tag kein allgemeiner Ruhetag sein. Daher wird die
„ununterbrochene Arbeitswoche" eingeführt, d. h. die Einteilung aller
wirtschaftlichen Betätigung in Fünftage-Arbeitsschichten. Für jede Arbeits-
schicht beginnt die Woche mit einem andern Tage, und jede hat einen anderen Ruhetag. Das gilt sowohl von den Fabrikarbeitern, von den Staatsbe-
amten als auch von den Schulen und allen öffentlichen Institutionen in der
Sowjetunion, im besonderen auch von den Kollektivwirtschaften. Die fünf
Wochentage erhalten zugleich neue Namen, um alle Erinnerungen auszu-
löschen; sie heißen: Marx, Lenin, 3. Internationale, Industrialisierung und
Kommune[42]). Natürlich trifft diese neue Regelung nicht nur den Sonntag,
sondern auch die großen christlichen Feiertage.

Zugleich aber wird mit dieser Maßnahme auch der zweite Feind des
Bolschewismus, die Familie, vernichtend getroffen. Wenn die Familie in
Zukunft keine Möglichkeit mehr hat, einen gemeinsamen Tag zu feiern,
so wird damit eines der stärksten Familienbande zerrissen.

In Kollektiven wird die ganze Arbeit nach einem bestimmten Plan geleistet. Alle Veranstaltungen, welcher Art sie immer sein mögen, müssen von
der Leitung entweder vorgeschrieben oder ausdrücklich genehmigt sein.
Nie würde es eine Genehmigung für einen christlichen Gottesdienst geben.

Laien, die als religiös bekannt sind, oder Geistliche finden überhaupt keine Aufnahme im Kollektiv. Sie sind die Rechtlosen, die Geächteten. Die Kollektivierung bedeutete daher in dem Sinne und Umfang, wie sie geplant und eingeleitet war, Vernichtung jedes kirchlichen Lebens.

Denselben Erfolg versprach die Kollektivierung im Kampf gegen die Familie. In der Kommune haben Eltern keine Möglichkeit mehr, ihre Kinder selbst zu erziehen. Für ihre „Erziehung" sorgt der Staat. Damit fällt selbstverständlich auch die religiöse Beeinflussung durch die Eltern, wie sie bisher immer noch möglich war, weg. Die Kinder wachsen heran als Herden- und Massenmenschen, die nur lernen, mit ihren Werkzeugen geschickt umzugehen — ohne Gott, ohne Seele, ohne christliche Tradition...

Selbstverständlich, daß die Schule zu einem besonderen Instrument der antireligiösen Beeinflussung der Kinder und Jugendlichen gemacht wurde. In der deutschen Schule in Moskau beispielsweise wurde die Pionierorganisation ermuntert, vor der evangelischen Kirche zum Weihnachtsfest Posten aufzustellen, um die Eltern festzustellen, die mit ihren Kindern am Weihnachtsgottesdienst teilnahmen. Und die Lehrer hatten die Kinder zu befragen, wie sie das Fest begangen hätten und ob die Eltern religiös eingestellt seien.

Zu Weihnachten des Jahres 1929 steigerte sich allgemein die antireligiöse Hetze und offene Brutalität ins Extrem. Wer die Dezembertage dieses Jahres in Rußland als religiöser Mensch erlebt hat, wird sie nie mehr vergessen. Es war, als ob die ganze Hölle sich geöffnet hätte, um dem Bunde der Gottlosen ihre Waffen zum Kampf gegen Gott und die Ehrfurcht vor dem Ewigen zu leihen. Es war wie ein Ausholen zum letzten entscheidenden Schlag. Es war ein so ausgesprochen erbitterter, rücksichtsloser Vernichtungswille, wie man ihn selbst in der Zeit des ärgsten bolschewistischen Blutrausches kaum erlebt hat[43]). Die öffentlichen Aufzüge der früheren Jahre, die Karnevalsfeiern mit ihren Verspottungen und Verhöhnungen der Religion und ihrer Vertreter, die ganze Literatur des Bundes der Gottlosen[44]) bezweckte auch schon früher die Beseitigung der Kirche als Institution. Diesmal aber wurden alle Kräfte der Gottlosigkeit in Bewegung gesetzt, wurden alle Mittel der List, der Gewalt und der Grausamkeit, von denen man sich Erfolg versprach, zum Generalangriff herangezogen. Endlich war die 5-Tage-Woche eingeführt, um dem Volk die Möglichkeit zu nehmen, das verhaßte Weihnachtsfest zu feiern. Weihnachtsbäume durften nicht verkauft werden. Die Glocken waren von den meisten Kirchtürmen unter Aufwendung großer Geldmittel heruntergeholt worden. Ihr verhaßter Klang erinnerte nun nicht mehr an das große Fest der Christenheit. Die Maschinen in den Fabriken ratterten. Die Schulen im ganzen Lande mußten mit Hochdruck arbeiten. Der Bund der Gottlosen beschloß, gerade am Christabend und ersten Weihnachtstag zahlreiche Kirchen in Theater, Kinos und Tanzlokale umzuwandeln oder, wie es hieß, an diesen Tagen die „Anti-Weihung" – die Entweihung also – vorzunehmen. So sind um die Weihnachtszeit nach öffentlicher Statistik 579 orthodoxe Kirchen – in Wirklichkeit wird ihre Zahl auf rund 1000 geschätzt – entweiht und einem weltlichen Zweck übergeben worden. Einen Augenzeugenbericht über die „Aufklärungstätigkeit" des Gottlosenbundes und den Vernichtungstaumel bringt der amerikanische „Lutheran Herald" Anfang 1930 unter der Überschrift: „Russische Weihnachten – Beerdigung der Religion", dem wir folgenden Abschnitt entnehmen:

„Am traurigsten war es in Moskau. Jenes Moskau, die Stadt der ‚40 mal 40' Kirchen, der ungezählten Kapellen, der altehrwürdigen Klöster, wo einst die Glocken die Luft mit ihren tiefen feierlichen Tönen erfüllten – es stand diese Weihnacht im Zeichen der Schmach. Stumm standen die Glockentürme, ihrer Glocken beraubt; mahnend warf das Turmkreuz seine Schatten über die Häupter der demonstrierenden Gottlosen. So zog die Masse über den Roten Platz, Moskaus Heiligtum, dessen Boden mit Märtyrerblut getränkt ist, hin zur Erlöserkirche, wo eine prunkvolle Versammlung der Gottlosen abgehalten wurde, nach deren Verlauf man mit der öffentlichen Verbrennung der russischen Heiligtümer begann. Abermals setzte sich der Zug in Bewegung. Laut gröhlend zogen die Gottlosen durch die Straßen und verkündeten, daß Glaube ‚Opium für das Volk' sei. Überall wurden fliegende Versammlungen abgehalten, und die unfreiwilligen Zuhörer waren gezwungen, Lästerreden gegen die Kirche über sich ergehen zu lassen. Und als die Nacht hereinbrach, drangen sie mit dem Kampfruf ‚Es gibt keinen Gott! Nieder mit der Religion!' in die überfüllten wenigen Kirchen, wo trotz strengsten Verbotes die Weihnachtsmesse gelesen wurde, vertrieben Geistliche und Gläubige, und wessen sie habhaft werden konnten, den peitschten sie bis zur Bewußtlosigkeit und schändeten Altäre und Reliquien. Was aber unter der Wucht ihrer Fäuste nicht zerschellen wollte, wurde auf dem Kirchplatz verbrannt ... Nun flüchteten die Betenden in panischem Schrecken aus den Kirchen. Peitschenhiebe beschleunigten ihre Flucht. Vor den Kirchenportalen wurden Posten aufgestellt, und durch die frostklare Nacht klang ihr dumpfer Patrouillenschritt wie eine Anklage. Dann wurde es still in der Nacht. Dunkel hüllte sie ein. Hier und da heulte

eine Fabriksirene markerschütternd in die Nacht..."

Ähnlich versuchte man in den deutschen Siedlungen die „Religion zu beerdigen". Im Wolgagebiet sind den Lutheranern 36 Kirchen, und zwar die größten des Gebietes, entrissen worden. Was den Gläubigen schon immer angedroht war und woran sie nie glauben konnten oder mochten, das wurde Tatsache: Ihre Gotteshäuser, für deren Instandhaltung sie in den vergangenen Jahren oft ihr letztes Geld hingegeben hatten, wurden ihnen entrissen, und während am Christabend und ersten Weihnachtstag der Bund der Gottlosen sich von heiliger Stätte aus im Verhöhnen alles Göttlichen geradezu überschlug, versammelten die Gemeinden sich in Privathäusern und Wohnungen. Um aber die Verwirrung noch größer zu machen, wurden gleichzeitig mit der Entreißung der Kirchen die meisten der noch verbliebenen Geistlichen und ihre treuesten Anhänger verhaftet. Ein Teil von ihnen wanderte sofort in die Verbannung. Die anderen wurden in schwerer Gefängnishaft belassen. Ihr Vermögen, soweit man ein paar kümmerliche Möbelstücke, etwas Wäsche, Küchengerät etc. noch als Vermögen bezeichnen will, wurde konfisziert und die Familie vor das völlige Nichts gestellt, in vielen Fällen auf die Straße gejagt — aus den engen Bauernstuben, in denen sie nach Vertreibung aus ihren Pfarrhäusern Bergung gefunden hatten — in den sicheren Untergang.

Inzwischen arbeitete der ganze Propagandaapparat, vor allem die Presse. Die Weihnachtsnummer der „Nachrichten", die einzige Zeitung, die die Wolgadeutschen lesen konnten, war fast ausschließlich der antireligiösen Propaganda gewidmet. Nur die fettgedruckten Schlagzeilen über die ganze Seite hin seien hier in ihrem Wortlaut wiedergegeben:

„Frieden auf Erden — und den Kulaken ein Wohlgefallen..." — *„Weg mit dem Weihnachtsmärchen, es ist ein Kampfmittel unserer Klassenfeinde."* — *„Am Weihnachtstage alle an die Werkbank, an die Arbeit."* — *„In den Bund der kämpfenden Gottlosen!"*

„Mit Fünfjahrplan, ununterbrochenem Betrieb, Kollektivierung und sozialistischem Wettbewerb zerschlagen wir die letzten Ketten der Religion."

„Weg mit den pfäffischen Verdummungsanstalten." — *Marxstadt* [Katharinenstadt] *verwandelt seine lutherische Kirche in ein Stadttheater, das Dorf Kratzke seine Kirche in einen Klub..."*

Wenn man nach denen fragt, die solchen Parolen folgten, ergibt sich Überraschendes. Das Bild eines geschlossenen Verbandes kämpferischer Atheisten scheint zu trügen. In einem „Bericht über die gegenwärtige Lage des Kirchenwesens in der UdSSR", verfaßt im November und Dezember

1932 von Gustav Birth, Propst in Charkow bis zu seiner Verhaftung 1934, finden sich bemerkenswerte Feststellungen:

„Es ist durchaus falsch, wenn man hier eine feste Grenze zieht, zwischen dem Bund der kämpfenden Gottlosen und der breiten Masse, und meint hier nur Gottlose und da nur Gläubige zu finden. Diese Grenzen decken sich durchaus nicht. Es gibt Ungläubige und hat solche immer gegeben in der breiten Masse, und es gibt Gläubige im organisierten Bund der kämpfenden Gottlosen. Das mag paradox klingen und ist doch so. Wie oft kommen Fälle vor, daß Mitglieder des kommunistischen Jugendverbandes und Pioniere, die doch als solche eo ipso zum Bunde der kämpfenden Gottlosen gezählt werden, ja, die vielfach sogar als seine Aktionsmitglieder eingeschrieben sind, zum Abendmahl gehen, sich geheim konfirmieren und trauen lassen und später auch ihre Kinder zur Taufe bringen. Ausschlüsse aus der Pioniergruppe, dem kommunistischen Jugendverband und selbst aus der Partei für religiöse Gesinnung sind darum gar keine Seltenheit. Wenn dies aber immer wieder, selbst in den Reihen der Partei und dem Bunde kämpfender Gottloser zum Durchbruch kommt, wie will man da sagen oder behaupten, die Gottlosigkeit sei die herrschende Geistigkeit im jetzigen Rußland? Sie ist es nicht, das Volk ist durchaus religiös und ein mancher markiert heute nur den Gottlosen, weil er muß. Man soll heute in Rußland wirkliche Religions- und Glaubensfreiheit proklamieren und die überwiegende Mehrheit der ganzen Bevölkerung strömt zurück zur Kirche, von der sie jetzt angeblich nichts mehr wissen will…"

Selbstverständlich bedeutet dies nicht, daß die Geistlichen bzw. die verantwortlichen Männer und Frauen der Gemeinden in der Öffentlichkeit auf eine irgendwie geartete Sympathie oder Unterstützung rechnen könnten. Im Gegenteil: die Folgen der atheistischen Erziehung lassen sich nach nahezu 15 Jahren nicht übersehen, und in der genannten Schilderung heißt es weiter:

„Dem [daß es mehr christliches Glaubensgut gibt, als im sowjetischen Alltag äußerlich erkennbar] *widerspricht das gegenwärtige, gleichgültige, ablehnende, ja vielfach sogar feindlich erscheinende Verhalten der breiten Masse durchaus nicht. Dieses Verhalten zur Kirche kommt ja nicht aus dem Herzen des Volkes, ist eine ihm eingeimpfte, vielfach sogar aufgezwungene Erscheinung. Natürlich hat die Hetze gegen die Kirche, die Verhöhnung der Religion und alles Heiligen, wie auch die oft mit den schändlichsten Mitteln getriebene antireligiöse Propaganda nicht spurlos an den Herzen und Seelen des Volkes vorübergehen können. Sie haben große und schlimme Verwü-*

*stungen verursacht und besonders die heranwachsende Jugend im Glauben
irre gemacht. Schlimmer aber als dies alles sind die direkten und indirekten,
die öffentlichen und versteckten Repressivmaßregeln gegen die Kirche und
ihre Gläubigen. Sie sind es vor allen Dingen, die das kirchliche Leben unter-
graben, erschweren, ja vielfach sogar unmöglich gemacht haben..."*

Welche Abenteuer hatten diejenigen Geistlichen zu bestehen, die trotz
aller Anfeindungen, Schikanen und Bedrohungen weiter ihrem Dienst treu
zu bleiben versuchten! Andreas Zeißler, Pastor in Millerowo, der im Jahre
1933 seinen Freund Wilhelm Lohrer in der Gemeinde Eupatoria vertritt,
schreibt am 11. August 1933 von dort:

*„... Brot gibt es also wieder keins. Was weiter werden soll, kann ich mir
nicht vorstellen. Über dem Elend der Gemeinden vergißt man die eigene
Not. Und zwar sind es nicht nur materielle Sorgen, die einen drücken, sondern der moralische Druck, der ständig auf einem lastet, richtet einen zugrunde. Jeder unserer Schritte wird ständig bewacht. Beständig wird man
verklagt, verleumdet, herumgeschleppt. Ich saß bereits zweimal im Gefängnis. Wenn ich nicht nach dem Ural kam, so war das einfach ein Wunder
Gottes. Schreckliches habe ich durchzumachen gehabt. Jedoch der allmächtige Gott stärkte mich. Ich wurde befreit und konnte bisher auf meinem
Posten beharren. Alle möglichen Hindernisse legt man uns in den Weg, um
uns in unserer Arbeit zu behindern. Fuhren gibt man uns schon lang keine
mehr, um die Gemeinden zu bedienen. Aber ich gehe zu Fuß, von Dorf
zu Dorf. Manchmal 50 bis 60 Werst weit in Regen und Schmutz. Im Winter
ist das natürlich unmöglich. Unwillkürlich kommt einem manchmal der Gedanke: es ist alles verloren, gib es auf! Aber wenn man sich dann wieder
stärkt im Gebet, so erhält man neue Kräfte und kann sein Elend weiter tragen. In letzter Zeit geht man diplomatischer gegen uns vor. Mich ließ man zu
den drei Buchstaben* [die GPU!] *kommen und schlug mir vor, mein Amt
aufzugeben. Dafür versprach man mir einen guten Dienst und alle Rechte
eines Sowjetbürgers, während wir jetzt ja nur Pflichten haben. Man gab mir
Zeit bis zum 10. Juni, widrigenfalls drohte man mir, mich zu liquidieren.
Man kannte nämlich meine Lage genau und wußte, daß ich im Begriffe
stand, mich zu verehelichen. Nun gab man mir zu verstehen, daß man mich
von meiner Braut trennen würde, wenn ich ihren Vorschlag nicht annehmen
würde. Ich fuhr am 10. Juni nach Hause in die Krim und ließ mich hier von
P. Lohrer trauen. Da P. Lohrer weggefahren ist, so werde ich ihn hier vertreten bis Anfang September, dann kehre ich wieder nach Millerowo zurück. Was man dann mit mir machen wird, weiß ich nicht. Doch mir ist das*

egal. Mein Amt werde ich nicht aufgeben, auch wenn ich wieder ins Gefängnis oder nach dem Ural wandern muß..."

Pastor Zeißler wurde am 17. September 1933 in Millerowo verhaftet und 1935 auf zehn Jahre in die Verbannung geschickt. 1946 wurde er ermordet.

Ein anderer Zeuge konnte seinen Bericht später in Deutschland verfassen. Über eine Rundreise durch das ihm 1926 vertretungsweise anvertraute Kirchspiel Jelisawetgrad (Sinowjewsk) in der Propstei Odessa, die er im Frühjahr 1930 unternahm, berichtet Pastor Otto Seib:

„In Neuheim, wo die Rundreise begann, hatte ich sofort eine Bibelstunde angeordnet und gehalten. Am nächsten Tag, einem Sonntag, sollten Gottesdienst und Abendmahl stattfinden und eine Reihe von Taufen und Trauungen vollzogen werden. Sonnabend um 12 Uhr nachts, als ich noch in der Vorbereitung auf den nächsten Tag war, erschienen auf einmal zwei Kommissare in meiner Wohnung, mit Gewehren über der Schulter, und verboten mir jegliche gottesdienstliche Handlung, obwohl ich die Erlaubnis vom Adminotdel des Kreises hatte, weil ich ihnen angeblich hinderlich im Wege sei, ihre Aufgabe im Dorf, die Ablieferung des Getreides von seiten der Bauern, durchzuführen. Um acht Uhr morgens sollte ich aus dem Dorfe verschwunden sein, wenn ich nicht arretiert und im Gefängnis abgeliefert werden wollte. Nachdem die Kommissare fort waren, ordnete ich noch in der Nacht an, daß alle, die Taufen oder Trauungen vorhatten, sich um sechs Uhr morgens im letzten Haus des Dorfes versammeln sollten, wo ich die Amtshandlungen vollziehen würde, und alle, die das heilige Abendmahl empfangen wollten, sollten sich von vier bis fünf Uhr früh bei den vier Alten und Gebrechlichen, denen ich das Abendmahl im Hause reichen sollte, einfinden. Es fanden sich auch viele zusammen, die wohl ahnten, daß dies der letzte Besuch eines Pfarrers sein würde.

Um sieben Uhr konnte ich weiterfahren nach Nowo-Weselowka. Weil ich vermutete, daß die Kommissare mir nachfahren würden, ordnete ich sofort den Gottesdienst an. In der kleinen Gemeinde waren auch alle gleich beisammen. Gottesdienst und Abendmahl konnten ungestört gehalten werden. Ohne zu säumen fuhr ich sofort weiter. Hinter mir her jagten die Kommissare, die doch erfahren hatten, daß ich die Amtshandlungen, trotz ihres Verbotes, vollzogen hatte, um, wie ich später erfuhr, mich zu arretieren. Diese Jagd ging so weiter, bis ich über die Grenze des Kreises nach Jelisawetgrad kam. In Jelisawetgrad hörte ich gleich die traurige Kunde, daß auch dieser Gemeinde die Kirche abgenommen werden sollte. Zwei Wo-

chen später wurde sie auch wirklich abgenommen..."

Pastor Seib hatte in dieser Zeit — wie viele seiner Amtsbrüder und deren Familien — zunehmend mit der Sorge zu kämpfen, wovon er leben sollte. Die Enteigneten waren kaum mehr in der Lage, etwas für den Unterhalt des Pastors zu erübrigen, zumal der auch gar nicht mehr die Erlaubnis bekam, in ihren Dörfern zu amtieren. Auch die Hilfe aus dem Ausland, zu der sich auch in Deutschland viele Kräfte und Hilfsorganisationen, unter ihnen vor allem auch der Gustav-Adolf-Verein und das Rußlanddeutsche Hilfswerk im Martin-Luther-Bund in Zusammenarbeit mit der Baltendeutschen Rußlandhilfe, zusammenfanden, konnte nur die allerärgste Not lindern, soweit sie überhaupt die Adressaten erreichte bzw. deren Not im Ausland bekannt wurde.

Um Pastor Seib eine gewisse Existenzgrundlage zu sichern, entsandte ihn der Moskauer Oberkirchenrat in die Kirchspiele Neusatz und Byten in der Krim, die durch die Verhaftung und Verbannung der dortigen Pfarrer vakant geworden waren. Während man ihm für Neusatz die Genehmigung, sich dort niederzulassen, gleich verweigerte, wandte man in Byten sublimere Methoden an. Seib berichtet darüber:

„Drei Wochen nach meiner Ankunft in Byten wurde mein Hauswirt arretiert und in das Gefängnis in Simferopol gebracht, angeblich als böswilliger Nichtzahler, obwohl er alle ihm auferlegten Lasten und Steuern abgeführt hatte. Der eigentliche Grund aber war: Er hatte den Pfaffen in sein Haus aufgenommen und ihn verpflegt. Nach einem Monat wurde dann auch sein ganzes Hab und Gut versteigert. Es war klar, daß ich mich nun auch in Byten nicht mehr aufhalten konnte, den keiner getraute sich, den Pfarrer in sein Haus aufzunehmen. So habe ich denn nach der letzten Konfirmation am 31. Oktober [1930] Byten verlassen. Im November reichte ich im Konsulat in Odessa das Gesuch um Wiedereinbürgerung in Deutschland ein. War es doch mit Händen zu greifen, daß die Sowjets entschlossen waren, in den ihrer Pfarrer beraubten Kirchspielen keine neuen wieder zuzulassen, in meinem [eigenen] Kirchspiel Nikolajew aber hatte ich keine Existenzmöglichkeit mehr. Auch hier lag es auf der Hand, daß die Stunde nicht fern wäre, wo auch die letzte Kirche geschlossen würde..."

Ähnlich wie Seib ist es auch anderen Pastoren gelungen, mit Hilfe deutscher kirchlicher Organisationen und des Auswärtigen Amtes sowie seiner diplomatischen Vertreter in der Sowjetunion nach Deutschland zu gelangen und dadurch einem ungewissen Schicksal in der Stalinschen Folter- und Vernichtungsmaschinerie zu entgehen. Was lag näher, als diese Möglichkeit zu nutzen, wenn sie sich ergab. War ja die Betreuung einer Gemeinde sowieso unmöglich geworden und war es, nach allem was geschah, nur eine Frage der Zeit, wann sich eine Zellentür hinter der eigenen Person schließen würde.

Zunächst aber kehrte der aus Neusatz und Byten vertriebene Pastor wieder in seine alte Gemeinde in Nikolajew zurück. Schon vor der Episode in der Krim war immer wieder in offensichtlich organisierter Aktion durch Gruppen Jugendlicher der Gottesdienst gestört worden, war in das Gotteshaus eingebrochen, waren Fensterscheiben eingeworfen, waren die Außenwände beschmiert worden. Eines Tages hatten Unbekannte sogar die Verbindungsröhren von der Tastatur zu den Orgelpfeifen herausgeschnitten. Die Miliz war zu keiner Aktivität zu bewegen, nicht einmal auf das Argument hin, daß es sich doch um „Staatseigentum" handelte! Auf einer Gemeindeversammlung wurde die Situation besprochen. Man mußte ja damit rechnen, daß eines Tages von der GPU der Spieß umgedreht werden würde und die für den Zustand des Kirchengebäudes verantwortlichen Kirchenräte für die Beschädigungen zur Rechenschaft gezogen würden. Aber der einstimmige Beschluß der Gemeinde lautete: „Wir halten unsere Kirche, solange es irgendwie geht, es komme, was da wolle."

So wurde denn weiter Gottesdienst gehalten — in einer Kirche, die z. T. keine Fenster mehr hatte und wo während des Winters die Temperatur unter den Gefrierpunkt sank. „Die kleinen Schikanen haben uns schließlich stumpf und unempfindlich gemacht und hinderten uns nicht mehr", schreibt Pastor Seib.

Der Winter und das Frühjahr brachten die völlige Zerstörung der Orgel, der Altarbilder und der Kirchengeräte; die Lage wurde immer unhaltbarer. Der Gemeinde schien kein anderer Weg als die Aufgabe des Gotteshauses zu bleiben. Hierüber schreibt der letzte Pastor der Gemeinde in seinem Bericht:

„Am zweiten Pfingsttag, gleich nach dem Gottesdienst, hatte ich die letzte Gemeindeversammlung anberaumt, auf welcher ich der Gemeinde noch einmal die ganze Sachlage, die Unhaltbarkeit der Kirche und die ganz große Gefahr für die Kirchenräte darlegte. Ich gab ihnen den Rat, die Kirche an den Staat ‚zurückzugeben', um so mehr, da mein Antrag auf Ausbürgerung bereits genehmigt war und ich die Gemeinde in absehbarer Zeit verlassen würde, um nach Deutschland zu ziehen. Einen anderen Pfarrer würde man aber nicht mehr zulassen.

Mit wehem Herzen entschloß sich die Gemeinde auch zu diesem Schritt.

*Wir stellten ein Gesuch an den Staat auf in dem Sinne, daß wir, weil wir
nicht imstande seien, die Steuern zu bezahlen, die Reparaturen durchzuführen und den Vandalismus zu verhindern, den Staat bäten, die Kirche zu
übernehmen. Mit diesem Gesuch gingen die Kirchenräte in den Adminotdel.
Der Beamte der GPU las das Gesuch durch. Empört sagte er: Dieses Gesuch nehme er nicht an, oder er werde — wenn er es annehme — gegen den
Kirchenrat mit der ganzen Schärfe des Gesetzes vorgehen. Ob denn der
Kirchenrat der Meinung sei, daß man nicht wisse, was in der Kirche geschehen sei? Erschrocken fragten ihn die Kirchenräte, wie sie denn das Gesuch
abfassen sollten. Da diktierte er ihnen ein Gesuch in einer Fassung, die zum
Ausdruck brachte, daß die Gemeinde zum größten Teil auseinandergelaufen
sei und ins Lager der Ungläubigen übergelaufen, es seien nur noch ein paar
alte Frauen übriggeblieben, die die Lasten gewiß nicht tragen könnten.
Darum bitte man den Staat, die Kirche entgegenzunehmen. Diese Bittschrift
haben die Kirchenräte dann unterschrieben — was sollten sie auch anderes
tun? Sie mußten es ja tun, wenn sie leben wollten.*

*Von einer offiziellen Besichtigung und Übergabe der Kirche wurde dann
abgesehen. Nur die Rechnungsbücher und die Schlüssel mußten abgegeben
werden. Damit war die Übergabe an den Staat vollzogen...“*

Am 20. Juli 1931 verließ Pastor Seib Nikolajew. Aus der Kirche wurde
eine Turnhalle für die Angehörigen der GPU.

Nur in wenigen Fällen gibt es so detaillierte Berichte über die Schlies-
sung der Kirche und das Ende der „öffentlichen“ Existenz der christlichen
Gemeinde. Für viele Gemeinden und Kirchen lassen sich die Daten kaum
mehr feststellen. Und manchmal ist es nur eine kurze Notiz oder eine ver-
schlüsselte Bemerkung in einem Brief. Welch ein Schicksal verbirgt sich beispielsweise in dem kurzen diplomatischen Bericht über das Schicksal des
letzten lutherischen Pastors in Wladiwostok, der im Februar 1936 nach Berlin übermittelt wurde, „von zuverlässiger Seite“, wie ausdrücklich hinzugefügt wurde:

*„Der evangelisch-lutherische Pastor Reichwald aus Wladiwostok ist in
der Nacht vom 27. zum 28. Dezember 1935 nach fünfstündiger Haussuchung von Organen des Innenkommissariats verhaftet worden.*

*In der Wohnung des Pastors haben nach seiner Verhaftung noch drei
Haussuchungen stattgefunden. Kirchenschränke und -papiere sind versie-
gelt und sämtliche Privatkorrespondenz des Pastor ist beschlagnahmt worden. Der Verhaftungsgrund ist bisher nicht bekanntgegeben. Es wird vermu-
tet, daß Herrn Reichwald Spionage und Verbindung mit dem Ausland zur*

Last gelegt wird."

Drei Wochen später gelangte auf dem gleichen Kanal folgende Nachricht nach Deutschland:

„Nach soeben eingegangenen Nachrichten ist die Frau des Pastors Reichwald (Wladiwostok) in der Nacht vom 14. zum 15. ds. Mts. [Februar] ebenfalls verhaftet worden. Pastor Reichwald selbst ... befindet sich nach der gleichen Nachricht in strenger Haft und darf weder Lebensmittel noch Wäsche in Empfang nehmen..."

Reichwald starb 1939 in der Verbannung.

Stimmen aus der Tiefe

Die dreißiger Jahre sind die Jahre des Untergangs der Kirche, soweit sie die „sichtbare" Kirche ist. Die Behinderungen der kirchenleitenden Organe nehmen immer mehr zu. Für den 1934 verstorbenen Bischof Theophil Meyer kann kein Nachfolger mehr bestimmt werden. Als Bischof Malmgren 1936 die Erlaubnis zur Ausreise nach Deutschland erhält, gibt es eine Kirche mit Gemeinden und Pfarrern, der er als Bischof im Amt der Kirchenleitung dienen könnte, schon längst nicht mehr.

Ebenso nimmt die Zahl der amtierenden Pastoren in diesen Jahren rapide ab. Im Jahre 1929 sind es noch neunzig, fünf Jahre später 41. Das Predigerseminar verzeichnet im Dezember 1934 noch drei Studenten, ein Jahr später berichtet das Leningrader deutsche Generalkonsulat nach Berlin, daß selbst der Hausverwalter, obwohl er sich zu Spitzeldiensten hatte pressen lassen, in Haft sitze. Im Oktober 1935 zählt man noch 14 Pastoren im Dienst, nachdem es im Frühjahr noch 24 gewesen sind. Von den acht zu Anfang des Jahres 1936 sind es am Jahresende noch drei oder vier, 49 Geistliche sind verbannt, 26 aus der Verbannung zurückgekehrt, aber − als Vorbestrafte − an der Ausübung ihres Amtes gehindert. Auch von ihnen werden die meisten mit dem Fortschreiten der Säuberungsaktionen Stalins wiederum deportiert. Mit dem Jahr 1937 hört die „Evangelisch-lutherische Kirche in Rußland" auf, als organisierte Kirche zu bestehen.

Im Jahr 1937 begeht man in Moskau offiziell den 20. Jahrestag des Dekrets über die Trennung von Staat und Kirche. Am 5. Februar schreibt dazu die in Moskau erscheinende „Deutsche Zentralzeitung", diese Verordnung sichere *„den Sowjetbürgern völlige Gewissensfreiheit"*. Stalin habe gesagt: *„Die Gesetzgebung unseres Landes bestimmt, daß jeder Bürger das*

Recht hat, sich zu jeder beliebigen Religion zu bekennen." Welch ein Hohn! Da hält man sich schon lieber an die drei Tage zuvor erschienen Nummer der gleichen Zeitung. Da nämlich heißt es in einem längeren Artikel unter der Überschrift „Das Opium des Volkes":

Die lutherische Kirche in Neuburg bei Odessa — einst und jetzt.

„*Der Kampf gegen die Religion darf nicht nur auf etliche Vorträge beschränkt bleiben, sondern muß aufs engste mit den täglichen Aufgaben in Stadt und Dorf verbunden werden ... Die deutsche Presse der Sowjetunion, einschließlich der Deutschen Zentralzeitung, hat bisher der Arbeit der Gottlosen eine viel zu geringe Beachtung geschenkt und dabei ihre Aufgabe bei der Beseitigung der letzten kapitalistischen Überreste aus dem Bewußtsein der Menschen nicht zur Genüge erfüllt. Auch die gesamte Tätigkeit des ,Bundes der kämpfenden Gottlosen', namentlich in den sowjetdeutschen Rayons, muß eine allseitige Belebung ihrer Arbeit erfahren...*"

Als dies geschrieben wurde, herrschte — äußerlich gesehen — schon Totenruhe auf dem Kirchenfeld. Aber dem Verfasser geht es ja um das Bewußtsein der Menschen. Und in dieser Hinsicht läßt sich sagen: Das Ziel wurde nicht erreicht. In den Herzen der Menschen ist das Evangelium in all den Jahren wirksam geblieben.

Der Versuch, die Geschichte des Untergangs der evangelisch-lutherischen Kirche Rußlands nachzuzeichnen, wird schwer gelingen. Unübersehbar ist die Zahl der Märtyrerschicksale, die das Schicksal dieser Kirche ausmachen. Und je größer die Zahl der Gemeinden wird, die sich nicht mehr zum Gottesdienst versammeln, je kleiner der Aktionsbereich der Bischöfe und der kirchenleitenden Organe wird, desto deutlicher tritt die Schar der Zeugen und Märtyrer ins Bild, die, jeder mit seinem eigenen Leben, in die Aufgabe der Kirche — das Zeugnis für den Herrn und die Sammlung seiner Gemeinde — eingetreten sind. Vielleicht ist, wo sich die Geschichte der Kirche nicht mehr schreiben läßt, dies das angemessenste Verfahren: daß wir einzelner Gestalten gedenken, die sich aus der großen Schar herausheben. Jede dieser Gestalten steht stellvertretend für viele andere.

Kurz nachdem er über die Grenze nach Polen entkommen konnte, schrieb Pastor Georg Rendar, der 1928 das Leningrader Predigerseminar absolviert und dann zwei Jahre in Wolhynien Dienst getan hatte, in einem Brief:

„Es ist lange her, daß Sie Rußland verlassen haben. Zwei Jahre ist es her. Aber zwei Jahre im Sowjetmaßstabe bedeuten eine ziemlich große Periode, in welcher sich viel ereignen kann. Die Christenverfolgungen sind immer wütender geworden. Im Jahre 1930 sind 27 Pastoren verhaftet, verurteilt und verschickt worden, zwei wurden erschossen. In Leningrad sind fast alle Pastoren verhaftet. Pastor Hansen und Pastor Muß mit ihren Frauen sind auf zehn Jahre nach Solowki verbannt, Pastor Frischfeld ist im Gefängnis taub geworden. Bischof D. Malmgren ist fast alleine auf dem Kampfplatz geblieben. Das Predigerseminar hält sich auch kaum; fünf Studenten der Theologie sind verurteilt und verschickt. An der Wolga sind alle Pastoren verhaftet; auch fast alle meine Studiengenossen. In Sibirien, in der Ukraine, im Kaukasus wütet es ebenso. Das Kirchenwesen Weißrußlands ist völlig zugrunde gerichtet. Pastor Schwalbe ist am 30. September 1930 in Smolensk von der GPU erschossen worden, krank erschossen, nachdem er ein Jahr lang im Gefängnis krank gelegen. Pastorin Schwalbe ist beinahe irrsinnig geworden. Sie konnte mehrere Monate nicht gehen, da die Füße vor Schreck gelähmt waren. Pastor Bluhm in Mobilew mußte in wenigen Tagen das Gebiet Weißrußlands verlassen. Alle Kirchen in den Städten und Bethäuser in den Kolonien wurden enteignet. In Witebsk z. B. wurde die evangelisch-lutherische Kirche, in welcher ich mehrere Jahre die Orgel gespielt habe, am Tage nach der Enteignung von einer wilden Horde Komsomolisten heimgesucht, die die Kanzel niederrissen, den Altar auf gemeine Weise schändeten und die Orgel zertrümmerten...

27 Pastoren wurden also im Jahre 1930 verurteilt. Und wen würde es wohl im Jahre 1931 treffen? Zu den im Jahre 1931 Verurteilten gehörte auch ich..."

Der lutherische Propst Heptner in Orlowskoje (Wiesenseite), 68 Jahre alt, sitzt schon seit der großen Weihnachtsoffensive des Bundes der Gottlosen gegen die christliche Kirche 1929 in schwerer Gefängnishaft. Er saß schon einmal, bald nach Beginn der großen Christenverfolgung in Rußland, anderthalb Jahre in Katharinenstadt (Marxstadt) in der kommunistischen „Besserungsanstalt". Dieser ruhige, in seinem Christentum gefestigte Mann, der sich um Politik nicht kümmerte, aber seine vielen Gemeinden um so entschiedener zum Festhalten am Glauben der Väter beeinflußte, war den Behörden schon lange ein Dorn im Auge. Nur schreckten sie nach seiner Freilassung aus der „Besserungsanstalt" vor einem neuen öffentlichen Skandal zurück. Bei dem Verfolgungstaumel während der Weihnachtszeit 1929 schien ihnen der Moment gekommen, diesen tapferen Verfechter des evangelischen Glaubens zu beseitigen.

Über das furchtbare Schicksal, das ihn jetzt traf, berichtete einer der Mitbeteiligten erschütternde Einzelheiten, denen wir das Folgende entnehmen: Zwei Monate war Propst Heptner in Pokorwsk[45]) in schwerer Gefängnishaft. Dann wurde er mit Pastor Kluck aus Katharinenstadt, dem Kirchenältesten Schulz und noch 34 evangelischen Männern in einen Viehwagen geladen. Der Wagen wurde von allen Seiten fest abgeschlossen und verdunkelt. Nur ganz wenige Lebensmittel wurden den Gefangenen in den Wagen gegeben. Bei grimmigster Kälte erfolgte die Fahrt. So waren die unglücklichen Opfer bolschewistischen Religionshasses zehn Tage lang in diesem Wagen eingeschlossen. Ohne Licht, ohne frische Luft, in Schmutz und Gestank, ohne sanitäre Vorrichtung. Nach zehn Tagen wurde der Wagen in Irdel im Uralgebiet, Nishni-Tagilsk, geöffnet. Der Berichterstatter, der bei den Verschickten war, schrieb, daß diese zehn Tage die furchtbarste Zeit ihres Lebens gewesen sei. Der Augenblick, als sie, an Ort und Stelle angelangt, aus dem Wagen herausgelassen wurden und im Tageslicht einer den anderen langsam wiedererkennen konnte, sei furchtbar gewesen: sie waren über ihr gegenseitiges Aussehen entsetzt. So abgemagert und heruntergekommen sahen sie aus. In Irdel wurden sie „in Freiheit gesetzt". Der Propst teilt sein enges Zimmer in Irdel mit 21 Mann! Schmutz und Ungeziefer sind die natürliche Folge. Hinzu kommt der ständig quälende Hunger, über den alle dorthin Verschickten bittere Klage führen.

Es ist ein Leben in Hunger, Kälte und Schmutz, in Heimweh und in Sorge um das Schicksal der Angehörigen und der Gemeinde, das sie noch eine Zeitlang fristen, bis sie — einer nach dem anderen — in Sibiriens Eis und Schnee einsamen Tod und ihre letzte Ruhestätte finden...

Oft hat das Martyrium ein alltäglicheres Gesicht. Aus der hungernden Ukraine im Jahre 1933 stammt der folgende Briefausschnitt:

„... *Es ist eine Stimmung, die kein Mensch beurteilen kann, der nicht weiß, was Verzweiflung ist. Es ist wie vor dem Abendmahl, so feierlich, denn bei vielen wird der Tod das Ende sein, das wissen wir alle. O wie sehnen wir uns nach Brot für die Kinder und nach Beendigung dieser Sklaverei, die solche vom Teufel verblendete Menschen aufgerichtet haben. Wie wir um Erlösung beten, das kannst Du Dir kaum vorstellen. Wollte doch nur der Tod kommen, das wäre noch dankenswert. Aber dieses Leben ist nur eine furchtbare Qual, die keiner länger aushalten kann. Zur Kirche geht keiner mehr, weil keine mehr da ist, alles zerstört. Aber wir beten so viel wie wohl nie früher. Auch die Muschiken, die doch sonsten so dumm waren und nur Fasten und Plappern kannten und in ihrem orthodoxen Glauben so wenig Unterricht im Worte Gottes hatten, haben den lebendigen Gott kennengelernt und das Beten gelernt und mir scheint, die sind jetzt alle ganz gut evangelisch, da sie sich in ihrer Not so ganz auf Gott und Christum verlassen. Wenn es mal anders wird mit der Regierung, so achte ich, daß hier viel evangelisches Wesen in der Bevölkerung Platz greifen wird. Gottes Wege sind nicht unsere Wege, und Er hat ja viel Mittel und Wege, das, was uns nur Trübsal scheint, so zu gestalten, daß seine Herrlichkeit uns offenbar wird...*"

Und in einem anderen Brief lesen wir:

„... *Wir sind noch alle am Leben durch Gottes Kraft ... Ich bin mit Frau und vier kleinen Kindern und Bruder mit drei kleinen Kindern. Wir sind hier im nördlichen Rußland, es ist hier so viel Schnee wie die Häuser hoch. Wir sind seit dem 1. Juni von Haus zu Haus. Zuvor war ich mit meinem Bruder eine kurze Zeit im Gefängnis in Katharinenstadt. Dann sind wir verwiesen worden auf drei Jahre aus der deutschen Wolgarepublik und so waren wir alle am Verhungern, wir konnten kaum noch laufen, so sind wir fort auf die Wolga, vier Tage und vier Nächte auf's Schiff nach oben gefahren, wo Brot war, da sind wir gebettelt von einem Dorf zum anderen. So haben wir vier Monate unter freiem Himmel geschlafen. Uns sind die Kartoffeln, die wir erbettelt hatten, erfroren. Schließlich sind wir in ein Haus geflüchtet, es stand schon fünf Jahre ohne Herren, kein Dach, keine Fenster. Da haben wir uns es zurechtgemacht. Gewiß ist es nicht schön, wie es in unserem Stall war. So liegen wir hier wie die Schweine, und wenn das Wetter will, gehen wir aus der Höhle betteln ... Kochen tun wir in einer Kanne, den Brand stehlen wir uns. An den Füßen haben wir alte*

Lumpen und Holzrinde. Es sind hier meist Mohammedaner ... Die Leute sind ja auch recht liebreich, aber die Sitte und Gebrauch genau wie im biblischen Buch ... So stehen wir ohne Menschentrost, kein Bibelbuch, kein Liederbuch; wir hatten wohl bisher, aber wir waren von Räubern überfallen worden, sie haben uns nur mit dem bloßen Leben davonkommen lassen ... So halten wir täglich unsere Hausandacht von den Schätzen, die wir uns gesammelt haben. So bitten wir den Herrn Pastor und die ganze Gemeinde, alle Mitchristen um Hilfe, wenn sie auch klein ist, nur schnell! ..."

Soll man danach fragen, ob auch diejenigen als Märtyrer zu zählen seien, die zunächst nicht wegen ihres Glaubens, sondern wegen der Enteignungsmaßnahmen und der damit verbundenen Verfolgungen in jene Not und in die Fremde gerieten? Oder die Opfer des Hungers? Haben sie nicht auch, wie diese Briefzeugnisse zeigen, unter der Trennung von der Gemeinde und unter dem Verlust aller äußeren Gegebenheiten, die uns in unserem Glauben halten, gelitten? Und haben sie sich nicht auch bewährt in der Treue zu ihrem Herrn? Sind sie nicht auch die Zeugen, die den Glauben der Väter bewahrt und an die Kinder weitergegeben haben – unter Anfechtungen, Tränen und Opfer?

Gedenken wir jener auch, die, wenn die Pastoren und Kirchenältesten abtransportiert waren, die Verantwortung für die Gemeinde auf sich nahmen, durch nichts anderes dazu berufen als durch ihre Taufe und möglicherweise durch die Bitten der anderen. Oft waren es diejenigen, die – menschlich betrachtet – auch durch die Verfolgung nichts mehr verlieren konnten. Die alte Frau etwa, die später beschreibt, wie sie zu denjenigen gehörte, die Bischof Meyer vor seinem Tode in die Verantwortung in der Petri-Pauli-Gemeinde in Moskau rief:

„... Jetzt will ich erzählen aus der Zeit, als Bischof Meyer noch am Leben war. Da fing Bischof Meyer an, verschiedene Menschen sich auszusuchen. Ich war auch darunter...

Wenn Bischof Meyer predigte, war die Kirche ganz voll. Er hat von der Regierung gesagt: Das ist der Antichrist, hütet euch! Solche Bußpredigten habe ich seitdem nicht mehr gehört: den Prediger hat sichtbarlich Gott geschützt. Oft dachte man, heute Nacht kommen sie und holen ihn. Aber nein, er ist seines Todes gestorben. Also, Bischof Meyer hat uns gerufen – wir waren neun Menschen, vier Männer, fünf Frauen – und hat öffentlich gesagt: ,Von den Pastoren ist nur einer geblieben und es kommt bald die Zeit, daß niemand mehr sein wird, auch kein Gotteshaus mehr, also müßt ihr ein jeder, so wie die ersten Christen, taufen, trauen, zum Abendmahl zusammenkommen, die Jugend lehren, beerdigen und alles tun, daß der Glaube erhalten bleibt, ihr habt es von euren Vätern erhalten.' So hat er uns alles diktiert, wie wir es machen sollten. Immer sagte er: ,Was ihr tut, das tut in vollem Glauben, dann ist es ebenso gut, als wenn es ein Diener Gottes getan hat im Gotteshause, nur euer Glaube muß dabei sein. Versammelt euch im Lehmhause, auf dem Kirchhofe, aber betet, lehrt die Jugend, tauft und kommt zum Abendmahl zusammen.' Wir mußten die Taufformel und Trauformel auswendig lernen...

Bischof Theophil Meyer

Auch zur Taufe hat er uns gesagt: ,Fragt die Taufpaten, ob sie selbst an Gott glauben und ob sie in dieser schweren Zeit auch einverstanden sind, einmal die Verantwortung zu übernehmen für die Seele der Kinder, da Gott einmal die Seelen der Kinder von ihnen verlangen wird. Lehrt die Jugend das Vaterunser beten, die zehn Gebote, das Glaubensbekenntnis unbedingt ..., laßt euch von niemandem irre machen, tut es nur in vollem Glauben, so ist es vor Gott richtig. Betet, betet und glaubt.' Das waren seine Worte. ,Wenn keine Bibeln mehr da sein werden, so sollt ihr den Kindern, der Jugend, allen erzählen vom allerbarmenden Heiland, da doch alle Bibeln abgenommen wurden und verbrannt. Es ist egal, Weib oder Mann, glaubt nur an das, was ihr tut. Bald, bald kommt die Zeit, wo das alles nötig ist und Gott es von euch fordern wird.' Ich denke oft, wie hat der Bischof das gewußt? Da kam es ... die ganze Gemeinde hat Bischof Meyer beerdigt ... er liegt auf unserem deutschen Friedhof in Moskau.

Da blieb als einziger Pastor Streck ... Auch die Pastorenwohnungen wurden weggenommen. Der Pastor hatte nur das Recht, 100 km von Moskau zu leben. Pastor Streck nahm auch dort für Frau, zwei Töchter und seine alte Schwester eine Wohnung. Wir hatten ein kleines Zimmer, so groß, daß nur ein Bett und zwei Hocker darin Platz hatten; da blieb er oft, wenn es spät wurde, bei uns. Ja, diesen großen Segen hatte ich einmal, solche großen Menschen kennenzulernen und auch zu beherbergen. Wie kann ich diese Menschen vergessen, die mir meinen Glauben gestärkt haben ... Mein Mann war ein gläubiger Mensch und damit einverstanden.

So kam das ausschlaggebende Jahr, das schwere Jahr 1936, heran. Im Mai 1936 kam der Befehl heraus, daß drei Menschen gewählt werden müßten, die für Steuern und alles andere verantwortlich sein mußten. Wenn sich bis zum 1. August niemand fände, so würde die Kirche geschlossen und abgerissen. Keiner wollte gehen, da alle schon, wenn sich nur jemand an der Kirche beteiligt hatte, ins Gefängnis kamen. Der Kantor war auch schon im Gefängnis. Pastor Streck hatte sich bereit erklärt und einem alten, kranken Mann zugeredet, dessen Frau tot war, und auch mir als einer älteren Frau, und einer Frau, die älter war als ich. Er sagte immer, sie haben alle keine kleinen Kinder mehr ... Im Juni bekam der Pastor für die drei Verantwortlichen Fragebogen, für jeden vier Stück, und bis zum 1. August mußten die eingereicht sein: Einer zur Bezirkspolizei, einer zur Bezirksgeheimpolizei, einer zur Hauptvolkspolizei, einer zur Hauptgeheimpolizei.

Zum 1. August hatten wir drei alle Fragebogen abgegeben und dachten, jetzt wird unsere Kirche nicht geschlossen. Aber Gottes Wege waren anders. Da kam der 4. November 1936. In der Nacht um halb zwei wurde ich arretiert. Haussuchung gehalten bis sechs Uhr morgens, alles durchwühlt. In dieser selben Nacht sind wir alle vier arretiert worden, wir drei und der letzte Pastor Streck, der sein Leben hingegeben hat im Gefängnis als Märtyrer 1938 ... Wir drei waren alle neun Monate im Gefängnis, dann kamen wir auf fünf Jahre in die Verschickung nach Sibirien. Der alte Mann ist bald *danach als Märtyrer gestorben, die Frau hat noch gelebt bis 1943. Ich war die Jüngste und habe es ausgehalten. Die ganze Familie Pastor Streck kam weg, niemand weiß wohin ... 1942 wurden wir frei von der Verschickung. Aber wir kamen gleich unter die Kriegskommandanten, wie alle anderen [deportierten] Deutschen. Und so wurden aus fünf Jahren zwanzig Jahre ... Sibirien ... Da kam die Zeit, da mir Gott gegeben hat, was Bischof Meyer uns gelehrt und immer wieder gesagt hat. Da ich doch ganz allein war, und der Mensch doch etwas haben muß, das er lieb hat, habe ich diese ebenso unglücklichen, verachteten, deutschen evangelischen Menschen lieb gewonnen; die Kinder, das waren meine Kinder, den Gleichaltrigen war ich Schwester, den Jüngeren Tante. So habe ich alle gesammelt, Männer, Frauen und Kinder, zum Gebet. Das Herz hat geblutet, die Augen naß, trübe, aber wir haben schöne Lieder gesungen, aus der Bibel und aus Predigtbüchern gelesen, Lieder abgeschrieben und weitergegeben. Wir haben Kinder getauft, beerdigt und getraut. Abendmahl haben wir gehalten ... Nächtelang haben wir gesessen und in der Bibel geforscht. Am Tage gearbeitet, in der Nacht gebetet, in der Bibel gelesen. Da erst habe ich Bischof Meyer verstehen gelernt und Gott gedankt, daß ich es dazumal lernen durfte..."*

Bleibt noch nachzutragen, daß nach der Verhaftung von Pastor Streck seine tapfere Frau die Gottesdienste weiter hielt, bis die Behörden eines Tages das Kirchengebäude in ein Kino umgestalteten. Nach einem Bericht der Frankfurter Zeitung aus dem Jahre 1938 war an der Stelle der beiden Standbilder der Apostel, die der Petri-Pauli-Kirche den Namen gegeben hatten, ein großes Bild Stalins angebracht, mit einem kleinen Mädchen im Arm, und darunter die Inschrift: „Wir danken dem Genossen Stalin für unsere glückliche Jugend"...

Vor der Leningrader St. Petri-Kirche sind dagegen noch heute die Statuen der Apostel Petrus und Paulus zu sehen. Wer die Kirche von innen sehen will, muß eine Eintrittskarte für das Schwimmbad lösen. Die St. Annenkirche in Leningrad, an der bis zu seiner Verhaftung 1934 der nachmalige Pastor von Zelinograd, Eugen Bachmann, wirkte, diente seit 1937 als Kino.

Vieles von dem, was in den Lagern und Gefängnissen, an den unzähligen Stätten des Leidens und des Martyriums geschehen ist, wird wohl niemals mehr ans Licht kommen. Vom Tage der Verhaftung an war jeder Kontakt zur Außenwelt unterbrochen, selbst die Familienangehörigen wußten oft nicht, was mit den unglücklichen Opfern der staatlichen Säuberungsmaschinerie geschah.

Einer von denen, deren Schicksal bekannt geworden ist, ist Pastor

Simon Kludt. Unter einer Anklage, wie sie damals vielen widerfuhr, wurde er zum Tode verurteilt: Spionage für Deutschland. Sein Verbrechen hatte darin bestanden, daß er während der — durch die Kollektivierung hervorgerufenen — Hungersnot 1932/33 die Adressen von Hilfsbedürftigen an deutsche Hilfsorganisationen mitgeteilt hatte; viele seiner Amtsbrüder hatten das getan, und tausendfach ist es durch Briefe aus jenen Jahren bezeugt, daß jene deutsche Hilfsaktion Unzählige vor dem Hungertod bewahrt hat.

St. Annenkirche in Leningrad. Hier predigten zuletzt Bischof Malmgren und Pastor Eugen Bachmann (1931—1934).

Pastor Kludt saß anderthalb Monate in einer Todeszelle des Gefängnisses in Saporoshje. Noch am Tag, bevor er starb, durfte er ein Paket seiner Frau in Empfang nehmen. Er verteilte den Inhalt an seine Mitgefangenen, weil er selber sein Schicksal vorausahnte. In der nächsten Nacht wurde er herausgerufen und erschossen. Sein Gruß an Frau und Kind lautete: „Sagt ihnen, ich habe die Krone des Lebens gewonnen!"[46]).

Viele haben die Schreckensjahre überlebt. Über seine Begegnung mit deportierten Wolgadeutschen im Sommer 1949 im Ural berichtet Helmut Gollwitzer[47]). Diese Begegnung gehöre *„zu den stärksten Eindrücken von der Rettung des Menschen durch den Glauben".* Er schildert kurz die Vertreibung der Wolgadeutschen sowie der Schwarzmeerdeutschen aus ihren Siedlungen, die Auseinanderreißung der Familien, um dann wie folgt zu schließen:

Rußlanddeutsche Frauen bei der Waldarbeit

„So haben wir mit tatarischen Frauen oft zusammengearbeitet, während die volksdeutschen von uns ferngehalten wurden. Dennoch ergab sich allmählich eine verborgene Verbindung und wir erfuhren von dem Heldentum dieser Frauen. Auch jetzt noch durften sie sich nur wenige Kilometer frei im Umkreise bewegen und befanden sich unter der strengen Aufsicht von Sonderkommissaren. Aber sie fanden sich regelmäßig zu Andachten zusammen, lehrten ihre Kinder Sprüche und Lieder und waren überströmend dankbar für Neue Testamente und Schriftbetrachtungen, die wir ihnen zukommen ließen. Im Dezember 1949 traf ich dann in Swerdlowsk einen Trupp ihrer Männer, die aus Sibirien gekommen waren, um ihre Familien zu besuchen — seit acht Jahren zum ersten Male für vierzehn Tage! Was sie von ihrem Schicksal erzählten, hätte einen Stein erweichen können. Als ich ihnen berichtete, ihre Frauen hätten die Kinder das Beten gelehrt, atmete einer von ihnen auf: nun wisse er wenigstens, daß sie sich auch ‚im Geiste' — so sagte er feierlich — wiedererkennen würden...‟

Und von einem unvergeßlichen Erlebnis berichtet ein anderer Heimkehrer aus sowjetischer Kriegsgefangenschaft. Er hatte schwere Arbeit in einem Bergwerk Sibiriens zu verrichten. Eines Tages hörte er von fern her eine Frau singen. Er ging dem Gesang nach, soweit das möglich war, und hörte die Frau das Lied singen: „Sollt ich meinem Gott nicht singen, sollt ich ihm nicht dankbar sein, denn ich seh in allen Dingen, wie so gut er's mit mir mein..."

Er stellte später fest, daß die Frau eine Wolgadeutsche war.

Stimmen der Stummen, die aus der Tiefe emporsteigen zu Gott, der allein die Kraft zum Durchhalten geben kann. Ob diejenigen, die so gerufen haben, den Märtyrertod gestorben sind, oder ob sie überlebt haben: Die Stummen reden!

Anmerkungen

1 Anton Friedrich Büsching, Geschichte der ev.-luth. Gemeinen im Russischen Reich, Altona 1766/67. — Zur Geschichte des Luthertums in Rußland sei vor allem genannt: Erik Amburger, Geschichte des Protestantismus in Rußland, Stuttgart 1961. — Biographische Einzelheiten ergeben sich in der Regel aus dem von Karl Stumpp bearbeiteten Pastorenverzeichnis, abgedruckt in: Die Kirchen und das religiöse Leben der Rußlanddeutschen. Evangelischer Teil, 2. Aufl. Stuttgart 1978.
2 Richter, Geschichte der Ostseeprovinzen, Riga 1858.
3 Abgerdruckt bei Beck, Ernst der Fromme II, 168 ff., zitiert nach Hermann Daltons „Verfassungsgeschichte der evangelisch-lutherischen Gemeinden in Rußland", Gotha 1887.
4 Vgl. Carl Mönckeberg, Die Lutherische Kirche in Moskau, eine Tochter der Hamburgischen Kirche, Hamburg 1878.
5 Adam Olearius, Offt begehrte Beschreibung der Newen Orientalischen Reise, Schleswig 1647.
6 Nr. 1910 der „Vollständigen Gesetzessammlung" vom 16. April 1702.
7 A. a. O.
8 Christian Gottlob Züge, Der russische Kolonist oder Christian Gottlob Züges Leben in Rußland, Zeitz und Naumburg 1802.
9 Der Naturforscher Pallas besuchte im Jahr 1793 die Wolgagegend und konstatierte den großen Fortschritt, den die Kolonien in 20 Jahren — er war im Jahre 1773 in demselben Gebiet gewesen und hatte die Kolonien in trostlosem Zustande gefunden — gemacht hatten. Er schildert den Überfluß an Lebensmitteln in den Wolgastädten wie Kasan und Saratow und bemerkt dazu: „Astrachan und mehrere entfernte Städte werden sogar von hier aus mit Getreide versorgt, wozu die deutschen Kolonien nicht wenig beitragen. Diese haben seit 20 Jahren an Wohlstand sowie an Volksmenge beträchtlich zugenommen und sind gleichsam erneuert und umgeschaffen." Peter Pallas, Bemerkungen auf einer Reise in die südlichen Statthalterschaften des russischen Reiches in den Jahren 1793—1794, Leipzig 1799.
10 Näheres bei Johannes Schleuning, Die deutschen Kolonien im Wolgagebiet, Berlin 1919. — Karl Stumpp, Die Rußlanddeutschen, Freilassing 1964.
11 A. a. O.
12 Hermann Dalton, Beiträge zur Geschichte der evangelischen Kirche in Rußland, IV. Miscellaneen, Berlin 1905.

13 Dalton, a. a. O.

14 Vgl. Gottlieb Beratz, Die deutschen Kolonien an der unteren Wolga in ihrer Entstehung und ersten Entwicklung, Berlin 1923.

15 Die Katholiken wurden während dieser Zeit von polnischen Mönchen bedient, die aber von der Bevölkerung abgelehnt wurden.

16 Dr. Feßlers Rückblicke auf seine siebzigjährige Pilgerschaft. Ein Nachlaß an seine Freunde und an seine Feinde, Breslau 1824. — Vgl. auch Peter F. Barton, Ignatius Aurelius Feßler. Vom ungarischen Kapuziner zum Bischof der Wolgadeutschen, in: Kirche im Osten, Bd. 7, 1964, S. 107 ff.

17 Er schreibt darüber selbst: ,,Am 4./16. November reiste ich mit meiner Gattin auf allerhöchsten Befehl nach Borgö in Neufinnland, um von dem dortigen Bischof Dr. Zacharias Cygnäus die bischöfliche Weihe, zu welcher die Regierung das goldene Episkopalkreuz vorausgesandt hatte, zu empfangen."

18 Gerhard Bonwetsch, Geschichte der deutschen Kolonien an der Wolga, Stuttgart 1919.

19 Die Schweden der Insel Dagö vor Estland, die zu Rußland gehörte, hatten in dauerndem Streit mit ihren Gutsherrn wegen der zu leistenden Fron gelegen. Die Folge war die Strafe der Verbannung. Von 1200 Ausgewiesenen kam 1782 nur etwa die Hälfte an ihrem Bestimmungsort an.

20 Auch diese Synode fand zuletzt noch den Anschluß an die Gesamtkirche Rußlands. Auf der letzten Tagung der lutherischen Generalsynode in Moskau 1928, unmittelbar vor dem letzten Vernichtungssturm, der über die Kirche hingehen sollte, erklärten die Vertreter der transkaukasischen Synode ihren Anschluß an die Gesamtkirche.

21 Deutsche im Ausland, Breslau 1923.

22 Es ist von großem Interesse, daß August Hermann Francke mit diesen Kriegsgefangenen in Verbindung treten und ihnen leibliche und geistliche Hilfe bringen konnte. Er versorgte sie mit der Erbauungs- und Erweckungsliteratur der damaligen Zeit, die reges geistliches Leben bei den Kriegsgefangenen entstehen ließ. Die Erweckungsbewegung ist durch kriegsgefangene Offiziere nach Finnland getragen worden!

23 Theophil Meyer, Nach Sibirien im Dienst der evangelisch-lutherischen Kirche, Dresden und Leipzig 1927.

24 Hermann Dalton, a. a. O.

25 Auf diesen Erlaß hin wird als erster Bischof in Rußland bereits 1820 Bischof Dr. theol. Zacharias Cygnäus aus Borgö in Finnland berufen.

26 Im Jahre 1918 gab es noch etwa 200 evangelische Geistliche in der lutherischen Kirche.

27 In beiden Konsistorialbezirken gab es 287 Kirchen, 93 in den Städten und 194 in den Dörfern. Die größten Kirchen befanden sich im Wolgagebiet: Katharinenstadt mit 3 000 Sitzplätzen, Schäfer mit 4 000, mehrere mit 2 500. Die baltischen Provinzen mit 2,4 Mio. Letten, 1,2 Mio. Esten sind dabei nicht berücksichtigt.

28 ,,Deutsche Post aus dem Osten", Heft 1/2 1937.

29 So Carlo von Kügelgen in seinem Aufsatz ,,Rußlanddeutschtum und evangelische Kirche" in ,,Auslanddeutschtum und evangelische Kirche", Jahrbuch 1937, S. 129 ff.

30 ,,Die Evangelisch-Lutherische Kirche in Sowjet-Rußland", in: Die evangelische Diaspora, 6. Jahrgang, 1924, S. 230. — Zur Entwicklung der lutherischen Kirche nach der Revolution vgl. vor allem das grundlegende Werk von Wilhelm Kahle: Geschichte der evangelisch-lutherischen Gemeinden in der Sovetunion 1917—1938, Leiden 1974.

31 A. a. O., S. 232.
32 Theophil Meyer, a. a. O.
33 Aus dem schon genannten Vortrag, abgedruckt in: Die evangelische Diaspora, 6. Jahrgang, 1924, S. 232.
34 Johann Föll, Bilder aus der Geschichte einer Kirche unter dem Kreuz, in: Heimatbuch der Deutschen aus Rußland, 1958, S. 107.
35 Pastor Grasmück mußte bald nach dieser Predigt den Märtyrerweg antreten. Nach längerer Gefängnishaft wurde er in den hohen Norden verschickt und dort zu 25 Jahren Zwangsarbeit verurteilt. Nur eine Nachricht kam noch von ihm, daß er in Lumpen gehüllt sei und um alte Kleider bitte. Dann wurde es still um ihn, für immer. Seine Frau und zwei Töchter mußten das Dorf verlassen.
36 Die evangelische Diaspora, 11. Jahrgang, 1929, S. 100.
37 A. a. O., S. 99f.
38 A. a. O., S. 100.
39 Eine deutsche Übersetzung des am 26., 27. und 28. April 1929 in der Iswestija veröffentlichten Textes der Verordnung findet sich in „Evangelium und Osten", 11. Jahrgang, Nr. 4/1938, S. 75ff.
40 Johann Föll, a. a. O., S. 112.
41 Die evangelische Diaspora, 14. Jg., 1932, S. 59.
42 Die Namen setzten sich nicht durch.
43 Es sind nach damaligen Berichten 31 russische Bischöfe, 1600 Geistliche und 7000 Mönche hingerichtet worden. In Gefängnissen waren 48 Bischöfe, 3700 Geistliche und 8000 Mönche und Nonnen inhaftiert.
44 Diese Literatur wird mit ungeheurem Eifer verbreitet. Die bekanntesten Kampfschriften sind: die Zeitung „Der Gottlose" (seit 1923), die Zeitschrift „Der Gottlose" (seit 1925), die Zeitschrift „Antireligiosnik" (seit 1926). Für die deutschen Kolonien erscheinen neben den Jugendschriften: „Die Trommel" (Wolgagebiet), „Die Trompete" (Schwarzmeergebiet) – „Neuland, Antireligiöse Zweiwochenschrift der Sowjetdeutschen", herausgegeben von der deutschen Sektion beim Allukrainischen Zentralamt des Verbandes der kämpfenden Gottlosen.
45 Engels, Hauptstadt der 1941 aufgehobenen deutschen Wolgarepublik.
46 Heinrich Roemmich, Die evangelisch-lutherische Kirche in Rußland in Vergangenheit und Gegenwart, in: Heimatbuch der Deutschen aus Rußland 1969–72, Stuttgart 1972, S. 263. Nach anderen Berichten verhungerte Kludt im Gefängnis in Melitopol, vgl. a. a. O., S. 306.
47 Helmut Gollwitzer, Und führen wohin du nicht willst, München 1951.

EUGEN BACHMANN

"„Gedenket an eure Lehrer, die euch das Wort
Gottes gesagt haben; *ihr Ende schauet an*
und folget ihrem Glauben nach."

Hebräer 13,7

. . . IHR ENDE SCHAUET AN!

Erinnerung an Leiden und Sterben der letzten deutschen Pastoren in der Sowjetunion

Was uns die Vorfahren hinterließen

Wir Deutschen aus Rußland, die wir hier in der Bundesrepublik Deutschland unsere Ur-Heimat wiedergefunden haben, und besonders die Älteren unter uns, denken oft voll Wehmut zurück an unser Leben und Erleben in Rußland, als wir, unsere Eltern und Großeltern noch in Freiheit und Zufriedenheit unserer Arbeit nachgingen, unsere Sitten und Gebräuche pflegten und glaubensfroh unsere Feste feierten. Unser Leben verlief gemäß Ordnungen, wie sie unsere Vorfahren aus Deutschland mitgebracht hatten. Der Alltag mit seiner schweren Arbeit auf den Feldern und Bauernhof wurde durch Sonntagsruhe, Kirchgang und Festtage unterbrochen. Das geistige und geistliche Leben wurde durch Schule und Kirche bestimmt, das bürgerliche durch Familie und Gemeinde. Das Dorf gab uns das Gefühl der Zusammengehörigkeit und Geborgenheit. Ein Band der Gemeinsamkeit umschloß die Bewohner „ihres" Dorfes: Eheleben, Familienleben, Gemeindeleben. Man wohnte in einer „Mutterkolonie" oder stammte aus einer solchen. Vor allem war es der Herbst, der mit seinem Segen an Feldfrüchten und anderen irdischen Gütern die Herzen froh und frei machte.

Der Sonntag ist mir aus meiner Kindheit und Jugendzeit in lebhafter Erinnerung. Etwas unsagbar Feierliches lag über dem Dorf und der sonnenüberstrahlten Landschaft. Die Glocken riefen zum gemeinsamen Lobpreis Gottes. Darüber vergaß man Arbeit und Mühe der zurückgelegten Woche. Die Seele aber tauchte ein in das Wasser des Lebens und erquickte sich an dem Hauch der Ewigkeit, der leise durch den Gottesdienstraum zog. War es ein Sonntag, an dem der Pastor die Gemeinde besuchte und den Gottesdienst hielt, dann war es für das ganze Dorf zugleich auch ein großer Feiertag.

Der Pastor! — Er war nicht nur der Verantwortliche für das kirchliche Leben der Gemeinde, sondern auch der angesehenste und verehrteste Mann, wo immer er in der Öffentlichkeit erschien. Es waren der Verehrung würdige Männer, die dieses bei unseren Landsleuten hoch angesehene geistliche Amt bekleideten; ihre Herzensfrömmigkeit stand außer Zweifel. Nicht nur das religiöse und kirchliche Leben in den deutschen Dörfern erhielt seine Prägung von gottbegnadeten Predigern und Seelsorgern (Beispiele: Daniel Steinwand/Worms und Odessa, Hoerschelmann/Krim, Heptner/Wolga u. a. m.), auch das kulturelle Leben der deutschen Kolonisten wurde von ihnen entscheidend beeinflußt, gepflegt und gefördert. Sie waren die Hüter der Sitten und Gebräuche, die Pfleger des nationalen Bewußtseins der Deutschen und einer christlichen Lebensführung der Gemeindeglieder. Kurz: sie waren das, was der Hebräerbrief schreibt, „Lehrer, die euch das Wort Gottes gesagt haben"! Und dies müssen wir unseren Pastoren bezeugen: sie haben uns das Wort Gottes gesagt! Wir erinnern uns gern an die Lehrer unserer Schulzeit und schätzen sie hoch. Noch mehr gilt solche Hochschätzung denen, die uns das Wort Gottes gesagt haben! Sie waren die Erzieher unserer Väter in fremder Umgebung und dank ihrer Tätigkeit haben unsere Eltern und Vorfahren ihr Deutschtum, ihre Sitten und ihre christliche Lebensführung bewahrt. In dem Augenblick, als diese Lehrer mit brutaler Gewalt aus unserer Mitte herausgerissen wurden, begann der Zerfall des religiösen und kirchlichen Lebens der Deutschen in der Sowjetunion! Heute steht diese kostbarste Hinterlassenschaft unserer Vorfahren, die deutsche Muttersprache, ja das ganze deutsche Kulturerbe in der größten Gefahr, völlig verloren zu gehen! Unsere Glaubensgenossen in Rußland sind dazu verurteilt, früher oder später von ihrer Umgebung aufgesogen zu werden, da ihnen bis heute die Rechte einer nationalen Minderheit nicht oder nur in ganz beschränktem Maße zuerkannt werden! Da muß mit Nachdruck an das Wort des Hebräerbriefs erinnert werden: „Gedenket eurer Lehrer"!

Von ihnen, den „Lehrern, die uns Gottes Wort gesagt haben", von unseren Pastoren, die in der Sowjetunion unter einer religionsfeindlichen Regierung ihr Leben lassen mußten, — von unsern letzten Pastoren und ihrem Ende, soll hier berichtet werden.

Ihr Ende schauet an!

Aber nicht nur sie, sondern auch viele Brüder und Schwestern mußten um ihres Glaubens willen das Leben lassen! Wer kennt die Zahl? Wer nennt die Namen?! Wer gedenkt ihrer?! Wir haben aber die Verheißung unseres Herrn, und die lautet: „Eure Namen sind im Himmel geschrieben!"

Wir vermögen nicht, alle unsere *Märtyrer* ihres Glaubens beim Namen zu nennen — es sind ihrer zu viele! Aber bei Gott sind sie nicht vergessen! Wir wollen jene nennen, die viele von uns gekannt haben, die *Pastoren*, die sterben mußten und deren Frauen und Kinder in Not und Elend, verhöhnt und verspottet zurückblieben. Ihr Los war die Armut und der Hunger. Wer wird ihnen wohl geholfen haben?

Es können auch nur Fragmente des Leidens und Sterbens unserer Pastoren dargestellt werden, denn bei fast allen fehlen uns nähere Angaben über ihr Ende. Darum kehrt am Ende des Berichtes über einzelne immer die gleiche Formel wieder: „Über sein weiteres Schicksal ist nichts bekannt." Daß hinter diesen Worten unvorstellbares Leiden und qualvolles Sterben steht — das können wir nur ahnen! Wie einsam müssen sie angesichts des Todes gewesen sein! Was haben sie gedacht? Was haben sie gesagt, als sie „an die Wand" gestellt wurden oder auf andere Weise zu Tode kamen?

Sie sind als *Märtyrer* ihres Glaubens gestorben; sie sind bei Gott! Von ihnen heißt es in der Offenbarung (7,14): „Diese sind's, die gekommen sind aus großer Trübsal und haben ihre Kleider gewaschen und haben ihre Kleider hell gemacht im Blut des Lammes." An ihnen hat sich die Verheißung erfüllt: „Sei getreu bis an den Tod, so will ich dir die Krone geben."

Was gab ihnen die Kraft, durchzuhalten über die Grenzen des Ertragbaren hinaus? Durch den Glauben allein sind sie „kräftig geworden aus der Schwachheit, haben Spott und Geißeln erlitten, dazu Bande und Gefängnis".

Sie waren Menschen wie wir, aber ihr Leiden und Sterben hat sie hoch über das gewöhnliche Menschenmaß gestellt und sie eingereiht in die Schar derer, die von Stephanus an um Jesu Christi willen ihr Leben dahingegeben haben. Darum nennen wir sie mit Recht *Märtyrer* ihres und unseres Glaubens. Sie haben an unserer Stelle, die wir durch die unbegreifliche Gnade Gottes mit dem Leben davongekommen sind, den Tod erlitten. Wie sollten wir nicht mit Bewunderung zu ihnen emporblicken, ihr Andenken ehren und unsern Kindern von ihrem Martyrium erzählen!?

In kurzen Berichten wollen wir unsere letzten Pastoren und Seelsorger, die in Rußland ihren Glauben mit ihrem Leben besiegelt haben, im Geiste an uns vorüberziehen lassen.

Dr. Karl Stumpp hat in unserem Heimatbuch 1978* die Pastorenliste in alphabetischer Reihenfolge abgefaßt. So soll auch hier verfahren werden, um so mehr, da ich diese Liste als Leitfaden meines Berichts benutzt habe.

1. *Woldemar Aßmus*, amtierte kurze Zeit stellvertretend in Leningrad. Am 8. 12. 1935 wurde er verhaftet und zu 4 Jahren Straflager verurteilt. Über sein weiteres Schicksal ist nichts bekannt.

2. *Michael Baumann*, mein Freund, der gleichzeitig mit mir Theologie studierte; er war auch mein Zimmergenosse während der Studienzeit. Zu den Prüfungen bereiteten wir uns gemeinsam vor. Sein Praktikum absolvierte er bei Pastor Koch in Großliebental und wurde danach Pastor in Kronau. Er wurde zweimal verhaftet. Unter schwerem Druck der GPU entsagte er seinem Amt, gab es aber nicht völlig auf und wurde darum 1934 zum zweiten Mal verhaftet und zu 10 Jahren Straflager verurteilt. Ob er im Lager eines natürlichen Todes gestorben ist oder (was wahrscheinlich ist) 1937/38 erschossen wurde, läßt sich nicht mehr feststellen. Erwähnen möchte ich noch, daß seine Schwester Lene, die mit den Eltern in die Taiga verschleppt worden war, auf eine furchtbare Weise umgebracht wurde: als sie von der in einer näheren Siedlung gelegenen Post ein Lebensmittelpaket abholte, wurde sie auf dem Heimweg überfallen und an den Haaren an einem Ast aufgehängt, nachdem man sie wahrscheinlich vorher halb oder ganz erschlagen hatte. Über das Schicksal der Frau des Pastors und der Kinder ist mir nichts bekannt.

3. *Heinrich Behrendts,* mein Studiengenosse, absolvierte sein Probejahr in der St. Annengemeinde in Leningrad bei seinem Schwiegervater Bischof Malmgren. Darnach wurde er Pastor an der Petrigemeinde in Leningrad und teilte mit mir die Wohnung, die uns vom finnischen Konsulat, dessen Eigentum das Haus war, zur Verfügung gestellt wurde. Vom Staat hätten wir als „Kultusdiener" und darum Stimmverlustige („Lischenzy") keine Wohnung in der Stadt erhalten, sondern hätten außerhalb von Leningrad wohnen müssen.

---

* Die Kirchen und das religiöse Leben der Rußlanddeutschen. Evangelischer Teil, Stuttgart 1978.

1933 wurde Pastor Behrendts ein Prozeß angehängt, weil er für die Kirche „ungesetzlich" Kohlen gekauft habe, obwohl er damit gar nichts zu tun hatte, denn das war Sache des Kirchenrats. Trotzdem wurde er zu einer hohen Haftstrafe verurteilt, die ihm aber durch die Verwendung des deutschen Generalkonsulats bei den sowjetischen Behörden in Ausweisung aus Leningrad umgewandelt wurde. Er wurde nun Pastor der deutschen Gemeinde in Taschkent. 1938 wurde er dort verhaftet und verurteilt. Bei seinem Abtransport in die Gefangenschaft konnten einige Gemeindeglieder sich aus einiger Entfernung von ihrem Pastor verabschieden und er konnte ihnen noch ein letztes Trostwort zurufen und ein geistliches Lied anstimmen. Wann, wo und wie er zu Tode kam ist nicht bekannt geworden. Später wurde auch seine Frau verhaftet und abgeurteilt, doch überlebte sie die Haft und ist 1978 im August in Semipalatinsk, wo sie mit ihren zwei Schwestern wohnte, gestorben.

4. *Gustav Birth,* Propst in Charkow, besuchte 1933 in Leningrad Bischof Malmgren und mich. Als er 1934 verhaftet wurde, teilte es mir seine Frau mit. Er wurde zu zehn Jahren Straflager verurteilt und ist im Lager ums Leben gekommen. Die Art seines Todes ist unbekannt; wann dies geschah, läßt sich nicht mehr feststellen. Seine Frau soll nach seiner Verurteilung eine Zeitlang im deutschen Konsulat in Charkow gearbeitet haben und hat wahrscheinlich später die Ausreiseerlaubnis nach Deutschland erhalten.

5. *Ernst Boese* war mein Studiengenosse. Nach vollendetem Studium war er Pastor in Paulskoje an der Wolga von 1928 bis zu seiner Verhaftung 1935. Wann, wo und wie er umgekommen ist, läßt sich nicht mehr feststellen. Auch über das Schicksal seiner Frau, die ich persönlich gekannt habe, ist mir nichts bekannt.

6. *Friedrich Braatz,* mein guter Freund noch in der Studienzeit, kam nach dem Studium zu Pastor Föll ins Probejahr und wurde dann Pastor in Ludwigstal, wo er im Dezember 1934 verhaftet und zu 5 Jahren Straflager verurteilt wurde. In einem Lager im hohen Norden trafen wir uns 1935 wieder. Eine innige Freundschaft verband uns seither. Im Dezember 1937 wurden wir in der Nacht zu Verhören in die III. Abteilung (= GPU, das gab es nämlich auch im Lager!) abgeholt und nach notpeinlichen Verhören in unsere Unterkünfte zurückgeschickt. Einige Stunden später, gegen Morgen, wurde mein Freund Fritz von einem „GPU'schnik" abgeholt und ins Gefängnis (auch das gab es im Straflager!) gebracht. Nach zwei Wochen wurde eine Gruppe von etwa 100 Menschen, alle Strafgefangene, unter scharfer Bewachung (auch durch Hunde) ins Bad geführt. Es waren ausgehungerte, hohl-

äugige Gestalten, die da vorüberwankten. Da sah ich meinen Freund zum letzten Mal! Alle diese Menschen wurden tief in die Taiga hineingetrieben, wo man aus Baumstämmen ein Gefängnis errichtet hatte, und dort in der Unterwäsche (es war Januar, Frost bis zu −60 Grad!) gefangen gehalten! Dadurch war ihnen ein Ausbrechen völlig unmöglich gemacht, was ja überhaupt undenkbar war, da von unserem Lager zur nächsten Siedlung 280 Kilometer zurückzulegen waren! Die Lebensmittel wurden in einem Pferdewagen von einem Gefangenen bis zu einer bestimmten Stelle im Wald gebracht, wo der Wagen von einem bis an die Zähne bewaffneten Wächter übernommen und zum Gefängnis gebracht wurde. Hier wurde er abgeladen und leer dem Fuhrmann zurückgebracht. Ob man die Gefangenen dort hat verhungern oder erfrieren lassen oder ihnen den Gnadentod durch Erschiessen gab — wer kann das wissen? Eltern und Geschwister in Gatschina bei Leningrad haben wohl lange auf ihren Fritz gewartet, aber er ist nie heimgekehrt! Ich kannte ihre Adresse nicht, um ihnen später nach meiner Entlassung (vom Lager aus hätte ich das nie gekonnt) über das Schicksal ihres Sohnes und Bruders zu berichten. Viele hunderttausende Sowjetbürger, die im Schreckensjahr 1937/38 verhaftet wurden, sind spurlos verschwunden! Es gab nur Gerüchte über ihre Verschleppung; man nannte den eisigen Norden, die Inseln im Eismeer (Waigatsch, Nowaja Semlja, ja, sogar Spitzbergen war im Gerede) u. a. Orte.

7. *Friedrich Deutschmann*, zuletzt Pastor in Höchstädt/Ukraine, wurde 1935 verhaftet und zum Tode verurteilt, dann zu 10 Jahren „begnadigt" und ins Lager Temir-Tau gebracht. Es muß angenommen werden, daß er den Erschießungen in den Todesjahren 1937/38 zum Opfer gefallen ist. Über das Schicksal seiner Familie ist mir nicht bekannt.

8. *Theodor Fehler*, mein Studiengenosse, war Pastor in Katharinenfeld/Kaukasus. 1936 wurde er verhaftet und zu 10 Jahren Straflager verurteilt. Er hat die Haft überstanden und ist in Nowosibirsk nach dem Kriege gestorben. 1957 wurde mir ein Foto gezeigt, auf dem seine Leiche im Sarg aufgebahrt zu sehen ist.

9. *Wilhelm Frank* aus Worms/Odessa. Ich kannte ihn, als ich noch ein Kind war. Zeitweilig war er auch mein Lehrer, ehe er das Theologiestudium aufnahm. Zuletzt war er Pastor im Kirchspiel Kassel, in dem mein Vater Küster war. Am 23. 1. 1935 wurde er verhaftet und zu 9 Jahren Straflager verurteilt. Im Lager in Sibirien arbeitete er einige Zeit als Tischler und soll dort auch gestorben sein. — Über das Schicksal seiner Frau, eine geborene Sauter aus Neu-Freudental, und ihre Kinder ist mir nichts bekannt.

10. *Johann Frasch* war als Student mein Schüler und war danach Pastor in Rostow/Don. Am 3. 2. 1935 wurde er verhaftet und zu 10 Jahren Straflager verurteilt. Frasch starb am 7. 8. 1936 an Tbc. Über das Schicksal seiner Frau Erna, die ich noch als seine Braut kennenlernte, ist mir nichts bekannt.

11. *Arnold Frischfeld* war Pastor an der St. Katharinenkirche in Leningrad und in meiner Studienzeit Dozent für Exegese der hebräischen Psalmen und des griechischen Neuen Testaments. Er war hervorragend gebildet und ein gottbegnadeter Prediger. Als Studenten hörten wir gern und mit Gewinn seine tiefgründigen Predigten. Er war nicht nur Pastor, sondern auch Gelehrter, Dichter, Musiker. Hebräisch und Griechisch las er ebenso fließend wie Deutsch. Ehe er nach Petersburg kam, war er Pastor des Kirchspiels Djelal/Krim, wo ich 1929/30 als Pastor tätig war. Im September 1930, zwei Monate bevor ich mein Amt an der St. Annengemeinde in Leningrad antrat, wurde er verhaftet und zu 10 Jahren Straflager verurteilt. Er kam in das berüchtigte Straflager auf den Solowki-Inseln im Weißen Meer. Nach etwa vier Jahren wurde er krankheitshalber entlassen, mußte aber als Verbannter in Archangelsk leben, wo ihn seine Frau von Leningrad aus öfter besuchte und schließlich ganz bei ihm blieb. Er erblindete und wurde von einer schweren Krankheit befallen. Eines Nachts holte ihn die GPU aus dem Krankenbett; seitdem ist er verschollen. Ist er gestorben? Wurde er erschossen? Seine Frau kehrte nach Leningrad zu ihren beiden Töchtern zurück und ist während der Belagerung Leningrads im 2. Weltkrieg gestorben. Ende der fünfziger Jahre suchte ich seine Wohnung in Leningrad auf. Man erzählte mir, daß die eine Tochter vor kurzem an Herzinfarkt gestorben sei und gab mir die Adresse der anderen Tochter, die ich aber nicht zu Hause antraf.

12. *Richard Göbel,* mein Studiengenosse, war zuletzt Pastor in Armawir und kurze Zeit (auf der Flucht) in Helenendorf/Kaukasus. 1934 wurde er zu 10 Jahren Straflager verurteilt. Wir trafen uns als Gefangene im Lager der Komi-Republik. Da er an Tuberkulose litt, wurde er in ein „besseres" Lager nach Sibirien überführt, wo er 1936 starb.

13. *Paul Hamberg* studierte mit mir Theologie und kam nach Beendigung des Studiums zu Pastor Hanson/Krim ins Probejahr. 1930 wurde er Pastor der Gemeinde in Baku. Er heiratete ein Mädchen Haller aus meiner Gemeinde in Leningrad, deren Familie sich fest zur Kirche hielt. Zuletzt traf ich das Ehepaar Hamberg bei ihrem Ferienaufenthalt in Leningrad, wohl im Jahr 1932. Pastor Hamberg wurde 1935 in Baku verhaftet und ist

in der Haft umgekommen. Eine Frau in Zelinograd, die früher in Baku sein Gemeindeglied war, erzählte mir, daß nach seiner Verhaftung seine Frau noch einige Zeit die Gottesdienste hielt. Über das weitere Schicksal seiner Frau ist nichts bekannt.

14. *Helmut Hansen,* unser Neutestamentler und lieber Studentenfreund, war Pastor an der St. Petrikirche in Leningrad und Dozent für Neues Testament am Predigerseminar. Er sammelte Kinder und Jugendliche zur christlichen Unterweisung, was von der Regierung verboten war. Das war des Grundes genug, um an ihn heranzukommen: er, seine Frau und alle aktiven Mitglieder des Jugendkreises wurden im Dezember 1929 verhaftet und fast alle zu verschiedenen Haftstrafen verurteilt. Er selbst bekam 10 Jahre Straflager und wurde nach Solowki gebracht. 1938 wurde er als Invalide (arbeitsunfähig) entlassen. Wo er nun lebte und wann er gestorben ist, ist unbekannt. — Seine Frau kam 1933 aus dem Lager zurück nach Leningrad und wohnte mit ihren Kindern bei ihrem Bruder. Später wurde sie wieder verhaftet und soll sich im Gefängnis mit Tabletten vergiftet haben.

15. *Arthur Hanson,* mein väterlicher Freund, war bis 1930 Pastor in Byten/Krim und führte mich im Herbst 1929 auf einer gemeinsamen Rundreise in das Kirchspiel Djelal/Krim ein. Am 8. 2. 1930 wurde er verhaftet und nach Sibirien verschickt. 1931 durfte er zu seiner Familie zurück, die sich inzwischen in der Umgegend von Moskau niedergelassen hatte. In Moskau war er Berater im Evangelischen Oberkirchenrat. Bei einer Dienstreise nach Leningrad, die er im Auftrag des Oberkirchenrates unternommen hatte, war ich das letzte Mal mit ihm zusammen. Im April 1937 wurde er wieder verhaftet und bald verlor sich seine Spur. Auch seine Frau wurde verhaftet und starb im Gefängnis. Nicht verschont blieben seine Töchter. Zwei wurden zu 10 Jahren Straflager verurteilt, doch überlebten sie die Haftzeit. Eine dritte Tochter starb im Lager. Ein Sohn, der Pastor in Deutschland war, ist im Krieg umgekommen.

16. *Wilhelm Heine jun.,* zuletzt Pastor in Katharinenfeld/Kaukasus, wurde 1930 verhaftet und nach Tomsk verschickt. 1934 war er wieder frei und befand sich in Feodosija/Krim. 1937 wurde er wieder verhaftet und starb im Gefängnis in Simferopol.

17. *Nathanael Heptner,* Propst in Rosenberg an der Wolga, war schon 1922—26 in Verbannung. 1929 wurde er zu 10 Jahren verurteilt, die Haft wurde ihm wegen seines Alters und Kränklichkeit in Verbannung umgewandelt. In der Verbannung an der Lena starb er am 17. 3. 1933. Er war ein Vorbild für seine geistlichen Kinder!

Konfirmation mit P. Hoerschelmann
in Neusatz (1902)

18. *Bernhard Heptner,* Sohn von Nathanael, mein Zimmerkamerad und eng-
ster Freund während der Studentenjahre, war nach Beendigung des theologischen Studiums Adjunkt bei seinem Vater (1929). Aber schon 1930 wurde
er verhaftet, bald aber wieder freigelassen. 1935 wurde er wieder verhaftet
und im Gefängnis nervenkrank. Er soll 1938 genesen sein und in Engels gewohnt haben. Zum dritten Mal verhaftet starb er im Gefängnis. Das Todes-
datum konnte nicht ermittelt werden.

19. *Ferdinand Hoerschelmann,* Propst auf der Krim und Pastor in Neusatz
und Simferopol. Er war Adjunkt bei Pastor Samuel Keller, der nach Deutschland ging und dort als Evangelist berühmt wurde. Er war für die Gläubigen
die höchste geistliche Autorität auf dem Territorium der ganzen Krim und
führte ein strenges kirchliches Regiment; auch sorgte er dafür, daß es keine
Analphabeten unter den Deutschen gab, weil zur Konfirmation nur die zu-
gelassen wurden, die wenigstens lesen und schreiben konnten. Dabei war er
ein kindlich-frommer Mensch und war in allem, was er tat, auf die Ehre
Gottes bedacht. – Als ich meine erste Pfarrstelle in Eupatoria antrat, das
Zentrum des Kirchspiels Djelal wurde, wohnte ich vorher eine Woche mit
ihm zusammen in der Sakristei der evangelischen Kirche in Simferopol, wo
er sich zeitweilig aufhielt. Dann begleitete er mich als Propst durch das
Kirchspiel Djelal und führte mich bei den Gemeinden ein. Er war wohl der
populärste evangelische Geistliche, den ich gekannt habe und allgemein
geliebt und geachtet! Schon 1929 war er kurze Zeit in Haft und mußte sich
oft bei der GPU melden. 1930 wurde er nach Sibirien verbannt, wo er, wie
vorher auf der Krim, estnische evangelische Gemeinden geistlich betreute, da
er der estnischen Sprache mächtig war; er stammte nämlich aus Reval/Tal-
linn. In Slawgorod/Altairegion wurde er 1930 nach dem Gottesdienst
verhaftet und nach Minusinsk/Ostsibirien verbannt. Dort starb er am 15. 10.
1931. – Zwei seiner Söhne wohnten zuletzt in Moskau, der eine war
Mathematiker, der andere Organist an der Petri-Pauli-Kirche, wo ich ihn, als
ich in Moskau im Probejahr war, kennenlernte. Er wurde später verhaftet
und ist im Lager umgekommen. Die Tochter von Propst Hoerschelmann
lebte noch in den sechziger Jahren; sie besuchte mich in Zelinograd.

20. *Fridolin Hoerschelmann,* Sohn von Ferdinand, war Pastor und Mitarbeiter seines Vaters. Als ich in meinem Kirchspiel ankam, führte er gerade
den Konfirmandenunterricht durch, da ja die Pfarrstelle vakant war und das
Kirchspiel vor meiner Ankunft von ihm bedient wurde. Ich lernte ihn als
einen bescheidenen und gütigen Menschen kennen. Er wurde Anfang der
dreißiger Jahre verhaftet und mußte im Lager schwere Waldarbeit tun. Beim

Fällen eines Baumes wurde er vom fallenden Baum erschlagen.

21. *Woldemar Jürgens,* zuletzt Pastor in Pjätigorsk/Kaukasus wurde 1934 verbannt, 1935 zum Tode verurteilt. 1936 wurde er zu einer hohen Gefängnisstrafe „begnadigt". Über sein weiteres Schicksal ist mit nichts bekannt.

22. *Ralph Jürgens,* Sohn von Woldemar, studierte Theologie im Predigerseminar, wo er mein Student war. Noch vor Beendigung seines Studiums wurde er von der GPU aus Leningrad ausgewiesen, kehrte nach Hause zurück und half seinem Vater in dessen pastoraler Tätigkeit. 1938 wurde er verhaftet und weggebracht. Sein weiteres Schicksal ist unbekannt.

23. *David Kaufmann,* mein Studiengenosse, absolvierte 1928 das Predigerseminar, war bei Propst Maier in Balzer/Wolga im Probejahr und kam dann in den Kaukasus. In welcher Gemeinde er Pastor war, kann ich nicht feststellen. 1930 wurde er verhaftet, kam 1933 wieder frei und ist, 1935 zum zweiten Mal verhaftet, 1938 in einem Lager verschollen. Sein Sohn lebt in der Bundesrepublik.

24. *Arthur Kluck,* zuletzt Pastor in Katharinenstadt/Wolga wurde schon 1928 nach Sibirien verbannt und ist dort umgekommen. Über sein Leben, Leiden und Sterben ist nichts bekannt.

25. *Simon Kludt,* Pastor in Neuhoffnung, wurde 1933 verhaftet. 1935 wurde er im Gefängnis in Saporoshje erschossen. Nach anderen Angaben soll er im Gefängnis in Melitopol verhungert sein.

26. *Albert Koch,* Pastor in Großliebental, dem ich manche Ratschläge für mein Theologiestudium verdanke, da ich im Sommer 1926 in Großliebental bei meinem Bruder lebte, dessen Wohnung gegenüber dem Pastorat lag, war den atheistischen Machthabern ein Dorn im Auge wegen seines Einflusses in der Bevölkerung. Auch fürchtete man ihn, weil er mit großer Überzeugungskraft die atheistische Propaganda bekämpfte. Mit Eifer suchte man nach einer Ursache, um ihm den Prozeß zu machen. Bald glaubte man, sie gefunden zu haben und verhaftete ihn am 14. 11. 1929. Im Mai 1930 wurde in Odessa gegen ihn ein Schauprozeß inszeniert, dem auch viele seiner Gemeindeglieder beiwohnten. Die Beschuldigungen waren an den Haaren herbeigezogen. Da das Urteil schon lange vor dem Prozeß in der Parteizentrale gefällt worden war, brauchte das Gericht es nur auszusprechen. Es lautete auf 5 Jahre Straflager mit nachfolgender Verbannung. In der Verbannung arbeitete er in Kursk als Buchhalter und konnte seine Familie zu sich kommen lassen. 1935 wurde er wieder verhaftet, dann auf Bewährung freigelassen. Am 31. 8. 1937 nahm man ihn zum dritten Mal in Haft; diesmal verschwand er hinter den Mauern des berühmt-berüchtigten Butyrka-Gefängnisses in

Moskau. Wann, wo und wie er ums Leben kam, ist nicht bezeugt. – Seine Frau Irmgard, Tochter unseres hochgeachteten Pastors Daniel Steinwand, kam während des Krieges mit den Kindern nach Deutschland. Von einem Pfarrerehepaar in der Nähe von Schwabach bei Nürnberg erfuhr ich, daß Frau Pastorin Koch längere Zeit bei ihnen gelebt hat und sich nur schwer mit ihren Kindern durchbringen konnte. Erst als Pfarrer Roemmich sich bei der Kirchenverwaltung für sie verwendete, besserte sich ihre materielle Lage. – Hier sei auch der Bruder von Pastor Koch, der berühmte Arzt des früheren Evangelischen Hospitals in Odessa, Dr. Koch, genannt. Ich lernte ihn in Leningrad kennen, als er dort zu einem Ärztekongreß weilte und mich aufsuchte. Später wurde auch er verhaftet und in das Lager „Kolyma", dort, wo die Welt mit Brettern vernagelt ist, gebracht. Er arbeitete hier meist als Arzt. Wie schwer ihm diese Arbeit durch neidische Mitarbeiter gemacht wurde, darüber hat eine deutsche Krankenschwester, die mit ihm arbeitete, in unserem Blatt „Volk auf dem Weg" berichtet.

27. *Gottlob Koch,* zuletzt Pastor in Orenburg, wurde 1929 verhaftet und 1931 verbannt. 1938 kehrte er zurück und soll 1941 noch gelebt haben. Sein weiteres Schicksal ist unbekannt.

28. *Karl Krentz,* mein Studienkamerad, war 1929 Pastor in Neu-Stuttgart, wurde im Herbst 1934 verhaftet und in die „Marijinskije Lagerja" in Sibirien gebracht. Später wurde er in ein Lager bei Tomsk überführt, wo er in einem Steinbruch ums Leben kam. – Er war unverheiratet. Ende der fünfziger Jahre besuchte mich in Zelinograd seine Schwester, die damals bei Petropawlowsk wohnte und dann nach Karaganda umzog.

29. *Wilhelm Lohrer,* mein Studienkamerad und lieber Freund, absolvierte sein Probejahr bei Pastor Merz in Omsk. Darnach machte er von Nowosibirsk aus weite Reisen durch ganz Sibirien und bediente die weit und breit im sibirischen Raum zerstreuten deutschen Gemeinden. Verfolgungen zwangen ihn, dieses weite Arbeitsfeld aufzugeben. Er kehrte in seine Heimat, die Krim, zurück und wurde mein Nachfolger im Kirchspiel Djelal in Eupatoria. Am 6. 2. 1934, zwei Wochen nach meiner Verhaftung in Leningrad, wurde er in Eupatoria festgenommen, und zu 7 Jahren verurteilt. Er wurde nach Omsk gebracht. Hier wurde er wieder verhaftet und am 17. 11. 1943 zum Tode verurteilt; später ist das Urteil in Haft umgewandelt worden. Über sein weiteres Schicksal ist nichts bekannt.

30. *Arthur Malmgren,* Bischof der evangelisch-lutherischen Kirche in Rußland, Rektor der Theologischen Hochschule in Leningrad, bis 1930 Pastor der St. Annengemeinde. Er hat sein hohes Amt solange ausgeführt, bis keine

Kirche mehr zu verwalten war, weil eine solche nicht mehr existierte. Zwei seiner drei Töchter waren irgendwo in Sibirien, die älteste in der Ukraine verheiratet. Er war allein, ohne Familie oder Verwandte. Durch die Bemühungen der deutschen Botschaft in Moskau erhielt er die Erlaubnis, nach Deutschland auszureisen. Alle seine Angehörigen ließ er in Rußland zurück. Er lebte in Frankfurt/Main und als im Krieg das Haus bei einem Luftangriff zerstört wurde, siedelte er nach Leipzig über und wurde in das Gustav-Adolf-Haus aufgenommen, wo schon seine Schwester lebte. Einsam und fern von seinen Kindern starb er dort am 3. 2. 1947 und wurde in einem abgelegenen Teil des Friedhofes beerdigt. Beerdigungstext und Grabrede werden im Archiv des Gustav-Adolf-Werkes in Leipzig aufbewahrt. Der Generalsekretär dieses Werkes, Dr. Gennrich, ließ in den sechziger Jahren die Leiche des Bischofs an eine andere Stelle des Friedhofs überführen und ihm einen Grabstein errichten. Die jüngste Tochter des Bischofs lebt noch in der Sowjetunion in der Stadt Semipalatinsk. Die beiden älteren Schwestern, die mit ihr zusammenwohnten, sind kurz nacheinander im Jahre 1978 verstorben.

31. *Theophil Meyer,* Bischof und Präsident des Evangelischen Oberkirchenrats, zuvor Pastor an der Petri-Pauli-Kirche in Moskau, entging der Verhaftung durch seinen am 28. 4. 1934 erfolgten Tod. Als Bischof hat er mehrere Visitationsreisen gemacht und deutsche Gemeinden besucht. Die weitreichendste war seine Sibirienreise 1928. Als ich 1957 ein deutsches Dorf bei Petropawlowsk/Kasachstan besuchte, erzählten mir die Einwohner von seinem Besuch bei ihnen, der nicht vergessen war. Als ich in Moskau im Probejahr war, wohnte ich eine Zeitlang bei ihm und in den Räumen des Oberkirchenrats. Er war ein ausgezeichneter Kanzelredner und ein recht volksnaher Bischof. Vor seinem Tod gab er einigen Frauen aus der Gemeinde Anweisungen zum kirchlichen Dienst nach seinem Tode. Er wurde auf dem deutschen Friedhof in Moskau bestattet. Seine Frau starb am Anfang des Krieges auf dem Wege in die Verbannung.

32. *Friedrich Merz,* Pastor in Hoffnungstal, zuletzt in Omsk, mein persönlicher Freund, der mich für das Theologiestudium empfahl, wurde 1930 verhaftet und wieder freigelassen. Zum zweiten Mal wurde er 1934 arretiert und zu 10 Jahren Straflager verurteilt und auf die Solowki-Inseln im Weißen Meer gebracht, wo er später an Flecktyphus starb. Über das Schicksal seiner Frau und Kinder ist nichts bekannt. In den zwanziger Jahren wirkte seine Frau, eine gute Klavierspielerin, im symphonischen Orchester meines Bruders in Hoffnungstal mit.

33. *Alexander* und *Jan Migle,* Letten, beide ledig, betreuten die lettischen Gemeinden im Leningrader Raum. 1937 wurden beide gleichzeitig verhaftet; ihre todkranke Mutter, die bald darauf starb, mußten sie allein zurücklassen. Die hilflose Frau wurde die letzten Tage ihres Lebens von Wohnungsnachbarn gepflegt. Über das weitere Schicksal der beiden Pastoren ist nichts bekannt.

34. *Nikolaus Moderau,* Pastor in Emiltschin/Wolhynien, war im Predigerseminar einer meiner Studenten. Während seines Studiums ließ er Frau und Kind zu sich nach Leningrad kommen. Ich hatte ihn, noch ehe ich mein Studium begann, in Hoffnungstal kennengelernt; auch seine Frau, eine geborene Harsch, war mir nicht unbekannt. Nach Beendigung seines Studiums war er Pastor in Charkow und zuletzt in Wolhynien. Am 5. 1. 1935 wurde er verhaftet und ins Gefängnis in Shitomir eingeliefert, dann nach Kiew überführt (wohl als „Schwerverbrecher"!), wo er zu 8 Jahren Straflager verurteilt wurde. Er wurde in ein Lager an der Grenze zur Mongolischen Volksrepublik gebracht und 1936 in die Lager bei Mariinsk überführt. Seitdem ist er verschollen. Es ist anzunehmen, daß er im Schreckensjahr 1937/38 getötet wurde. Seine Frau und sein Sohn leben heute in Giebel bei Stuttgart.

35. *Kurt Muss,* zuletzt Pastor der russischen evangelisch-lutherischen St. Michaelisgemeinde in Leningrad, wurde im Dezember 1929 mit vielen anderen, die im christlichen Jugendzirkel mitgearbeitet hatten, verhaftet und zu 10 Jahren Straflager verurteilt. Er wurde in das Lager auf den Solowki-Inseln gebracht. Die letzte Nachricht von ihm erfuhr ich 1936 von seiner Schwester, die jetzt in Kasachstan lebt. Aller Wahrscheinlichkeit hat er das Jahr 1937/38 nicht überlebt. Seine Mutter und die Familie waren Mitglieder der St. Annengemeinde, an der ich wirkte. Er hat die russischen Lutheraner in Leningrad geistlich betreut, ist doch das Evangelium an Sprachgrenzen nicht gebunden.

36. *Emil Pfeiffer,* zuletzt Pastor in Saratow, wurde 1934 verhaftet und nach Alma Ata/Kasachstan verbannt, später auch dort in Haft genommen und erschossen.

37. *Arthur Pfeiffer,* Bruder von Emil, zuletzt Pastor in Jagodnaja/Wolga, wurde 1934 gleichzeitig mit seinem Bruder verhaftet und in ein Lager nach Sibirien gebracht. Er mußte Furchtbares durchmachen und trug bis an sein Lebensende die Spuren von Folterungen an seinem Körper. Eine schreckliche Episode: Er war mit anderen schon zum Erschießen bestimmt und die Todesgruppe wurde im Laufschritt bis zur Erschöpfung bei Schneesturm

zum weitentfernten Exekutionsort getrieben; im letzten Augenblick wurde die Erschießung aufgehoben. Nach seiner Entlassung lebte er in Moskau, wo meine Frau und ich ihn jeden Sommer besuchten. Bei Kursk hat er noch manchmal deutsche Gemeinden besucht, die sich dort im Kursker Kohlenbecken nach dem Krieg unter den Deportierten gebildet hatten. Er war Rentner und hatte durch Deutschunterricht einen Nebenverdienst. Von den Sicherheitsorganen wurde er fortwährend beschattet und schikaniert. Nach einer langen, schweren Krankheit starb er 1974 im Oktober in Moskau.

38. *Alfred Prieb,* mein Schüler und Adjunkt an der St. Annengemeinde in Leningrad, wurde nach meiner Verhaftung von Bischof Malmgren zum Dienst an der verwaisten St. Annengemeinde eingesetzt. Am 8. 12. 1935 wurde er verhaftet und 1936 zu 4 Jahren Straflager verurteilt. Über sein weiteres Schicksal ist nichts bekannt.

39. *Paul Reichert,* zuletzt Pastor an der St. Petrikirche in Leningrad und Dozent für Praktische Theologie und Religionspädagogik. Als ich Pastor von St. Annen wurde, wohnten wir mit seiner Familie in einer Doppelwohnung. Er hatte das „Glück", erst 1937 verhaftet zu werden und wurde zu 5 Jahren Straflager verurteilt. Zu Beginn des Krieges 1941 war ich als Fernstudent der Leningrader Universität zur Prüfung und Anhörung eines Kurses an der Historischen Fakultät in Leningrad und traf auf der Straße eine Tochter von Bischof Malmgren, die mir mitteilte, daß P. Reichert dieser Tage aus dem Straflager zurückgekehrt sei. Über sein weiteres Schicksal ist nichts bekannt.

40. *Bruno Reichert,* Sohn von Paul, war mein Schüler. Nach Beendigung des Theologiestudiums war er Gehilfe seines Vaters und Pastor der deutschen Gemeinden im Bezirk Leningrad. Er wurde 1937 gleichzeitig mit seinem Vater verhaftet. Über sein weiteres Schicksal ist mir nichts bekannt.

41. *Friedrich Reichwald,* früher Pastor in Wladiwostok, dann Verbannter in Taschkent. Am 27. 12. 1935 wurde er verhaftet und zu 7 Jahren Straflager verurteilt, die Ehefrau zu 3 Jahren. 1939 im Lager gestorben.

42. *Emil Reusch,* zuletzt Pastor in Tiflis, 1935 verhaftet, dann kurze Zeit frei und erneut verhaftet. Er soll am 23. 11. 1944 gestorben sein. Näheres über sein Schicksal ist nicht bekannt.

43. *Woldemar Rüger,* mein Studienfreund, Pastor der St. Michaelisgemeinde, bei dem ich einen Teil meiner Probezeit verbrachte, wurde 1934 verhaftet und in ein Lager nach Sibirien gebracht. Als ich auf der Etappe ins Lager eine Woche im Gefängnis in Perm saß, sah ich ihn, als er an unserem Häftlingstrupp vorüberging (er bemerkte mich nicht); wahrscheinlich war er in

Perm zur Bedienung der dortigen evangelischen Gemeinde, an deren Kirche wir auch vorbeigeführt wurden. 1939 starb er im Lager. Seine Frau übersiedelte nach seiner Verhaftung nach Leningrad zu ihren Eltern, wo ich sie einen Tag vor Ausbruch des Krieges besuchte. Ihr weiteres Schicksal ist mir nicht bekannt.

44. *Konstantin Rusch*, zuletzt Pastor in Sarepta/W., mein Studiengenosse und hilfreicher und innigster Freund im Lager, wo wir uns wiedersahen. Er war im Zusammenhang mit der Auswanderungsbewegung unter den Deutschen 1929 verhaftet und zu 10 Jahren Straflager verurteilt worden. Als im Sommer 1934 in dasselbe Lager in der Komi-Republik (Uchto-Ishemskij Lager) kam, hat er mir sehr viel geholfen und mich durch gute Verbindungen, die er inzwischen im Lager erworben hatte, aus höllischer Waldarbeit, die ich nicht überlebt hätte, herausgeholt. In der Nacht nach Ausbruch des Krieges, also am 23. 6. 1941, wurde er als Geisel erschossen.

45. *Jakob Scharf*, Studiengenosse und Freund, zuletzt Pastor in Eupatoria/Krim, wurde zwangsmobilisiert und kam in ein Arbeitsbataillon. Er konnte später nicht mehr in sein Amt zurückkehren und wurde Buchhalter. 1937/38 verhaftet und verschollen.

46. *Johannes Schilling*, zuletzt Pastor in Gnadental/Wolga, mein Studiengenosse, wurde am 23. 2. 1935 verhaftet und zu 10 Jahren verurteilt. Seine Tochter, die wir mit meiner Frau auf einer Dienstreise 1956 in der Komi-Republik kennenlernten und die nun seit 1978 in der Bundesrepublik Deutschland lebt, erzählte uns, daß ihr Vater, P. Schilling, im Lager verhungert sei, weil ihm seine Gemeindeglieder die spärliche Brotration wegstahlen! Ich hatte ihn in drei Jahren gut kennengelernt: er war die Güte selbst und voll Vertrauen zu seinen Mitmenschen.

47. *Siegfried Schultz*, Pastor im Raum Nowgorod, machte im Auftrag des Oberkirchenrats eine Predigtreise in Sibirien. Am 27. 8. 1926 wurde er im Städtchen Tara auf offener Straße am hellichten Tage von einem Jugendfunktionär von hinten erschossen. Wie mir Deutsche aus der Umgegend von Tara, die zum Gottesdienst nach Zelinograd gekommen waren, erzählten, hatte er auch ihre Gemeinde besucht. Aus dem Prozeß wegen seiner Ermordung wurde eine Farce gemacht und der Mörder kam mit einer geringen Gefängnisstrafe davon.

48. *Gustav Schwalbe*, Pastor in Smolensk, Lette, wurde ohne jeglichen Grund der Spionage beschuldigt, wobei sehr persönliche Motive der Untersuchungsrichter eine Rolle spielten. Nach längerer Haft wurde er am 30. 9. 1930 erschossen.

148

49. *Woldemar Seib,* Pastor in Kassel, Rohrbach und zuletzt in Dnjeprope-
trowsk, mein kirchlicher Vorgesetzter, als ich im Kasseler Kirchspiel Küsterlehrer war, wurde am 3. 1. 1935 verhaftet und zu 10 Jahren Straflager verurteilt. Er kam zuerst in das Lager bei Mariins, wurde später nach Tomsk
überführt und starb dort in einem Steinbruch.

50. *Otto Seib,* Bruder von Woldemar, zuletzt Pastor in Nikolajew. Ich kannte ihn seit meiner Jugend, als er Pastor im Kirchspiel Bergdorf war. 1929
feierten wir mit ihm und anderen Pastoren das Missionsfest in Byten/Krim.
Er wurde 1936 verhaftet. Später gelangte er möglicherweise nach Deutschland.

51. *Eduard Seib,* zuletzt Pastor in Taganrog, wurde 1931 an den Aralsee
verbannt. 1934 war er wieder in Taganrog, frei, aber 1936 wieder in Sibirien, 1937 wieder in Taganrog, wurde verhaftet und galt 1938 als in Kasachstan verschollen. Er starb am 12. 1. 1940.

52. *Christian Semke,* Pastor in Grashdanka bei Leningrad, mein Studiengenosse und Freund, wurde 1935 verhaftet und nach der Komi-Republik
abtransportiert. Auf der Etappe floh er und kehrte geheim nach Leningrad
zurück. Da ihm das deutsche Generalkonsulat in Leningrad kein Asyl gewähren konnte (aus politischer Rücksichtnahme), stellte er sich der GPU
und wurde in das Lager gebracht, in dem ich war, nur an eine andere Stelle,
so daß wir uns nicht treffen konnten, aber schriftlich Verbindung halten
konnten. 1937 wurde er in das Lager Workuta in der Tundra gebracht und
dort mit einigen tausend politischer Häftlinge erschossen.

53. *Robert Sept,* zuletzt Pastor in Grünfeld/Kau, mein Studiengenosse und
Kamerad, wurde 1934 verhaftet und starb an der Ruhr in einem Lager im
Uralgebiet. Nach dem Krieg waren seine Mutter und Schwester Glieder
meiner Gemeinde in Zelinograd.

54. *Oktav Simon,* Pastor in Strelna bei Leningrad, ein Amtsfreund von
mir, wurde am 8. 12. 1935 zu 6 Jahren Straflager verurteilt. Über sein weiteres Schicksal ist nichts bekannt.

55. *Friedrich Steinwand,* zuletzt Pastor in Neu-Freudental, der mich in
Johannestal konfirmierte und mit dem ich von Leningrad aus in Briefwech-
sel stand, konnte wegen Verfolgung sein Amt nicht weiterführen und wurde
1933 Arbeiter in Moskau. Er wurde dennoch verhaftet und 1936 verurteilt.
Strafmaß und weiteres Schicksal sind unbekannt.

56. *Ludwig Steinwand,* Bruder von Friedrich, zuletzt Pastor in Krassnodar,
wurde mehrmals verhaftet. 1931 erblindete er im Gefängnis. Er ist mit seinem Sohn in einem Lager in oder bei Rostow verhungert. Seine Frau, die

in Karaganda lebt oder lebte, besuchte mich in Zelinograd und erzählte mir vom Schicksal ihres Mannes.

57. *Alexander Streck,* zuletzt Pastor an St. Petri-Pauli in Moskau, bei dem ich 1929 im Probejahr war, konnte sich unter dem Schutz der deutschen Botschaft in Moskau am längsten in der Freiheit erhalten, aber schließlich wurde er doch verhaftet. Letzte Nachricht 1938. Die Frau starb. Beide Töchter wurden während des Krieges nach Sibirien deportiert und interniert. Die eine starb während des Krieges im Arbeitslager, die andere überlebte und wohnte in einer Ortschaft bei Karaganda, von wo aus sie mich öfter in Zelinograd besuchte. Sie war Lehrerin. Sie starb an einer unheilbaren Krankheit in Karaganda.

58. *Ossip Thorossjanz,* armenischer Abstammung, zuletzt Pastor in Wladikawkas (Ordshonikidse) wurde am 29. 6. 1936 verhaftet, zum Tode verurteilt und erschossen. Ein Mitglied des Kirchenrats der Zelinograder Gemeinde, Herr Pidde, der mit ihm in demselben Gefängnis saß, erzählte mir vom Tode dieses seines Seelsorgers.

59. *Bruno Thorossjanz,* Sohn von Ossip, wurde noch als Student aus Leningrad ausgewiesen und half dann seinem Vater im Amt. Er wurde zur Armee genommen, aber bald darauf verhaftet und verurteilt. Er war noch fast ein Junge, wie auch seine noch jüngere Schwester, die er bei seinem Eintritt ins Seminar als Besucherin von Leningrad mitbrachte; beide waren freundliche, wohlerzogene Kinder. Über Brunos weiteres Schicksal ist nichts bekannt.

60. *Gustav Uhle,* zuletzt Pastor in Heimtal und Shitomir/Wolhynien, wurde 1933 verhaftet und zu 3 Jahren Verbannung verurteilt und nach Kasachstan geschickt. 1937 wurde er aufs neue verhaftet und in ein Lager im hohen Norden („Petschorskije Lagerja") gebracht. Das Strafmaß ist unbekannt, ebenso sein weiteres Schicksal. – Unter den Wolhyniendeutschen, die schon vor dem Krieg im Jahr 1936 von der polnischen Grenze weggebracht und in Sibirien angesiedelt wurden, hielt sich das Gerücht, daß ihr Pastor irgendwo in Kasachstan gesehen worden sei; er habe als Buchhalter in einer Apotheke gearbeitet. Auch über das Schicksal seiner Frau ist nichts bekannt.

61. *Karl Vogel,* zuletzt Pastor in Odessa, wurde 1937 verhaftet und in ein Straflager gebracht. Über die Höhe der Strafe und den Ort des Lagers ist mir nichts bekannt. Er starb im Lager am 10. 2. 1943. Während seines Studiums (er war mein Student) leitete er den Studentenchor und hielt nach meiner Verhaftung einige Zeit Gottesdienste in der Annenkirche in Leningrad. Seine Tochter lebt in der Bundesrepublik.

62. *Friedrich Wacker,* Studiendirektor des Predigerseminars und Dozent für Kirchen- und Dogmengeschichte, auch Seelsorger der Studenten, wurde 1929 auf 3 Jahre nach Sibirien verbannt, kehrte 1933 nach Leningrad zu seiner Familie zurück, durfte aber nicht in der Stadt wohnen und siedelte sich in der Umgebung in Bolschaja Wischera an. Den Lebensunterhalt für sich und seine Familie brachte er durch private Klavierstunden, zu denen er täglich in die Stadt kam, auf. Er war selbst ein guter Klavierspieler und grosser Musikliebhaber. Während seines Theologiestudiums in Leipzig besuchte er auch das Konservatorium. Bei Beginn des Krieges lebte er noch. Nach dem Krieg, Ende der fünfziger Jahre, forschten P. Pfeiffer und ich nach ihm, aber ohne Erfolg. Vom Schicksal seiner Familie ist nichts bekannt.

63. *Woldemar Wagner,* zuletzt Pastor der St. Katharinengemeinde in Leningrad, mein Studiengenosse und Amtsbruder daselbst. Er wurde im Frühjahr 1935 verhaftet und zu 5 Jahren Straflager verurteilt. Er kam in das Lager bei Nowosibirsk. Sein weiteres Schicksal ist unbekannt.

64. *Otto Wenzel,* Pastor in Helenendorf/Kaukasus, zuletzt Lehrer in Baku. Von 1925 bis 1930 war er Dozent für hebräische Sprache und Altes Testament am Predigerseminar und auch mein Lehrer. Er wurde 1936 verhaftet und mußte sein geistliches Amt aufgeben. Bis 1939 war er dann frei; im selben Jahr wurde er von der GPU in Baku verhaftet und erschossen. Seine Frau lebte zuletzt in Karaganda.

65. *Gustav Witt,* zuletzt Pastor in Djankoi/Krim, mein Amtsbruder, als in Eupatoria Pastor war. Am 20. 10. 1934 wurde er zu 5 Jahren Straflager verurteilt. Auch mit ihm trafen wir uns im Lager in der Komi-Republik wieder, wo er als Buchhalter arbeitete. Wie es geschah, daß er vorzeitig entlassen wurde, ist mir nicht bekannt, da wir uns nicht verabschieden konnten. Bald nach seiner Rückkehr zur Familie wurde er wieder verhaftet und nach Sibirien verbracht, wo er verschollen ist, was heißen kann: 1937/38 umgekommen!

66. *Samuel Wohl,* als Theologiestudent vertrat er mich eine Zeitlang nach meiner Verhaftung an der St. Annengemeinde in Leningrad. Ostern 1935 wurde er verhaftet und im Dezember zu 6 Jahren Straflager verurteilt. Sein weiteres Schicksal ist unbekannt.

67. *Wilhelm Zimmer,* zuletzt Pastor in Alexejewka/Kaukasus, mein Schüler, wurde am 8. 1. 1935 verhaftet und zu 5 Jahren Straflager verurteilt. Die Haft wurde ihm 1938 um weitere 5 Jahre verlängert. Sein weiteres Schicksal ist unbekannt.

68. *Andreas Zeissler,* zuletzt Pastor in Millerowa/Don, mein Mitstudent und

guter Freund, wurde am 17. 9. 1933 verhaftet. Bei dem folgenden öffentlichen Prozeß (es sollte ein Schauprozeß werden) hielt er eine ausgezeichnete Verteidigungsrede, was ihn aber nicht vor einer Verurteilung bewahren konnte: er bekam 10 Jahre Straflager und wurde in ein Lager im hohen Norden an der Petschora gebracht. Durch den Krieg wurde seine Haft verlängert, da während des Krieges kein Häftling freigelassen wurde! So wurde er erst nach Kriegsende frei und lebte in dem Städtchen Alejsk im Altaigebiet, wo er als Nachtwächter der russisch-orthodoxen Kirche Arbeit fand. Hier wartete er auf Frau und Kind, die irgendwo in Internierung waren, aber ein Wiedersehen erlebte er nicht mehr! Eines Nachts wurde er überfallen, ermordet und seine Leiche in den nahen Fluß geworfen; erst nach Monaten fand man die Leiche, als sie, obwohl sie mit Steinen beschwert war, an die Wasseroberfläche aufgetrieben wurde. Die Miliz hatte sich wenig Mühe gemacht, Licht in das Dunkel des Mordes zu bringen, denn was lag ihr schon daran, daß ein internierter Deutscher, dazu noch ein „Pfaffe", erschlagen worden war! Dies geschah im Jahr 1946; ob dies der letzte Pastorenmord war?

68 Namen sind hier aufgeführt, 68 Märtyrer des christlichen Glaubens. Gewiß fehlen manche, weil viele verschollen sind und ihr Ende in Dunkel gehüllt ist. Überhaupt nicht genannt sind die Ungezählten, die standhaften Christen, die Unerschrockenen, die trotz der Verfolgung das Gemeindeleben weiterführten, bis auch sie von der GPU „abgeholt" wurden und um ihres Glaubens willen leiden und sterben mußten! Sie konnten hier nicht genannt werden, weil niemand ihre Zahl und ihre Namen kennt. Aber bei Gott sind sie nicht vergessen! „Ihre Namen sind im Himmel geschrieben!"

Die blutigen Christenverfolgungen unter Stalin haben wieder einmal bewiesen, daß Kultur und Zivilisation, wenn sie gottfeindlich sind, das Tier im Menschen nicht bändigen können und schließlich in Grausamkeit und Brutalität, in blutige Verfolgung Andersdenkender ausarten.

Wenn wir hier die Namen unserer Glaubenszeugen nennen, dann erfüllen wir damit die Mahnung des Hebräerbriefs: „Gedenket eurer Lehrer"! Dieses Gedenken soll auch zugleich eine Selbstprüfung sein, besonders für die Älteren unter uns, die die Schreckenszeit der Verfolgung erlebt und überlebt haben. Sie wurden Zeugen, wie ihre Pastoren weggerissen wurden von der Familie und ihre Frauen plötzlich allein dastanden mit ihren Kindern und nicht wußten, wie es nun weitergehen sollte. Habt ihr euch ihrer angenommen oder sie gemieden, aus Angst, selbst dadurch in Schwierigkeiten zu kommen? Gedenket an das Wort Jesu: „Ich bin krank und gefangen gewesen und ihr habt mich nicht besucht"! (Matth. 25,43).

„Gedenket!" — Hinter jedem Namen der hier Aufgeführten steht ein zerstörtes Eheleben, ein zerschlagenes Familienglück, ein ausgelöschter Zukunftstraum! Die alleingelassenen Ehefrauen werden alle zu Witwen, die Kinder zu Waisen. Und diese Pastorenkinder waren von Anfang an leidgeprüfte Menschen, von den Schulbehörden zurückgesetzt, von den Mitschülern als „Pfaffenkinder" verspottet!

„Gedenket!" — Von diesen Männern, unseren Pastoren, ist keiner zu seiner Familie zurückgekehrt, keiner Pastorin war die Freude des Wiedersehens mit ihrem Mann beschieden, keine hat je erfahren, wo ihr Gatte bestattet, richtiger, verscharrt worden ist!

Vor der Verhaftung schon lebten sie in Angst und banger Erwartung Tag und Nacht. Wie oft wurden sie zu qualvollen Verhören zur GPU vorgeladen und wußten nicht, ob sie wieder zu ihrer Familie zurückkehren würden? Bedroht, wie ein gehetztes Wild verfolgt, immer in Gefahr, verhaftet zu werden, den „Brotsack" griffbereit!

Und *nach* der Verhaftung?! — Von Verhör zu Verhör gebracht bei Tag und bei Nacht, aus dem Schlaf gerissen oder des Schlafes überhaupt beraubt, von Hunger gequält — so schleppten sich die Tage der Haft dahin. Bei den Verhören wurden sie verspottet, geschmäht und bedroht: „Wenn du nicht endlich sagst, was wir von dir verlangen, dann lochen wir deine Frau, deinen Vater, deine Mutter ein und lassen sie im Gefängnis verfaulen!" Durch monatelange Einzelhaft sollten sie mürbe gemacht werden. In grenzenloser Einsamkeit grübelten sie der Frage nach: was ist Zeit? wie bringe ich sie herum? Von Entbehrung entkräftet, wankten sie die Zelle auf und ab: „noch einmal satt essen, noch einmal ein Stück Brot, dann . . ., ach, Herr, erbarme dich!" Ihr Leben war zuletzt nur noch Angst und Leiden!

Ja, „gedenket an euere Lehrer, die euch das Wort Gottes gesagt haben!" Denn „diese sind's, die gekommen sind aus großer Trübsal und haben ihre Kleider gewaschen und haben ihre Kleider hell gemacht im Blut des Lammes. Sie wird nicht mehr hungern noch dürsten; es wird auch nicht auf sie fallen die Sonne oder irgendeine Hitze; denn das Lamm mitten auf dem Stuhl wird sie weiden und leiten zu den lebendigen Wasserbrunnen, und Gott wird abwischen alle Tränen von ihren Augen" (Offb. 7,15.17).

PETER SCHELLENBERG

DIE KIRCHE DER ÜBERLEBENDEN

Lutherische Gemeinden in der Sowjetunion 1938—1982

Nach dem Untergang

Im Entwurf zu einer Predigt, die er 1928 bei der Allgemeinen Evangelisch-Lutherischen Konferenz in Hamburg hatte halten wollen, zu der zu reisen er aber gehindert war, hatte der 1934 verstorbene Bischof Theophil Meyer, um die Lage des rußlanddeutschen Luthertums zu verdeutlichen, das Bild vom „Sachalinschen Weizen" gebraucht: Diese halb baum- halb strauchartige Pflanze, auf jener Insel im Stillen Ozean zu finden, wächst im Laufe des kurzen nordischen Sommers zu mächtigen Wäldern heran. Wenn der Frost eintritt, sterben sie ab, nur das Wurzelwerk übersteht den Winter und wächst im Sommer danach wiederum zu einem unübersehbaren Geflecht von Trieben, Zweigen, Blüten und Früchten heran. „Wenn auch die Fröste der letzten Jahre den Wald unserer Kirche vernichtet zu haben scheinen ... , so glauben wir doch, daß die Wurzeln des Luthertums noch vorhanden sind und daß die Wurzeln wieder neue Triebe hervorbringen werden. Darum verzweifeln und verzagen wir nicht. Darum pflegen und bewachen wir den Garten unserer teuren Kirche in der Hoffnung, es muß doch Frühling werden"[1]).

Was der Bischof nicht wissen konnte, dann aber in den sechs Jahren bis zu seinem Tode schmerzlich hat erfahren müssen: der Prozeß des Absterbens all dessen, was die Evangelisch-Lutherische Kirche in der Sowjetunion zu jener Zeit als eine sich öffentlich in Zeugnis, Gottesdienst und Sammlung der Gemeinde manifestierende Körperschaft ausmachte, war, von seinem Ende her betrachtet, im Jahre 1928 noch nicht zuendegekommen, sondern erst in seinen Anfängen begriffen. Und was damals noch als Zukunftsaufgabe verstanden werden konnte — die Wacht über den anvertrauten Garten, bis der Frühling käme —, das ist der Weg hilflosen Martyriums gewesen. Bestimmend für die Entwicklung war nicht die — weithin vorhandene — Treue und Ausdauer derer, denen die Gemeinden anvertraut waren, sondern eine ideologisch fixierte Macht, die nicht ruhen wollte, bis christliches Zeugnis in dem ihrem Zugriff offenen Bereich ausgelöscht war. Wollte man ein Datum für das Ende nennen, es müßte der 7. August 1938 sein, als die Gottesdienstbesucher der Moskauer Petri-Pauli-Kirche — nachdem 1936 der letzte Pastor, Alexander Streck verhaftet worden war, hatten auch hier nur noch Lesegottesdienste gehalten werden können — vor verschlossene Kirchentüren kamen[2]). Diese nach unserem Wissen letzte Kirchenschließung markiert das Ende des langen Untergangs der Evangelisch-Lutherischen Kirche Rußlands.

Das Datum eines neuen Anfangs, an dem in der Sowjetunion einer evangelisch-lutherischen Gemeinde wieder eine legale Existenz im öffentlichen Leben eignet, ist die Aushändigung der Registrierungsurkunden an den Pastor der Gemeinde in Akmolinsk (1961 umbenannt in Zelinograd), Eugen Bachmann am 10. Juli 1957[3]).

Aber beide Daten, die einen Zeitraum von nahezu zwei Jahrzehnten markieren, in dem es unter den deutschstämmigen evangelisch-lutherischen Christen und ihren Glaubensverwandten der anderen Nationalitäten keinerlei sichtbares Kirchenwesen gab, tragen doch den Charakter mehr zufälliger Festlegungen. Schon seit Ende der zwanziger Jahre hatte vielerorts von einem geordneten Gemeindeleben nicht mehr die Rede sein können. Für die meisten Betroffenen begann die Zeit jenes „unterirdischen" Christentums[4]) weit früher, nämlich in dem Augenblick, da ihnen das Kirchengebäude weggenommen wurde oder da sie nach Jahren der Bedrückung und Anfeindung verhaftet wurden und der lange Weg durch die Gefängnisse, Lager und Verbannungsorte begann, von dem es für viele keine Wiederkehr gab.

Das gleiche gilt für die Datierung des Neuanfangs: Jener offiziellen Registrierung einer ersten Gemeinde waren — zumindest mit dem Einsetzen der Periode der „Entstalinisierung", aber auch schon davor — Zeiten der Gemeindebildung, und das, wie wir heute wissen, an zahlreichen Orten, vorausgegangen. Andererseits dauerte es noch einmal ein Jahrzehnt bis gegen Ende der sechziger Jahre, bis auch woanders evangelisch-lutherische Gemeinden offizielle Anerkennung erfuhren.

Es bedarf keiner Begründung, warum die Nachrichten über das geistliche Leben unter den hunderttausenden ihrer Kirchen, ihrer Pfarrer, ihrer Gottesdienste, kurz: ihrer äußeren christlichen Existenz beraubten rußlanddeutschen evangelischen Christen spärlich geblieben sind. Wo äußere Daten und Dokumente fehlen, können nur die persönlichen Berichte vieler Einzelner die Quelle sein, und jeder der Berichtenden kann nur erzählen von dem, was in seinem Kämmerlein (so er es überhaupt hatte!) und unter denen geschah, die zu zweit oder zu dritt im Namen Jesu Christi beieinander waren. Dennoch: vielfach wird uns bezeugt, daß auch in den beiden Jahrzehnten tiefster Erniedrigung der Segen des Gebets und des Umgangs mit dem Wort Gottes nicht erlosch; anders stand es weithin in der Sakramentspraxis. Es gab also eine innere Kontinuität, nach rückwärts über den genannten Schlußpunkt hinaus in das geistliche Erbe der alten Evangelisch-Lutherischen Kirche Rußlands in ihrer Bekenntnistreue und in ihrer vom Pietismus geprägten Frömmigkeit, und nach vorwärts in die Zeit des Wiederzueinanderfindens und der neuen Vergewisserung der nunmehr vielleicht dreihundert uns bekannten deutschstämmigen evangelisch-lutherischen Gemeinden in dem weiten Raum der Sowjetunion.

Zunächst waren es wohl noch viele kleine Brüder- und Gemeinschaftsgruppen, unter denen Verkündigung, Andacht und Gebet fortlebten, aber auch diese Äußerungen gemeinschaftlichen Glaubenslebens wurden zunichte in dem Maße, wie Verfolgung und Deportation, welche der deutschen Volksgruppe besondere Wunden schlugen, die Menschen auseinanderrissen bzw. in äußertes Elend, Haft, Folter und Tod führten. Die erste große Verfolgung unter Stalin Ende der zwanziger Jahre hatte unter dem Zeichen der rücksichtslosen Kollektivierung gestanden und hatte bereits — durch die Enteignung und Verbannung all derer, die Widerstand leisteten bzw. als geistige Urheber des Widerstandes angesehen wurden — unter den tragenden Schichten der lutherischen Kirche große Lücken gerissen. Mitte der dreißiger Jahre, also zur Zeit des Untergangs der lutherischen Kirche, als der Stalinsche Terror zu einem zweiten Höhepunkt kam, fielen vor allem Bürgertum und Intelligenz den Verfolgungen anheim, wobei die politische Spannung zwischen der Sowjetunion und dem Dritten Reich den Rußlanddeutschen im Vergleich zu den anderen Nationalitäten nicht nur durch das Abgeschnittensein von der alten Heimat, sondern auch durch die politischen Verdächtigungen zusätzliche Opfer auferlegte.

Wer weiß, ob die Archive sich je zur Erhellung dieses so dunklen Kapitels in der russischen Geschichte öffnen werden. So sind denn alle Zahlen mit Vorsicht aufzunehmen. Trotzdem: Untersuchungen, die in der kurzen Phase der deutschen Besetzung in deutschen Siedlungen des Schwarzmeergebietes unternommen wurden, legen die Annahme nahe, daß schließlich jeder dritten Familie der Ehemann und Familienvater genommen war. Die Last des Lebens lag vielfach bei den Frauen. Über ihre Tapferkeit und Geduld ist schon viel gesagt worden — daß das Licht evangelischen Glaubens auch in der schwersten Zeit niemals ganz zum Erlöschen kam, hat zu einem nicht geringen Teil hier seinen Grund.

Der Zweite Weltkrieg

Den dritten und schwersten Einschnitt im Leben der Rußlanddeutschen — und keiner unter ihnen, der davon unbetroffen blieb — bedeutete der Ausbruch des Krieges zwischen Deutschland und der Sowjetunion im Sommer 1941. Sie erlitten nun das gleiche Schicksal, das im Winterkrieg mit Finnland 1939/40 die finnische Bevölkerung mit der Deportation an das Weiße Meer, nach Sibirien und Turkestan ereilt hatte: Am 28. August 1941 verfügte ein Dekret des Präsidiums des Obersten Sowjet die Aufhebung der Autonomen Wolgadeutschen Republik sowie die Zwangsdeportation der wolgadeutschen Bevölkerung, unter der sich, so der Wortlaut, „tausende und zehntausende von Diversanten und Spionen', die auf ein von Deutschland zu gebendes Signal Sabotageakte ... auszuführen haben ...," befänden. (In einem Rehabilitierungsdekret 1964 wurde diese Beschuldigung für unbegründet erklärt — die Folgen, der Verlust der Heimat und des persönlichen Besitzes, allerdings nur zu einem sehr geringen Teil beseitigt, ganz abgesehen von dem nicht mehr reparablen immateriellen Schaden.) Innerhalb von 24 Stunden wurden sämtliche an der Wolga ansässigen deutschstämmigen Einwohner, insgesamt wohl 350 000 Menschen, in Güterwagen „verladen" und in oft wochenlanger Fahrt in die Verbannungsgebiete in Sibirien und Mittelasien gebracht. Bestenfalls durften sie einige Kilo Gepäck mitnehmen; viele alte Menschen und Kleinkinder überstanden schon die Strapazen der Reise nicht. An den neuen Orten wurden die Neuankömmlinge sofort zur Erntearbeit herangezogen, man behandelte sie als Internierte. Die armselige Ernährung, die primitiven Unterkünfte — gelegentlich war es nicht mehr als eine Erdhöhle —, harte Arbeit und das rauhe Klima hatten auch bei den Gesunden bald Entkräftung und Erschöpfung zur Folge. Viele haben das Elend der Deportation nicht lange überlebt.

Schon am 21. August waren die Krimdeutschen in den Nordkaukasus und später nach Kasachstan umgesiedelt worden, und bald nach den Wolgadeutschen auch die Deutschen im Kaukasus. Im März 1942 schließlich wurden die Leningrader Deutschen deportiert. Unangetastet, soweit nicht schon die Verfolgungen der Jahre zuvor ihre Opfer gefordert hatten, blieben nur die Siedlungen westlich und östlich des Ural sowie in Sibirien, die schon zur Zeit des Ersten Weltkrieges bestanden hatten.

Ein besonderes Schicksal hatten die etwa 350 000 Schwarzmeerdeutschen zwischen den Flüssen Dnjepr und Dnjestr. Zunächst blieb ihnen aufgrund des schnellen Vordringens der deutschen Truppen der Abtransport erspart. Für kurze Zeit lebte nach der Besetzung in vielen Dörfern auch das kirchliche Leben wieder auf; nach allem, was vorausgegangen war, konnte

Für kurze Zeit blüht nach dem deutschen Einmarsch das kirchliche Leben wieder auf: Kirchgang in Alexanderhilf bei Odessa.

man die deutschen Besatzungstruppen unter den Deutschstämmigen nur als Befreier empfinden.

Auch einige deutsche Siedlungen bei Leningrad wurden von deutschen Truppen eingenommen, bevor die Bewohner noch in die Verbannung hatten abtransportiert werden können. Pfarrer A. Rohlfs, damals eingezogen zur Wehrmacht, schrieb über seine Erfahrungen in einem Dorf, das vor dem Ersten Weltkrieg von 500 Deutschen bewohnt gewesen war und in dem jetzt noch 200 übriggeblieben waren, in einigen Feldpostbriefen an seine Frau:
„4. Advent, 21. 12. 1941
... Ich darf Hl. Abend als Pfarrer hier wirken. War gestern bei dem Dorfschulzen. Die Deutschen hatten sich schon Erlaubnis geholt und dürfen in dem Saal ihres früheren Kinderheims zusammenkommen. Die Kirche ist

ganz in Unordnung, Bühne drin usw. In den nächsten Tagen ziehen Frauen los, scheuern, schrubben und machen den Raum sauber. Einen Baum besorgen sie, Kerzen bringe ich ihnen, kriege von den Kameraden genug dafür. Du glaubst nicht, wie sich die Leute freuen. Sie baten gleich, ich möchte doch am 1. Feiertag auch Kirche halten. . .

25. 12. 1941

... Am 23. ging ich zum Ortsschulzen Karl Schäfer, etwa 800 Meter von hier. Ich brachte ihm Kerzen für den Weihnachtsbaum. Da erfuhr ich, daß die Deutschen nicht wie beabsichtigt den Saal im Kinderheim benutzen wollen, sondern daß sie ihre Kirche mit viel Arbeit in Ordnung gebracht haben. Tagelang haben sie den Theaterkram und Sonstiges rausgerissen, die Fenster heilgemacht und die ganze Kirche gescheuert. Und das bei der Kälte von 28 Grad. Hl. Abend um 15 Uhr begann die Christvesper. Ich ging mit dem Schulzen hin. Auf der Bühne war ein kleiner Tisch mit weißer Decke aufgestellt. Der schöne Altar, die Kanzel, die Orgel, alles ist ja längst entfernt. Zwei schöne Bäume hatten die Leute zurechtgemacht, die Füße dafür erst neu hergestellt. Es gibt hier noch etwa 200 Deutsche, es kamen aber weit über 200 Menschen, auch Finnen und Russen. Ich fragte den Bürgermeister, ob die Deutsch verständen. Nein, aber sie haben doch Andacht und Gemeinschaft! Wir sangen: Stille Nacht ... Es ist ein Ros ... Vom Himmel hoch ... O du fröhliche ... Wie der Gesang den Raum erfüllte! Schöne Stimmen dabei! Mit den Kindern, denen sie seit Jahren solche Lieder nicht beibringen durften, hatten sie in den letzten Tagen in manchen Häusern die Gesänge geübt. Ich sprach ein Dankgebet, daß die Kirche nun wieder Gotteshaus sein dürfe, las die Weissagungen und die Weihnachtsgeschichte und sprach über die Botschaft: Siehe, ich verkündige euch große Freude ... Wie herrlich, wenn man solch einer so schwer geprüften Gemeinde diese Freude verkündigen darf! Der erste Gottesdienst nach 7 Jahren! Ich sah da, wo einst die Orgel stand, die Löcher für die Kinoapparate. Vor einer solchen Gemeinde habe ich noch nie gestanden. Ich deutete an, daß das Christkind hier wie einst keinen Raum haben sollte. Welch eine Ergriffenheit! Beim Segen spürte ich richtig, wie hungrig die Menschen danach waren. Ich hatte wegen der noch folgenden Feiern eigentlich keine Zeit, kam aber nur langsam raus. Viele Hände streckten sich mir entgegen und dankten. Andere baten um Taufe ihrer Kinder, Russen ließen fragen, ob ich nicht einen russischen Gottesdienst halten könne, sie möchten auch mal wieder Gottes Wort hören. Ein alter Mann bettelte richtig: Kommen Sie doch zu meiner kranken Frau und reichen Sie ihr das Hl. Abendmahl!

... Am liebsten wäre [zum Abendmahlsgottesdienst heute nachmittag] *die halbe Batterie mitgegangen, aber wir müssen ja immer feuerbereit am Geschütz bleiben. Heute waren aber doch 2 Mann mit, halfen mir tragen usw. Die haben auch mal gezählt: über 250 Menschen, und viele mußten umkehren, die Leute standen bis auf die Straße. Sitzen konnten nur wenige, da Bänke fehlen. Ich versuchte es mit der hier üblichen Liturgie, hatte leider keine Noten, aber es ging gut. Ich selbst sprach natürlich die Liturgie, haben die Pfarrer hier früher auch getan. Ich predigte über Jes. 9: Das Volk, das im Finstern ... Während der Predigt wurde das Arifeuer mal so stark, daß viele ängstlich dreinschauten und ich laut sprechen mußte, um verstanden zu werden. Aber die Einschläge blieben weiter weg. Gestern Abend war es ruhig, aber nachts herrschte dolles Feuer an unserer Front. Zum Abendmahl kamen über 40 Gäste, viele konnten des Gedränges wegen nicht nach vorn. Manche — das erfuhr ich leider erst hinterher — trauten sich wegen ihrer Kleidung nicht zum Sakrament. Aber innerlich feierten wohl alle mit. Ich kam wieder nur langsam raus.*

Ich dachte in dieser Kirche mehrmals an die ehemaligen Pfarrer hier. Die letzten hießen Hansen und Simon. Hansen ist zu 10 Jahren verurteilt, vermutlich tot. Aus dem Pfarrhaus hat er schon vorher rausgemußt, hauste in einer Mietwohnung. Seine Frau hatte 5 Jahre bekommen. Sie leitete einst den Kirchenchor. Nach der Entlassung war sie nochmal 2 Jahre hier, wurde dann wieder verhaftet. 3 Söhne sind verschollen. Auf Hansen folgte Simon, der aber nach wenigen Jahren 1934 auch zu 5 Jahren verurteilt wurde. Er müßte eigentlich frei sein, doch man weiß nichts von ihm. Seine Frau — sie waren nur ein Jahr verheiratet — soll in Leningrad sein...

... [Dann das] *Krankenabendmahl. Die Frau des alten Mannes lag elend da, 58 alt. Eine Tochter, 35 alt, mit Kind war anwesend, ihr Mann (Russe) ist in Gefangenschaft. Eine andere Tochter mit 2 Kindern und ein Sohn sind in Leningrad. Die Menschen haben viel durchgemacht, ich kann das gar nicht so schildern. Die anwesende Tochter z. B. hat 1938 sieben Monate gesessen, weil sie 1927 im Kindergottesdienst mithalf und für Beibehaltung der Gottesdienste unterschrieb. Es durfte nämlich nur Kirche sein, wenn sich 20 Personen dafür gemeldet hatten. Im Gefängnis hat sie gleich ihre „Schuld" unterschrieben, um Peitsche und andere Marter zu vermeiden. Sie hat anfangs in einem engen Raum mit 15 Frauen zusammen gehaust, Klosett mit drin. Nur die Hälfte konnte nachts auf Matratzen liegen, sie wechselten sich ab. Im Sommer durften sie täglich 5 Minuten raus, im Winter wöchentlich 1—2 mal 10 Minuten. Die Leute schmieren aber mit diesen*

Erlebnissen nicht etwa auf, ich mußte alles erst aus ihnen herausfragen. In dieser Familie war ich bei reifen Christen. Offen sprach die Kranke davon, daß sie den Tod erwarte. Ich zündete 2 Kerzen an, hatte Keks als Oblaten mitgebracht. Wir sangen „Befiehl du deine Wege ...", sie sangen auswendig mit. Auch die Beichte sprachen sie auswendig mit. „Ich hätte nie gedacht, daß ich das Hl. Mahl nochmal feiern würde. Nun kann ich ruhig sterben, wenn Gott es will." Du kannst Dir nicht vorstellen, wie dankbar diese Menschen waren. Gott schicke unseren Gemeinden daheim solchen Hunger nach Seinem Wort und Sakrament! ...

... Soweit Auszüge aus meinen Briefen. Ich habe damals noch etliche Verstorbene beerdigt. Wenn ich in das Trauerhaus kam, sangen die Leute schon Lieder aus ihrem Gesangbuch bzw. auswendig. Ein paar Wochen nach Weihnachten wurden die Dorfbewohner endlich aus dem Frontbereich umgesiedelt in ein Lager in Westpreußen. Etliche Tage vorher kam ein Parteiredner aus dem Reich und hielt eine gewaltige Rede. Sie könnten sich freuen, daß der Führer sie heimholt in's Reich. Er versprach ihnen sehr viel. Ich habe dann noch einen Abschiedsgottesdienst gehalten und dabei wesentlich andere Töne angeschlagen. Ich sprach über das Wort Gottes an Abraham: „Gehe aus deinem Vaterland und aus deinem Vaterhaus in ein Land, das ich dir zeigen will." Ich fügte den Psalmvers hinzu: „Befiehl dem Herrn deine Wege..." Ich habe betont, wie schwer es ist, die Heimat aufzugeben und in's Ungewisse zu gehen. Darum sei es so wichtig, daß sie ihren Glauben mitnehmen..."

Man brachte die Dorfbewohner später in die Dörfer vertriebener Polen im sogenannten „Warthegau", wohin beim Rückzug 1944 auch die 350 000 Schwarzmeerdeutschen umgesiedelt wurden. So werden sie wohl auch das spätere Schicksal der Schwarzmeerdeutschen geteilt haben. Beim weiteren Vorrücken der Roten Armee brachte man sie weiter nach Westen. Eine große Zahl von ihnen, die nun schon zweimal das Zuhause hinter sich hatten lassen müssen, erlitt nach dem Zweiten Weltkrieg ein noch härteres Los als ihre zu Beginn des Krieges deportierten Leidensgenossen. Rund 250 000 Schwarzmeerdeutsche wurden − z. T. sogar aus den westlichen Zonen an die sowjetische Besatzungsmacht ausgeliefert − in die Verbannungsgebiete gebracht, weil sie als sowjetische Staatsbürger galten; etwa 30 000 entgingen diesem Schicksal und konnten nach Nord- und Südamerika auswandern, etwa 70 000 blieben in der Bundesrepublik.

Zurück zu jenen schon am Anfang des Krieges Deportierten. Einige Wochen später, nachdem sie irgendwo im asiatischen Teil der Sowjetunion bei der Einbringung der Ernte mitgeholfen hatten, traf die Familien mit der Einberufung der Männer zur sogenannten „Trudarmia", der Arbeitsarmee, die nichts weiter war als die in Rußland schon längst vor der Revolution traditionelle Form der Verschickung von Gefangenen zur Zwangsarbeit, ein neuer Schlag; im Jahre 1942 wurden auch die Frauen, außer den Müttern von Kleinkindern, „einberufen". Man nutzte ihren Arbeitseinsatz beim Eisenbahn- und Straßenbau, in den Bergwerken und in der Kriegsindustrie, bei der Waldarbeit und in der Landwirtschaft.

Zunächst blieben die Rußlanddeutschen westlich des Dnjepr von der Deportation verschont. Beim Rückzug der deutschen Truppen zogen sie in langen Trecks in den „Warthegau".

In vielen Zeugnissen wird uns aus dieser schwersten Zeit der Rußland-deutschen berichtet, in der man das Schicksal derer, die den Kälte- oder Hungertod oder einfach vor Entkräftung starben, oft nur als Barmherzig-keit ansehen konnte[5]). Neben allem anderen hatte diese Zeit auch zur (auch heute noch nicht überwundenen) Folge, daß die Kinder und jungen Menschen auf jede Schulbildung verzichten mußten. Am schwersten aber wog die Trennung. Den Lagerinsassen war lange Zeit jeglicher Briefverkehr verboten. Es war nicht die Ausnahme, sondern die Regel, daß engste Angehörige über ein Jahrzehnt oder länger nichts voneinander wußten.

Ganz gelegentlich finden sich in den uns vorliegenden Berichten Andeutungen darüber, daß auch in der schwersten Zeit christliches Gemeinschaftsleben nicht überall erloschen ist. Man faltete miteinander die Hände an Kranken- und Sterbebetten; man tröstete den anderen mit einem Bibelwort, und daß das Gesangbuch (insbesondere das, was man daraus auswendig wußte!) ein Gebetbuch ist, hat sich damals tausendfach bewährt.

Es gibt bereits aus der Zeit des Krieges Zeugnisse darüber, daß Menschen zu gottesdienstlichen Versammlungen in den Häusern zusammenkamen[6]). Aber dies dürfte wohl nur im Ausnahmefall möglich gewesen sein — vor allem in den deutschen Dörfern im asiatischen Teil der Sowjetunion, deren Bewohner nicht abtransportiert worden waren, und auch dann wohl nur, wenn es verständnisvolle Funktionäre und Vorgesetzte gab. Sogar in den Lagern der „Trudarmia" kam man hier und da unter den großzügigen Augen von Aufsehern in einer Unterkunft zu regelmäßigen Gebets- und Bibelstunden zusammen.

Es bedarf keiner großen Phantasie, um sich vorzustellen, welche Fragen, Anfechtungen und Zweifel die Menschen bedrängt haben. Dies wird uns im übrigen auch mannigfach bezeugt. Um so größer unser dankbares Erstaunen, schon an der Sprache der meisten Berichte zu erkennen, wie tief die Botschaft des christlichen Glaubens in den Herzen verankert war, und zahlreich sind die Zeugnisse, die uns dartun, daß auch in den Tiefen und Ausweglosigkeiten das Vertrauen auf das fürsorgliche Handeln Gottes nicht erloschen war. Selbst bei denen nicht, die es niemals ausdrücklich gelehrt worden waren. In dem Bericht eines heute Fünfzigjährigen, der schon als Kind von seinen Eltern getrennt wurde, lesen wir[7]):

„Hier [in der Bundesrepublik] *bin ich zum ersten Mal in meinem Leben in einer Kirche gesessen. Kann jeden Sonntag in die Kirche gehn. Einen Gottesdienst hab ich früher nicht gekannt. Wo wäre einer gewesen? In Taischet? In Taboschar? In Mordavia? Ich versteh überhaupt nichts von der Kirche, hab gar keine Ahnung. Aber ich geh hin. Die Leute beten und singen, der Pfarrer predigt, nicht? — und ich sitz und horch und horch, sperr die Ohren immer weiter auf, damit ich etwas davon erwische, denn ich bin ganz unbelehrt in so etwas. Ich weiß gar nicht, wie man beten tut — also ehrlich gesagt, ich hab gebetet, aber immer nur das eine: Lieber Gott, hilf mir! Ich hab es aber russisch gesagt: Gospodi, pomogi mne! Denn in der Mehrheit denk ich russisch. Das ist von Kindheit an so in mich reingepreßt worden. Manchmal überleg ich: Mensch, das kannst du auch deutsch sagen,*

kommt auch an beim lieben Gott. Aber der liebe Gott ist mir immer so weit weg gewesen. Hab immer nur gewußt, es gibt etwas im Leben, das wir gar nicht kennen, von dem wir gar nichts wissen können. Aber bei solchen Schwierigkeiten, wie ich sie durchgemacht hab — und nicht nur ich, ich will nicht sagen, daß ich der einzige bin — da haben viele Leute im Lager in ihrer Not gesagt: Lieber Gott, hilf mir! Wo's zurückgeht mit der menschlichen Kraft, wo es mit dem Leben zu Ende geht, da heißt es immer: Lieber Gott, hilf mir!

Da siehst du zum Beispiel einen, der daliegt, schon verhungert, und gerade noch auf den Tod wartet. Sagt er: ,,Lieber Gott, hilf mir!" Und auf einmal schaust du, der Mensch fängt an, sich wieder zu bewegen, rappelt sich auf, rupft sich etwas Gras, schält die Rinde von einem Baum, kaut die Rinde und kaut eine Wurzel, und du siehst, wie er sich wieder auf die Beine stellt, und schon geht's mit ihm wieder zum Leben! Und dann sagt er: Es ist wirklich eine Kraft da, die wir nicht erkennen können. Es ist eine Seele, wie man sagt, oder — wie soll ich es nennen — eine Atmung, kommt an von irgendwo und hilft dem Menschen.

Und weil ich das gesehen und gehört hab, muß ich an Gott glauben. An die Seele Gottes. Er hat auch mir immer geholfen, wenn ich am Ende war. Er hilft wirklich. Das ist und bleibt auch so, das hab ich erfahren. Wenn man nur immer sagt: Gospodi, pomogi mne!"

Vom Überleben zu neuen Anfängen

Bis 1955 währt die Zeit tiefen Elends und völliger Entrechtung. So ist es zwar keine Normalisierung, wohl aber ein erster Schritt dahin, wenn nach dem auch in anderen Zusammenhängen schon historisch gewordenen Besuch Konrad Adenauers in Moskau im September 1955 und in seiner Folge der Aufnahme diplomatischer Beziehungen zwischen der Sowjetunion und der Bundesrepublik Deutschland ein Erlaß des Obersten Sowjets am 13. 12. 1955 die Aufhebung gewisser Rechtsbeschränkungen für die Rußlanddeutschen proklamiert, ihnen den Briefverkehr untereinander und zu den Verwandten im Ausland wieder erlaubt und ihnen innerhalb der Sowjetunion wieder eine beschränkte Bewegungsfreiheit gewährt. Zweierlei allerdings bleibt bestehen: das Verbot, in die alten Heimatgebiete zurückzukehren (wie wir inzwischen wissen, ist es einigen wenigen doch gelungen), und die Wegnahme des Vermögens. Das ganze wird proklamiert als ,,Amnestie sowjetischer Staatsbürger, die während des großen Vaterländischen Krieges 1941 bis 1945 mit der Besatzungsmacht zusammengearbeitet haben". Eine regelrechte Rehabilitierung erfolgt erst Jahre später, wiederum ohne eine entsprechende Wiedergutmachung. Trotzdem ist es ein großes Aufatmen. Man kann sich auf die Suche nach den Angehörigen machen, von denen man über ein Jahrzehnt vorher getrennt worden war, und diejenigen, welche einander gefunden haben, können wieder an einem Ort miteinander leben.

Nunmehr beginnt auch eine große Wanderung, aus den unwirtlichen Gebieten des Nordens, von Workuta und vom Eismeer nach Süden, in die wärmeren Gebiete Mittelasiens, in die Republiken Kasachstan, Tadschikistan, Usbekistan, Kirgisien. Eine Volkszählung im Jahre 1959 verzeichnet 1 620 000 Sowjetbürger deutscher Abstammung; von ihnen leben etwa die Hälfte in Weißrußland, etwa 650 000 in Kasachstan und Kirgisien, nahezu 100 000 in Tadschikistan und Usbekistan.

Ein gewisses kulturelles Eigenleben wird wieder möglich: es erscheinen deutschsprachige Zeitungen — die bekannteste ist „Neues Leben", die in Moskau verlegt wird —, es gibt deutsche Radiosendungen, man stellt offizielle Regeln für den muttersprachlichen Deutschunterricht auf, es kann ein Band mit Arbeiten rußlanddeutscher Verfasser publiziert werden[8]).

Eine Wiederherstellung der 1941 aufgelösten Wolgadeutschen Republik allerdings erfolgt nicht — auch nicht, als Ende 1964 mit einem neuerlichen Erlaß des Obersten Sowjet die volle Rehabilitierung der Deutschen erfolgt, verbunden mit der Feststellung, die Anschuldigungen des Erlasses von 1941 seien ein „Zeichen der Willkür unter den Bedingungen des Stalinschen Personenkultes" gewesen.

Auch kirchliches Leben beginnt sich unter den Rußlanddeutschen seit der Mitte der fünfziger Jahre wieder zu regen. Es war nie ganz erloschen gewesen, wie schon angemerkt wurde. Und mancher unter den Deutschen hatte wohl auch schon vorher die Möglichkeit gehabt, am Leben der Gruppen und Gemeinschaften teilzunehmen, welche nach der orthodoxen Kirche die zweitgrößte christliche Glaubensgemeinschaft der Sowjetunion darstellen, die — weithin russischsprachigen — Evangeliumschristen/Baptisten[9]). Schon in den zwanziger Jahren hatten die aus dem ukrainischen Stundismus des 19. Jahrhunderts hervorgegangenen Evangeliumschristen ihre Mitgliedschaft auf zwei Millionen beziffert; das Verbot der Mission unter Russen hatte ihnen, wie auch den seit 1944 mit ihnen vereinigten Baptisten, bis 1905 harte Verfolgungen gebracht. Nach der Revolution hatten sie sich,

ihrer Gegnerschaft zum Zarenregime wegen, einer gewissen Förderung er-
freuen können, die Stalinsche Christenverfolgung allerdings brachte ihnen
die gleiche Unterdrückung wie den anderen Konfessionen. Gleichwohl überstanden sie die Zeit des völligen organisatorischen Ausgelöschtseins wegen
ihrer stark auf die persönliche Entscheidung und Praxis gerichteten Frömmigkeitstradition und ihrer Verankerung im russischen Volke ungleich besser als ihre schon außenpolitisch gesehen vom Sowjetregime als „feindlich"
eingestuften lutherischen Glaubensbrüder. So nimmt es denn auch nicht
wunder, daß nach dem Zweiten Weltkrieg die Zahl der deutschsprachigen
Gemeinden unter den Evangeliumchristen/Baptisten stark zugenommen
hat. Wenn es auch nach der russischen Revolution keine Konfessionssta-
tistik mehr gegeben hat, so sind doch unter den evangelischen Gemeinschaften und Kirchen die konfessionellen Verschiebungen in die freikirchliche
Richtung nicht zu übersehen[10]. Die vom Pietismus begleitete Glaubens-
tradition der evangelisch-lutherischen Kirche Rußlands, mit der sich ihre
Theologen, die oft aus dem Baltikum gekommen waren, von jeher schwer
hatten abfinden können, hatte den Boden für diese Entwicklung berei-
tet.

Evangelisch-lutherische Gemeinden

Es wird uns wegen der spärlichen Quellen und weil es niemanden gibt, der
sich je einen allgemeinen Überblick verschaffen konnte, erst seit jüngster
Zeit bewußt, daß auch evangelisch-lutherische Gemeinden und Gruppen
z. T. schon länger existiert hatten und in den fünfziger Jahren ans Licht
traten, andere sich jetzt an zahlreichen Orten neu bildeten, um regelmäßig
in den Häusern — oder unter freiem Himmel, z. B. auf dem Friedhof, wenn
es anders nicht ging — zu Gottesdiensten, Bibelstunden oder, der alten Sitte folgend, den „Brüderversammlungen" zusammenzukommen.

In dieser Richtung bildet die schon genannte Gemeinde in Zelinograd
wohl keine Ausnahme, allerdings aber hinsichtlich der Tatsache, daß sie als
erste bereits 1957 staatlich registriert[11] wurde und in der Gestalt ihres ersten, von 1955 bis 1972 hier tätigen Pastors Eugen Bachmann am augenfäl-
ligsten den Anschluß an Geschichte und Erbe der alten Evangelisch-lutherischen Kirche Rußlands darstellt. Bachmann — sein eigener Lebensbericht
an anderer Stelle dieses Buches legt uns in diesem Zusammenhang eine
knappe Zusammenfassung nahe — war der einzige überlebende Pastor der
alten Kirche, der nach dem Zweiten Weltkrieg in einer Gemeinde sein Amt

hat ausüben können.

Zwei andere der überlebenden Pastoren seien genannt: Arthur Pfeiffer, 1974 in Moskau verstorben, der im Lager unerträgliche Leiden durchstand und nach dem Kriege vielen leitenden Brüdern in den Gemeinden theologischer Lehrer, kluger Berater und väterlicher Seelsorger geworden ist; und Johannes Schlundt, der in den sechziger Jahren zu Gemeinden in Kasachstan und Kirgisien reiste, um sie seelsorgerlich zu betreuen, und nach 1970 von Prochladny (Nordkaukasus) aus einigen Gemeinden verbunden war. 1973 siedelte er in die Bundesrepublik über[12]).

Noch einige weitere außer den drei genannten Pastoren haben überlebt, einer schloß sich einer Sekte an, andere blieben in den inzwischen angenommenen Berufen — gemäß der nach einem Urteil zur Verbannung und Lagerhaft in der Regel erteilten Auflage.

Die Zahl der evangelisch-lutherischen Gemeinden und Gemeinschaften, verteilt über alle 15 Sowjetrepubliken, vor allem aber in Mittelasien zu finden, läßt sich inzwischen auf mindestens 300 beziffern. Wenn in den nachfolgenden Abschnitten einzelne Gemeinden und Namen derer, die ihnen dienten, genannt werden, so beruht dies auf einer sehr zufälligen Auswahl: sie ist ebenso zufällig, wie die Nachrichten, die bekannt geworden sind. Dennoch lassen sich für die Gemeinden gewisse oft nebeneinander vorhandene Charakterisierungen feststellen, gemäß den Traditionen, die schon im Jahrhundert vor dem Untergang der evangelisch-lutherischen Kirche vorhanden waren: ein mehr institutionelles, auf Schrift, Bekenntnis und Kirche bezogenes Moment, ursprünglich verkörpert in einer Pastorenschaft Dorpater Prägung und wohl auch in einer großen Zahl der sogenannten ,,Küsterlehrer'', und ein mehr charismatisches Moment, verkörpert durch die mehr von der Erweckung bestimmten ,,Brüder''. Gerade das letztere Element, schon immer von erstaunlicher Kraft, war die wesentliche Voraussetzung dafür, daß die Gemeinden als Laiengemeinschaften in solcher Zahl sich haben bilden können[13]).

Zelinograd

Eugen Bachmann war es 1954 gelungen, sich in Zelinograd (damals hieß es noch Akmolinsk) niederzulassen; bis Ende 1955 arbeitete er noch als Straßenbautechniker. Pfingsten 1955 hielt er den ersten Gottesdienst, zunächst in der eigenen Wohnung, dann Sonntag für Sonntag reihum in den Wohnungen und Häusern der rapide wachsenden Gemeinde. Bereits im Herbst des gleichen Jahres konnte ein Haus erworben und zur einen Hälfte

In Zelinograd beim Kanzelvers nach der Predigt. Brautpaare traute Pastor Bachmann nach dem Gottesdienst.

als Gottesdienststätte, zur anderen als Pfarrhaus eingerichtet werden.

Sehr bald schon hatte sich die Kunde von dem Pastor, der wieder Gottesdienst halte — mit Taufe und Heiligem Abendmahl! —, weit verbreitet. Über große Entfernungen strömten Menschen herbei, um den Gottesdienst mitfeiern zu können und das Sakrament zu empfangen. Wieviel war nachzuholen an Taufen, Konfirmationen, Einsegnungen von Ehepaaren! Bachmann hielt in den ersten Jahren an den Sonntagen von neun Uhr morgens bis zum späten Nachmittag ununterbrochen Gottesdienst; wenn eine Gruppe das Bethaus verließ, stand die nächste vor der Tür.

Bereits im Frühjahr 1956 mußte der Betsaal vergrößert werden. Um die gleiche Zeit gelang es auch, zur Evangelischen Kirche in Deutschland und zum Gustav-Adolf-Werk in Leipzig in Verbindung zu treten. Aus Leipzig traf — es war die Zeit politischer Entspannung — bald danach eine Sendung mit einem Harmonium, einem Altarbild und einem Kruzifix ein. Auch Gesangbücher, Katechismen, Bibeln und Andachtsliteratur konnte die Gemeinde damals in Empfang nehmen.

Gewiß hat die Tatsache, daß die Existenz der Gemeinde von Zelinograd und die Tätigkeit ihres Pastors international bekannt geworden waren, in den bald folgenden Anfeindungen und Bedrohungen eine Schutzfunktion gehabt. Im Frühjahr 1957 wurde das Gotteshaus wegen angeblicher baulicher Unzulänglichkeiten behördlich geschlossen. Die Reise eines Gemeindegliedes nach Moskau und die Vorsprache beim Obersten Sowjet brachte einige Wochen später endlich die Registrierung der Gemeinde und damit auch die Möglichkeit, das Bethaus wieder zu benutzen. Negative Folge der Registrierung: Pastor Bachmann mußte fortan auf solche Reisen verzichten, wie er sie vorher über tausende von Kilometern unternommen hatte, um weit entfernte Gemeinden, die ihn gerufen hatten, seelsorgerlich zu betreuen, sie hinsichtlich der Fragen des Gemeindelebens zu beraten und zur Aus- und Weiterbildung der verantwortlichen Gemeindeglieder zu helfen. Ein erster bescheidener Ansatz zu einer überörtlichen Zusammenfassung lutherischer Gemeinden und Gruppen in der Sowjetunion ist damals wieder erstickt worden — so wie das Dekret von 1929, das die Registrierung von Gemeinden regelt, es verlangt.

Die Wende des Jahrzehnts brachte der Gemeinde und ihrem Pastor noch einmal schwere Erfahrungen im Gefolge der von dem damaligen Generalsekretär der KPdSU, Nikita Chruschtschow, inganggesetzten Intensivierung der atheistischen Propaganda und administrativen Bedrückung der christlichen Kirchen, insbesondere der orthodoxen, die in dieser Periode

Nach dem Gottesdienst in Zelinograd

viele noch benutzte Kirchen und bewohnte Klöster, Priester und Mönche verlor. Es kam zu öffentlichen und persönlichen Diffamierungen Bachmanns, man warf ihm u. a. seine – trotz der früher erteilten Auflagen – noch fortgesetzte Reisetätigkeit vor, sein Hausrat wurde beschlagnahmt, ihm persönlich wurde eine Geldstrafe von 70 000 Rubel, dann „ermäßigt" auf 22 000 Rubel, auferlegt. Die Gemeinde brachte die Summe auf, und nach einer an den Rat für Religiöse Angelegenheiten in Moskau gerichteten, von 500 Gemeindegliedern unterschriebenen Beschwerde wurden auch die Anfeindungen und Schikanen eingestellt.

Von nun an mußte Pastor Bachmann die Einschränkung seines Dienstes auf Zelinograd strikt einhalten, hier allerdings blieben Gemeinde und Pastor in der Folgezeit unbehelligt. Zweifellos ging die Bedeutung der Existenz dieser Gemeinde auch jetzt noch weit über die Stadtgrenzen von Zelinograd hinaus. War dies doch — außer den baltischen lutherischen Kirchen — zehn Jahre lang die einzige offiziell registrierte evangelisch-lutherische Gemeinde auf dem Boden der Sowjetunion; war hier doch in der Person des Geistlichen die Verbindung nach rückwärts zur alten Evangelisch-Lutherischen Kirche in der Sowjetunion gegeben; und war doch nur hier für den Lutherischen Weltbund — wenn auch ein geplanter offizieller Besuch in der Gemeinde in der Mitte der sechziger Jahre nicht zustandekam — die Möglichkeit gegeben, an die alten Verbindungen zu den lutherischen Christen deutscher Zunge in der Sowjetunion wieder anzuknüpfen.

Eugen Bachmanns Gesundheit hatte unter den vielerlei Belastungen schwer gelitten. 1972 gelang es, ihm und seiner Frau die Ausreise in die Bundesrepublik zu ermöglichen. Sein Nachfolger war sein langjähriger, von ihm ausgebildeter Helfer Reinhold Müller, der ihn schon oft mit Lesegottesdiensten vertreten hatte; er ordinierte ihn im Abschiedsgottesdienst am 12. März 1972 zum Pastor.

Karaganda

In der mitten im Kohlebecken der wasserarmen kasachischen Steppe gelegenen Gebietshauptstadt Karaganda regte sich unter den hierher Verschlagenen — die ersten kamen schon zu Anfang unseres Jahrhunderts aus den in Landnot geratenen Dörfern an der Wolga, dann seit 1931 ganze Familien als Vertriebene, schließlich Anfang der vierziger Jahre im Zuge der großen Umsiedlungsaktion die Frauen und Kinder, deren Männer zur Zwangsarbeitsarmee eingezogen waren — nach dem Zweiten Weltkrieg schon sehr früh das Verlangen nach der Gemeinschaft unter Wort und Gebet. Gab es in Zelinograd in der Person des Pastors eine Kontinuität von der Vergangenheit her, so kam es hier der Gemeindebildung zugute, daß einige der ersten Siedler aus der erst 1894 in die evangelisch-lutherische Kirche aufgenommenen, ursprünglich als Kolonie der Herrnhuter Brüdergemeinde begründeten Siedlung Sarepta im südlichen Wolgagebiet gekommen waren bzw. da sie die von Sarepta, das auch in die Nachbarschaft stark ausgestrahlt hatte, ausgehende Frömmigkeitstradition mitgebracht hatten. So wird es denn hier noch eher als woanders als Selbstverständlichkeit angesehen worden sein, daß die ersten Hausgemeinden von Frauen geleitet wurden.

Es muß nicht ausdrücklich hinzugefügt werden, daß zugleich — wie eben überall — die erwecklichen Traditionen, die an vielen Stellen der alten evangelisch-lutherischen Kirche wirksam gewesen waren, der Gemeinde wesentliche Impulse für Gottesdienst und Frömmigkeitspraxis vermittelten. Dies um so mehr, als die Abgeschlossenheit die Orientierung an Glaubensgut und Leben der anderen Kirchen und Gemeinden in der eigenen Konfessionsfamilie und der großen ökumenischen Gemeinschaft so gut wie unmöglich machte. Es war unmittelbar vorgegeben (und sollte nicht für vorwurfsvolle Erörterungen über die angebliche „Rückständigkeit" in Sprache und Glaubensaussage zum Anlaß genommen werden), daß die Formulierung und Praxis dessen, was man als allgemein christlich gültig verstand, vor allem als Rückorientierung in die eigene Vergangenheit geschah und noch immer geschieht.

Vor dem Bethaus in Karaganda

Eines der unermüdlichen Glieder der Gemeinde, welche die Gemeinde sammelten, Amtshandlungen in der Umgebung hielten, predigten, war der weithin unter dem Namen „Bruder Johannes" bekannte Johannes Pabst, der schon an der Wolga als Predigerbruder gedient hatte und bis 1956 Pastor in Karaganda war. Wiederholte Drohungen und Verwarnungen seitens der Behörden haben ihn niemals in der Freiheit der Verkündigung beeinträchtigen können. Von einer Übersiedlerin stammen die folgenden Zeilen, mit denen sie sich dieses Zeugen erinnert:

173

Pastor Bachmann am Sarge von Pastor Johannes Pabst

„Also im Jahr 1947 bin ich mal an einem Sonntagnachmittag auf der Straße in der Großstadt Karaganda gegangen, wollte zu meiner alten Nachbarin gehen, Alwine Fritz, so bin ich an einem kleinen Häuschen vorbei, so haben auch Leute draußen gestanden, weil es drinnen ganz voll war, so bin ich auch stehengeblieben. Ja, es gab auch Abendmahl, wie hat es so wohl getan der Seele nach in solchen trüben Stunden nach so langer Zeit mal wieder was von Jesus, dem Gekreuzigten, zu hören. O, es blieb mir unvergeßlich bis heute. Aber doch den Text des Wortes weiß ich nicht mehr, ja, das tut mir leid. Aber nach einem Jahr später habe ich wieder eine Predigt von ihm [Pastor Johannes Pabst] gehört, da hab ich den Text nicht vergessen. O, wie hat alles in Tränen gestanden: Jesus Christus gestern und heute und derselbe auch in Ewigkeit, Amen. So wenige Worte und solch ein Trost. Pastor Pabst war ziemlich alt, ist aber nicht müde geworden und hat das ganze Karaganda versorgt, immer der Reihe nach. So sind die Deutschen im Glauben froh und mutig gewachsen bis 1951. Im Frühling sind zehn Brüder, wo auch er dabei war, verhaftet worden um des Glaubens willen, der Hoffnung des ewigen Lebens, wobei auch ich darunter manches gelitten habe. Ich sollte ein Zeuge sein, aber falsch aussagen. Doch der allmächtige große

Gott hat mir geholfen, bis heute meine Seele und Gewissen bewahrt, ja ihm sei Ehre und Dank. So haben alle zehn Brüder 25 Jahre Gefängnis bekommen. Ich, wie auch viele andere, hatten inbrünstig für sie gebetet..."

Mit inzwischen nahezu 4 000 Gemeindegliedern ist die „Evangelisch-Lutherische Brüdergemeinde zu Karaganda", wie sie sich selber in ihrem Statut nennt, die größte uns bekannte lutherische Gemeinde unter den deutschstämmigen evangelischen Christen in der Sowjetunion. Ende 1969 konnte sie offiziell registriert werden und erhielt ein Grundstück zugeteilt, auf dem in wenigen Monaten ein Bethaus mit zwei Emporen errichtet wurde; die Kosten betrugen 21 000 Rubel, die Arbeiten wurden von den Gemeindegliedern geleistet. Nach der Fertigstellung eines Anbaus bietet das Gotteshaus nunmehr etwa 800 Gottesdienstteilnehmern Platz, noch immer nicht genug für alle, die am Sonntag zum Gottesdienst und zu den Versammlungen kommen. So ist denn die Gemeinde in zwei „Schichten" eingeteilt. In monatlichem Wechsel kommt die erste Gruppe um 10 Uhr, die zweite um 14 Uhr zum Gottesdienst. An die Gottesdienste, die von den Predigern gehalten werden, schließen sich sogenannte „Brüderversammlungen" an, in deren Mitte die Auslegungen von vier Brüdern zu der im Gottesdienst gehörten (Lese-)Predigt stehen.

Etwa 1 700 Menschen besuchen an jedem Sonntag das Gotteshaus; außerdem finden auch mittwochs und samstags Brüderversammlungen und Singstunden statt. In größeren Entfernungen von Karaganda, wo der regelmäßige Kontakt zur Gemeinde aufgrund der langen Wege nicht mehr möglich ist, findet man Hausgemeinden, die sich ihrerseits der einen Gemeinde verbunden wissen. So darf man denn die Zahl derer, die hier regelmäßig unter Gottes Wort zusammenkommen, wohl noch um einige hundert höher einschätzen.

Geleitet wird die Gemeinde entsprechend den staatlichen Regelungen von einem dreiköpfigen Kirchenrat, für Gottesdienst, Taufe und Abendmahl sind zwei Brüder zu Predigern eingesetzt. Man hat, weil sie Lesepredigten halten, auf den Titel „Pastor" verzichtet. Zwei Diakone stehen ihnen zur Seite. Kirchenrat, Prediger und Diakone sind von einem Kreis von zwanzig leitenden Brüdern umgeben.

Im Jahre 1978 wurden in dieser Gemeinde 545 Taufen (darunter etwa 30 Jugendliche und 30 Erwachsene), 106 Konfirmationen und 186 Beerdigungen gehalten. Das freiwillige Opfer, zu dem — wiederum entsprechend dem staatlichen Gesetz — nicht ausdrücklich aufgefordert wird, erbrachte 1978 rund 14 500 Rubel (= 60 000 DM, bzw., wenn man die Einkommensverhältnisse vergleicht, weit mehr!). Die Not der Diasporasituation, dies gilt wohl für die meisten lutherischen Gemeinden in der Sowjetunion, bedeutet keineswegs den materiellen Mangel.

Alma Ata

Auch die Gemeinde in der Hauptstadt Kasachstans wurde, nach einer längeren Wartezeit, im Jahre 1970 registriert und zählt inzwischen mit ihren über tausend Gemeindegliedern (1978) zu den größeren uns bekannten Gemeinden; allein in den Jahren 1976 und 1977 nahm die Zahl der Gemeindeglieder um 400 zu. Im Sommer 1978 konnte die Gemeinde für 10 000 Rubel zwei Einfamilienhäuser kaufen, die man abriß. Das Baumaterial wurde für den Neubau eines größeren Gotteshauses verwendet. Rund 11 000 freiwillige Arbeitsstunden leisteten die Gemeindeglieder. Am 15. Oktober 1978 konnten der lettische Oberpastor Harald Kalnins und der Europasekretär des Lutherischen Weltbundes in einem sechsstündigen (!) festlichen Gottesdienst das neue Bethaus einweihen, das nun nahezu 800 Menschen in einem schön gewölbten Kirchenraum Platz bietet. „Wir erlebten eine Gemeinde, die sich neu zusammenfindet, wächst, einen großen Anteil junger Menschen hat, und in der uns geistliche Neuaufbrüche aufregend deutlich wurden", urteilte der mecklenburgische Landesbischof Dr. Heinrich Rathke nach einem Besuch im Herbst 1980.

Duschanbe

Erster Prediger der Gemeinde in der Hauptstadt der Republik Tadschikistan war A. Döhringer, ein ehemals wohlhabender Bauer aus dem Gebiet von Odessa, der 1931 im Zuge der Kollektivierung der Landwirtschaft als „Kulak" mit Frau und Tochter in das Gebiet von Perm verbannt worden war. Schon in seiner Heimat war er Leiter einer Brüderversammlung (der sogenannten „Stundenleute") gewesen. Dann wurde seine Hütte in einer kleinen Stadt an der Kama der Ort von Betstunden hinter verschlossenen Türen. Nach dem Kriege konnte er aus dem Straflager nach Mittelasien übersiedeln. Seine geschwächte Gesundheit hinderte ihn nicht daran, wiederum eine Gemeinde zu sammeln. Die Gottesdienste fanden auf dem Hof einer Witwe statt: parallel zur Hauswand errichtete man eine zweite Wand, überdachte den gewonnenen Raum und schloß ihn zur Straße hin mit einer weiteren Wand ab. Gerade in der Zeit des Anfangs hatte diese Lösung auch ihre juristische Seite: Es handelte sich nicht um einen geschlossenen gottesdienstlichen Raum, er unterlag also auch nicht den betreffenden gesetzlichen Bestimmungen!

176

In Alma-Ata reicht die Kirche mit ihren vielen hundert Plätzen oft nicht aus für die tausend Gemeindeglieder.

Gottesdienst auf dem Friedhof von Duschanbe

Anfänglich geschah es in nahezu regelmäßigen Abständen, daß Stadtbehörden und Miliz die gottesdienstlichen Zusammenkünfte untersagten. Man kam dann in Privatwohnungen zusammen, und in der warmen Jahreszeit wurde der Platz auf dem Stadtfriedhof zum Ort des Gottesdienstes, wo die orthodoxen Gläubigen sich zum Gebet für die Verstorbenen versammelten. Beinahe ebenso regelmäßig wurden die Verbote wieder aufgehoben, wenn die Gemeinde eine Gruppe zum Stadtsowjet entsandte, wobei der Hinweis auf die Zuverlässigkeit der Gemeindeglieder an den jeweiligen Arbeitsplätzen des öfteren ein mit offenem Ohr aufgenommenes Argument war.

Den Bau eines eigenen Gotteshauses hat der alte Prediger nicht mehr erlebt. Einer seiner letzten Briefe, geschrieben am 30. März 1965 an eine Übersiedlerin, die aus Duschanbe zu ihrem Sohn nach Württemberg hatte ziehen können, spricht von seiner Sehnsucht. Er bestätigt den Erhalt einer Ansichtskarte mit einer Kirche in Württemberg und schreibt:

„Wollte Gott mir gnädig sein und mich lassen noch einmal eingehen in solch ein Haus, und über meinem Haupte mögen die Glocken läuten und die Orgel spielen. Doch es wird wohl nicht mehr sein. Aber bei Gott ist kein

Auf der Kanzel in Duschanbe: Prediger Hermann Geworski

Ding unmöglich. Es geschehe sein Wille ... Es freut mich von Herzen, daß Dir dieses Glück beschieden ist, und Du ein- und ausgehen kannst, jedes Mal, wenn die Glocken rufen, ohne Furcht, aufrichtig vor Gott und Menschen, nicht so wie wir. Doch Gott sei Lob und Dank gesagt, daß er uns so wunderbar geführt und bisher erhalten hat. Ich kann das Amt nicht mehr versehen, ... meine Kraft reicht nicht mehr. Meine Stimme ist schon zu leise ... Seid alle herzlich gegrüßt mit dem Gruß der brüderlichen Liebe von unserer Gemeinde mit Psalm 35, 19—38."

Pfingstsonntag 1977 in Nowosibirsk. Kinder und Jugendliche sind dabei, als Pastor Hansen und Superintendent Kalnins die Gemeinde besuchen.

Seit dem Anfang der siebziger Jahre konnte sich die Gemeinde in ihrem Bethaus ungestört versammeln. Im Mai 1976 erfolgte die Registrierung, und im Oktober des darauffolgenden Jahres konnte ein (mit einem Aufwand von 25 000 Rubeln errichtetes) neues Haus eingeweiht werden, das mit seinen etwa 400 Plätzen noch immer nicht groß genug ist! Oft zählt man 600—700 Gottesdienstbesucher und 500 Abendmahlsgäste. Die für den Ausbau nötigen 14 000 Rubel hat die Gemeinde wiederum binnen kürzester Frist gesammelt.

Es sei noch, wiederum stellvertretend für viele andere in dieser und in anderen Gemeinden, eines weiteren Predigers gedacht. Seit 1950 diente Wilhelm Lindner der Gemeinde in Duschanbe mit Wort und Sakrament. Und noch bis zu seinem Tode im Alter von 96 Jahren blieb er vielen Menschen (täglich 10–20!) ein treuer Ratgeber und Seelsorger. Am 3. Februar 1980 gab ihm – über 12 Kilometer vom Haus bis zum Grab wurde der Sarg getragen – eine große Gemeinde das letzte Geleit.

Nowosibirsk, Omsk, Tomsk

Schon 1967 wurde in der mit über einer Million Einwohner größten Stadt Sibiriens, Nowosibirsk, eine evangelisch-lutherische Gemeinde registriert. 1969 konnte ein Bethaus eingerichtet werden. Der Europasekretär des Lutherischen Weltbundes, Pastor Paul Hansen, konnte bei seinem Besuch im Mai 1977 erfahren, daß hier in den acht Jahren seit der Registrierung 340 Kinder getauft und 140 junge Menschen – nach einer zweimonatigen Vorbereitungszeit – konfirmiert worden waren. Rund 250 eingeschriebene Gemeindeglieder zählte man im Jahre 1980, wozu noch mindestens die gleiche Zahl von Gemeindegliedern in Gemeinschaften im Umkreis zu zählen sind, die von nichtordinierten Brüdern betreut werden.

In Nowosibirsk bestand ebenso wie in den „nächstgelegenen" registrierten Gemeinden in dem 300 km entfernten Omsk und im 600 km entfernten Tomsk bereits vor der Revolution ein Kirchspiel mit Pfarrsitz der evangelisch-lutherischen Kirche.

Syktyvar

185 000 Einwohner zählt die Hauptstadt der Autonomen Republik Komi, 1 200 km nordöstlich von Moskau; etwa hundert von ihnen zählen zur lutherischen Gemeinde, die vor Jahren einmal größer war: eine größere Anzahl von Rußlanddeutschen ist inzwischen in klimatisch günstigere Regionen umgezogen. 1975 wurde die Gemeinde registriert, nachdem schon Ende der fünfziger Jahre zu Hausgottesdiensten eingeladen worden war. 1976 konnte ein Privathaus im Zentrum der Stadt für gottesdienstliche Zwecke eingerichtet werden.

Kotowo

244 km von Wolgograd entfernt, am Rande des früheren Siedlungsgebietes der Deutschen an der Wolga, liegt Kotowo. Die hier registrierte lutherische Gemeinde (es gibt eine weitere in Kamischin) konnte 1978 ihr Gotteshaus

*Syktyvar: Superintendent Kalnins bei der Austeilung
des Heiligen Abendmahls*

errichten, zu welchem 168 Gemeindeglieder mit einem Betrag von 10 000 Rubeln beitrugen, abgesehen von den persönlich geleisteten Arbeiten! Teilweise kommen die Gottesdienstbesucher aus größeren Entfernungen: wohl in der Hälfte der früheren wolgadeutschen Siedlungen gibt es inzwischen wieder deutschstämmige Bewohner, die an einer Reihe von Orten auch zu Hausgemeinden zusammengefunden haben.

Prochladny

Weit über die Grenzen dieser Stadt im Kaukasus mit ihren 75 000 Einwohnern scheint die Ausstrahlung der hier existierenden lutherischen Gemeinde zu reichen, der einzigen in der weiteren Umgebung, die staatlich registriert ist. Die Tatsache, daß im Jahre 1978 etwa 300 Kinder getauft wurden —

Wenn das Bethaus in Prochladny zu klein ist, baut man ein Zelt vor die Haustür!

in einer Gemeinde, die selber nur rund 300 Gemeindeglieder zählt! — macht das deutlich. 1971 wurde sie registriert; das 1978 errichtete Gotteshaus (100 qm) ist für die sonntäglich etwa 400 Gottesdienstbesucher schon jetzt zu klein geworden. An Festtagen stehen viele Gemeindeglieder vor der Tür auf dem Hof, wo bei solcher Gelegenheit oft ein Zelt aufgebaut wird. Bemerkenswert ist in dieser Gemeinde, daß viele jüngere Menschen sich an Gottesdienst und Gemeindeleben beteiligen. Ein Jugendchor singt nicht nur in deutscher, sondern auch in russischer Sprache, durchaus keine Selbstverständlichkeit in den lutherischen Gemeinden, welche durchweg an der deutschen Sprache in Gottesdienst und Verkündigung festhalten.

Pastor Paul Hansen erzählt, wie nach dem Abschied von den Gemeindegliedern in Prochladny, mit viel Tränen auf beiden Seiten, plötzlich 20 junge Mädchen sich eingehakt und um ihn und seinen Reisegefährten, den lettischen Superintendenten Harald Kalnins, einen Kreis gebildet hätten, um die beiden nicht mehr fortzulassen. „Ihr müßt doch heim, und wir beide müssen ins Hotel", habe er gesagt. Und die Antwort sei gewesen: „Wir wollen nicht mehr heim, weil wir mit Euch hier in der Gemeinde zusammenbleiben möchten! Jetzt wissen wir, daß wir nicht allein und vergessen sind!" Hansen fährt fort: „Wenn ich mich von einer solchen Gemeinde verabschiede, denke ich immer, wie beklagenswert kurz das Leben ist, weil ich solche Gemeinden noch viele Jahre besuchen möchte."

Riga

In der Reihe der bisher genannten Gemeinden stellt diese geographisch und kirchlich eine Ausnahme dar. Sie liegt ganz im Westen der Sowjetunion, in Lettland, und sie ist, betreut von einem akademisch vorgebildeten und ordinierten Pfarrer, Teil eines organisierten lutherischen Kirchenwesens. Die innerhalb der lettischen Jesusgemeinde in Riga bestehende deutschsprachige Gemeinde, die zeitweise 400 Glieder zählte, entstand Anfang der sechziger Jahre durch den Zuzug vieler Deutscher aus Mittelasien in die baltischen Republiken. Sie erhofften sich hier eine größere Nähe zum westlichen Europa und bessere Chancen für die Rückwanderung nach Deutschland. Kolchosen und Betriebe warben sie gerne als tüchtige und verläßliche Arbeitskräfte. Betreut wurde diese Gemeinde durch den Gemeindepfarrer der Jesusgemeinde, Oberpastor Harald Kalnins, dem später die Verantwortung für die deutschsprachigen lutherischen Gemeinden in der ganzen Sowjetunion zur Hauptaufgabe wurde, und durch einen hierher übergesiedelten ehemaligen Küsterlehrer, der, Elektriker im Hauptberuf, regelmäßig Lesegottesdienste hielt.

Man rechnet damit, daß es weit über zehntausend Deutschen gelungen ist, in Estland und Lettland ansässig zu werden. Zeitweise sammelten sich deutsche Gottesdienstgemeinden in neun estnischen und drei lettischen Kirchen. Inzwischen ist die Zahl der Deutschen aufgrund der zeitweise tatsächlich günstigeren Möglichkeiten zur Übersiedlung nach Deutschland wieder zurückgegangen.

Petrosavodsk, Leningrad

Schließlich sei in diesem Zusammenhang auf die Existenz zweier Gemeinden hingewiesen, die ebenfalls einen Ausnahmefall darstellen. Unter der Obhut der estnischen Kirche, und über hunderte von Kilometern hinweg von estnischen Geistlichen betreut, stehen die finnischen lutherischen Gemeinden in Petrosavodsk und Leningrad. Die 700 Gemeindeglieder von Petrosavodsk am Onegasee, wo schon früher eine lutherische Gemeinde bestand, in welcher in finnischer, deutscher, estnischer und russischer Sprache gepredigt wurde, kommen in einem Einfamilienhaus zum Gottesdienst zusammen; das zehnjährige Gemeindejubiläum feierten sie 1980 drei Tage lang, damit jeder, der es wollte, in dem kleinen Kirchenraum an einem Festgottesdienst teilnehmen konnte.

Der Leningrader Gemeinde wurde vor einigen Jahren von den Behörden die ehemalige deutsche evangelische Kirche in Puschkin (25 km südlich von Leningrad) als Gottesdienststätte zugewiesen. Im Hinblick auf die lutherischen Gemeinden ist dieser Fall, daß ein enteignetes Gotteshaus, eben noch Autowerkstatt, wieder seinem ursprünglichen Zweck zugeführt wird, einzigartig geblieben.

Auf dem Wege zur Kirchwerdung

Je umfassender das Bild von dem geistlichen Erwachen so vieler Gemeinschaften und Gruppen unter den deutschstämmigen lutherischen Christen in der Sowjetunion und von dem Zusammenfinden zu geordnetem, öffentlichem gottesdienstlichen Leben im Lauf der letzten Jahre geworden ist, um so erstaunlicher erscheint die Tatsache, daß mit dieser Entwicklung bisher keinerlei Aufbau einer umfassenden Kirchenorganisation einhergegangen ist. Der Zusammenhang mit den nationalen Gegebenheiten und mit der unseligen Vergangenheit ist unverkennbar. Besteht doch — von den baltischen Kirchen, von den beiden erwähnten Gemeinden und von den ins

Innere der Sowjetunion deportierten und dort verbliebenen Balten und Finnen abgesehen — eine fast völlige Übereinstimmung der Zugehörigkeit zum deutschen Volkstum und zur lutherischen Kirche.

So ging denn mit dem sehr zögernden Vorgehen des Staates bezüglich der Rehabilitierung der Deutschen, der Wiederherstellung ihrer Rechte und der Gewährung einer gewissen kulturellen Eigenständigkeit eine ebensogroße Zurückhaltung, um nicht zu sagen Behinderung der Registrierung evangelisch-lutherischer Gemeinden einher. Erst recht an einen übergemeindlichen Zusammenschluß war nicht zu denken. Beinahe überflüssig hinzuzufügen, daß alle äußeren Gegebenheiten gegen eine überörtliche Zusammenarbeit der Gemeinden stehen: die Geographie, das gering entwickelte Verkehrs- und Kommunikationssystem, die politischen Verhältnisse in einem Lande, in welchem der Staat kein Interesse an einem über das unvermeidliche Maß hinausgehenden Zusammenkommen der Menschen in einem von ihm schwer kontrollierbaren Bezirk haben kann.

Auch die Rechtslage steht dem Aufbau einer gesamtkirchlichen Organisation entgegen: Rechtlich relevante Körperschaft der Kirche ist für den Staat die örtliche „religiöse Gemeinschaft", die durch mindestens zwanzig „Initiatoren" repräsentiert wird, welche die Registrierung ihrer Gemeinde beim jeweiligen Bezirks- bzw. Gemeindesowjet zu beantragen haben[14]. Immerhin gibt es diese kirchliche Gesamtorganisation nicht nur bei der Russisch-Orthodoxen Kirche, sondern auch beim Bund der Evangeliumschristen/ Baptisten, bei dessen Zerfall Anfang der sechziger Jahre sogar ein gewisses staatliches Interesse an einer Wiedervereinigung unverkennbar war. Allerdings ist bei dieser — zum großen Teil russischsprachigen — Glaubensgemeinschaft das nationale Problem nicht gegeben.

Es ist schon angedeutet worden, daß bereits in den fünfziger Jahren ein erster bescheidener Ansatz zu einer kirchlichen Zusammenfassung des rußlanddeutschen Luthertums gegeben war. Er bestand in der Tatsache, daß die Gemeinden in Zelinograd weit und breit die einzige offiziell registrierte evangelisch-lutherische Kirchengemeinde war. Hierher machten sich Menschen auf weite Reisen, um Amtshandlungen nachzuholen oder um einfach wieder einen Gottesdienst mitzuerleben, bei dem man sich nicht verstecken mußte. Durch seinen Besuchsdienst und durch seine vielfältigen brieflichen Verbindungen verfügte Eugen Bachmann über Kontakte in alle Richtungen und auf allen Ebenen. Eine weitere Voraussetzung bestand darin, daß es ja in Estland, Lettland und Litauen geordnete lutherische Kirchentümer auf sowjetischem Boden gab und gibt. Zumal der bis 1968 amtierende estnische Erzbischof Dr. Jan Kiivit nahm an der Entwicklung lebhaften Anteil und stand Eugen Bachmann als Ratgeber zur Seite. Es ist schon dargelegt worden, daß jener erste sich anbietende Ansatz zur Kirchwerdung sehr bald unter dem Druck der Chruschtschow'schen Kirchenverfolgung zunichte wurde.

Seit Ende der sechziger Jahre hat der schon genannte Pfarrer der Rigaer Jesusgemeinde, Oberpastor Harald Kalnins, mit Genehmigung des Rates für Religiöse Angelegenheiten in Moskau einen ausgedehnten regelmäßigen Besuchsdienst in den deutschen lutherischen Gemeinden in der Sowjetunion beginnen können. Längst sind die hier und da vorhandenen nationalen Vorurteile verstummt, und es ist nicht übertrieben, Kalnins einen heimlichen Bischof der lutherischen Deutschen in der Sowjetunion zu nennen. In vielen Gemeinden hat er sich durch die schlichte und kräftige Art seiner Predigt und durch abgewogenen und sachverständigen Rat viel Vertrauen erworben. Wenn auch die Einsetzung in das Bischofsamt aus kirchenrechtlichen Gründen nicht möglich erschien, so fungiert Kalnins, vorher schon im Konsistorium der lettischen Kirche Leiter eines Referats für die Betreuung der deutschen lutherischen Gemeinden, jetzt als der vom Lutherischen Weltbund anerkannte Superintendent der deutschen Lutheraner in der Sowjetunion. In seiner Person gibt es nunmehr den Anfang für eine Kirchenleitung.

Noch hat die Tätigkeit Kalnins' nahezu ausschließlich charismatische Züge, besteht fast gänzlich in dem, was evangelischerseits das Amt der Kirchenleitung ausmacht: in der Leitung der Kirche durch die Autorität des Wortes Gottes. Aber gerade in dieser Funktion ist Kalnins weithin auf Gehör gestoßen. Er selber beziffert die Zahl der ihm bekannten, teils registrierten, teils noch nicht registrierten Gemeinden und Gemeinschaften auf dreihundert[15]). Nicht zu allen besteht schon eine direkte persönliche Verbindung. Hierzu bedürfte es einer weiteren Durchgliederung, möglicherweise auf der Ebene der Republiken. Ein einzelner Mann jedenfalls ist hierin überfordert.

Die Aufgaben, die einer Lösung bedürfen, sind umfangreich. Sie reichen von der Ordnung des Amtes an Wort und Sakrament, die bisher vielfach (und notwendigerweise) den einzelnen Gemeinden zufiel, über die Ausbildung der Pastoren, Prediger und Predigerbrüder bis hin zur Wahrnehmung der Kontakte zu den staatlichen Stellen wie der ökumenischen Verbindungen im Lande und außerhalb des Landes. Fragen der Gottesdienstordnung wie eines gemeinsamen Gesangbuches sind zu klären. Die Versorgung mit Bibeln, mit der nötigen Predigt- und Andachtsliteratur, mit Lied- und No-

Es fehlt an vielem, auch an Urkunden und
Formularen. Aber der Mangel macht erfinderisch.

tenmaterial ist zu organisieren. Die Gemeinden und ihre Verantwortlichen sind durch Zusammenkünfte, gegenseitigen Austausch und gemeinsame Beratung aus der Isolierung herauszuführen. Auch in dieser Beziehung gilt, daß ein einzelner hoffnungslos überfordert wäre. Superintendent Kalnins müßte von einem Kreis von Mitarbeitern unterstützt werden.

Leider scheint die Bestätigung Kalnins' im Superintendentenamt anläßlich der Konferenz des Lutherischen Weltbundes für europäische Kirchen in Tallinn 1980 der auf Jahre letzte Schritt hin zur Kirchbildung der Lutheraner in der Sowjetunion gewesen zu sein.

Eingebunden in eine Weltfamilie

Die Existenz der lutherischen Gemeinde in Zelinograd und die Tätigkeit ihres Pastors waren, ebenso wie die Tatsache, daß es an vielen anderen Orten in den Neusiedlungsgebieten der Rußlanddeutschen zahlreiche nicht registrierte Hauskreise und Gemeinschaften gab, schon frühzeitig in Deutschland und in ökumenisch engagierten Kreisen der evangelischen Christenheit bekannt geworden. Der während der Periode des politischen Tauwetters nach der Stalinära zunächst recht freizügige Postverkehr und die Berichte der ersten Übersiedler hatten schnell dafür gesorgt. Bald auch waren offizielle Verbindungen hergestellt, nicht zuletzt in Gegenrichtung. Das Hilfskomitee der evangelisch-lutherischen Ostumsiedler (heute „Kirchliche Gemeinschaft der evangelisch-lutherischen Deutschen aus Rußland") engagierte sich für die Glaubensbrüder in der alten gemeinsamen Heimat. Die Zentrale des Gustav-Adolf-Werkes in Leipzig konnte zahllose Bibeln, Katechismen, Bücher und Schriften, Tauf- und Konfirmationsscheine nach Zelinograd auf den Weg bringen. Für das eben errichtete Bethaus erbat Eugen Bachmann, wie schon erwähnt, ein Harmonium („mit starker Stimme, das von einem tüchtigen Gemeindegesang nicht übertönt werde"[16]) – und erhielt es tatsächlich mit Hilfe des damaligen stellvertretenden Ministerpräsidenten der DDR, Otto Nuschke. Leider blieben solche Möglichkeiten ökumenischen Beistandes, verglichen mit dem großen Mangel an Bibeln, Arbeitsmitteln und Literatur, doch nur auf Einzelfälle beschränkt und wurden während der Ende der fünfziger Jahre einsetzenden antikirchlichen Kampagne des Staates radikal beschnitten. Wie bei der Frage der kirchlichen Zusammenfassung der entstehenden Gemeinden wurden auch in dieser Beziehung zunächst vorhandene hoffnungsvolle Ansätze erstickt, und erst seit jüngster Vergangenheit gibt es Zeichen – mehr leider noch nicht – dafür, daß den befreundeten Kirchen und ökumenischen Organisationen die regelmäßige Versorgung der Gemeinden mit dem für Gottesdienst, Verkündigung und Unterweisung notwendigen Schrifttum von den Behörden gestattet wird.

Auch im eigenen Lande konnten die jungen Gemeinden mit der Verbundenheit unter Gliedern der gleichen Konfessionsfamilie rechnen. Die baltischen lutherischen Kirchen, insbesondere der schon genannte Erzbischof Kiivit, aber auch seine Nachfolger und die bischöflichen Amtsträger in Lettland und Litauen nahmen sich, sobald sich die Möglichkeiten dazu ergeben hatten, mit Rat und Fürsorge der Glaubensbrüder in den Weiten des eigenen Landes an. Manches Gesangbuch und manche Bibel, 1939/40 nach der Umsiedlung der Baltendeutschen zurückgelassen, hat in jenen Anfangsjahren den Weg in die eine oder andere Gemeinde in Kasachstan oder anderswo gefunden.

Auch der Lutherische Weltbund war sich von Anfang an bewußt, daß die untergangene Evangelisch-lutherische Kirche in Rußland seit 1923 Mitgliedskirche des Lutherischen Weltkonvents gewesen war. Eine der vorrangigen Gemeinschaftsaufgaben des Weltkonvents war seitdem die Nothilfe für die bedrängten Gemeinden in der Sowjetunion gewesen, und das Theologische Seminar in Leningrad hatte unter seinem besonderen Patronat gestanden.

Seit der Aufnahme der baltischen lutherischen Kirchen in den Lutherischen Weltbund im Jahre 1963 ergaben sich neue Möglichkeiten, an die alten Verbindungen anzuknüpfen. Aber weder 1964 beim ersten Besuch einer Delegation des Weltbundes, geleitet vom damaligen Generalsekretär Kurt Schmidt-Clausen, noch 1966, als sein Nachfolger André Appel mit einer LWB-Delegation nach Moskau kam, gelang es, eine Genehmigung zum Besuch der deutschstämmigen Gemeinden zu erhalten. Eugen Bachmann schildert an anderer Stelle, daß sich der Besuch in Zelinograd offenbar erst in letzter Minute zerschlug. Die Gewißheit, zu jener Weltfamilie zu gehören und in ihr nicht vergessen zu sein, hat jedoch dort, wo man davon wußte, geistliche Stärkung bedeutet, ganz abgesehen davon, daß sich aus diesen internationalen Verbindungen eine gewisse Immunität gegenüber behördlicher Willkür ergab.

Eine verheißungsvolle Wende ergab sich 1976, als es nach jahrelangen Bemühungen dem Europasekretär des Lutherischen Weltbundes, Pastor Paul Hansen, erstmals gelang, eine Erlaubnis zum Besuch von lutherischen Gemeinden in Mittelasien zu erhalten. Im Oktober besuchte er Zelinograd und Alma-Ata. Seine Berichte von dieser und den späteren Reisen spiegeln die innere Kraft und unbefangene Glaubensfreude der Gemeinden, die ihn und seinen Reisegefährten jedesmal und überall mit ebensogroßer brüderlicher Herzlichkeit wie geistlicher Wissensbegier aufnahmen[17]).

„Es war ein tiefer Eindruck, das erste Mal einen Gottesdienst mit diesen Glaubensgenossen zu erleben. Das war in Alma-Ata. Wir haben um 10 Uhr

*angefangen, es wurde gesungen, es wurde gebetet, es wurde geweint —
auch das gehört dazu — und es wurde gepredigt. Ich habe eine Predigt gehalten, wie gewohnt etwa zwanzig Minuten lang, und dann habe ich mich
wieder bei unserem Predigerbruder hingesetzt. Da sagte er zu mir: „Jetzt
ist unsere Gemeinde sehr enttäuscht." Natürlich erschrak ich sehr über mein
totales Unvermögen, diesen armen Brüdern und Schwestern das Wort Gottes so auszulegen, daß es ihnen lebendig würde. Wozu war ich hierher ge-
reist?! — „Nein, nicht so, wir du denkst: wir sind enttäuscht, weil du so
bald aufgehört hast!"*

*Glücklicherweise war ich ja nicht allein, und Bruder Kalnins predigte
nie kürzer als eine Stunde. Darüber wurde es halb eins. Dann eine halbe
Stunde Mittagspause mit einem Imbiß, und schon um ein Uhr ging es weiter mit Singen, Spielen, Beten, Weinen und Musizieren, wieder eine zwanzig-
minütige Predigt von mir und eine einstündige von Kalnins...*

*Um vier Uhr sagten wir, nun seien wir mit unseren Kräften am Ende,
aber es war fast unmöglich, die Menschen von der Kirche fortzuschicken!
Bei uns in Dänemark können wir die Menschen nicht zur Kirche ziehen —
dort können wir sie nicht nach Hause kriegen ...*[18]).

In den darauffolgenden Jahren haben Hansen und Kalnins noch viele
Gemeinden besuchen können. Überall wirkten sie nicht nur als Beobachter,
sondern es war in diesen Gemeinden, die zum Teil seit Jahrzehnten nicht
mehr in Verbindung mit einem theologisch vorgebildeten Geistlichen gewesen waren, immer auch Beratung und geistliche Weisung, pastorales und
kirchenleitendes Handeln erwünscht.

Es war ein weiteres Entgegenkommen der staatlichen Instanzen, daß der
Lutherische Weltbund im Jahre 1978 erstmals eine größere Liefeung von
Bibeln an die deutschstämmigen lutherischen Gemeinden senden konnte. Viertausend Bibeln konnten an die nach Moskau gekommenen Vertreter
einer Reihe von Gemeinden übergeben werden, die dann ihrerseits für die
weitere Verteilung sorgten. Tausend Exemplare erhielt der Bund der Evan-
geliumschristen/Baptisten, der seinerseits den Lutheranern 4 000 Exemplare
eines deutschen kirchlichen Liederbuches überließ. Man wird den Stellen-
wert dieses Vorgangs nur dann recht ermessen, wenn man sich der hohen
Schwarzmarktpreise bewußt wird, die noch heute in der Sowjetunion für
ein Bibelexemplar geboten werden: 20—30 Rubel!

Oft ist bezweifelt worden, ob diese im Rahmen einer offiziell genehmig-
ten Aktion übersandten Bibeln überhaupt ihre Empfänger erreichen würden.
So sei denn aus einem der bestätigenden Dankbriefe zitiert:

*Zum ersten Mal können von Genf aus Bibeln in die Sowjetunion
gesandt werden: Pastor Paul Hansen und seine Mitarbeiterin
Karin Kaufmann-Kinna*

„*Von der Zeit an* [als die Erlaubnis für die Einfuhr der Bibeln bekannt-
geworden war] *lebten meine Gemeinde und ich in Spannung ... Die Gemeinde lief mir die Tür ein mit der Frage, ob es bald so weit sei. Nun, Gott
sei Dank, daß alles klappte. Ich kam nach Moskau mit einem Gemeindeglied am 13. März, und am 17. März landeten wir wieder auf dem Flugha-
fen von Zelinograd mit einem Gepäck von 250 Bibeln und 300 Liederbüchlein. Die Sorge war ja bei mir groß, wie ich die Verteilung durchführen
sollte, um in der Gemeinde und auch in den Dörfern keinen Unfrieden hervorzurufen. Darum sagte ich in den Gemeinde bei den Abkündigungen,
daß die Bibeln und Liederbücher nun da wären, ich bäte darum, es sollten*

nur solche kommen, die nichts von Gottes Wort im Hause hätten. Wer kommen würde, obwohl er etwas daheim hätte, solle es auf sein Gewissen nehmen: das sei so, als wenn man dem Hungrigen das Stück Brot vom Munde wegnähme. Ich sagte auch das Wort Jesu: Wer zwei Röcke hat, soll geben dem, der keinen hat. Und hier wäre es so, daß jemand sich den zweiten Rock holte und der andere nackt bliebe. Das hat gewirkt und ich habe die Verteilung in Ruhe und Frieden durchgeführt. An meine Gemeinde verteilte ich 80 Bibeln und 150 Liederbüchlein. Auf 24 Dörfer gab ich 140 Bibeln und 140 Liederbücher. Der Rest liegt als Reserve ... Noch einmal eine solche Sendung, und ich hätte den Hunger so ziemlich gestillt..."

1981 konnten noch einmal 5 000 deutsche Bibeln in die Sowjetunion eingeführt werden. Wie wir inzwischen wissen, ist damit der Hunger noch nicht gestillt: zu viele bisher unbekannte Gemeinden haben nun ebenfalls den Wunsch ausgesprochen, Bibeln und Gesangbücher zu erhalten.

Es sei hinzugefügt, daß diese Kontakte, wenn auch vor allem von einem Manne im Namen eines ökumenischen „Stabes" wahrgenommen, von einem breiten geistlichen und materiellen Engagement des gesamten, besonders des europäischen Luthertums mitgetragen waren. Die Mitgliedskirchen des Weltbundes und ihre ökumenischen Organisationen, in Deutschland die Diasporawerke, Gustav-Adolf-Werk (vor allem in der DDR) und Martin-Luther-Bund, haben es eindrucksvoll unter Beweis gestellt, daß sie diese dem Europasekretär des LWB zugefallene Aufgabe als ihre eigene ansehen. Die bisherigen Hilfen des Lutherischen Weltbundes haben nicht unter Finanznot gelitten, und man kann für die Zukunft ebenso zuversichtlich sein: übrigens auch deshalb, weil die Gemeinden durchweg finanziell völlig unabhängig sind.

Schließlich sei, wenn auch in dem schmerzlichen Bewußtsein, daß Vertreter der deutschstämmigen Gemeinden nicht daran teilnehmen konnten, die Tatsache erwähnt, daß im Jahre 1980, erstmals auf sowjetischem Boden, in Tallinn (Reval) eine Konferenz des Lutherischen Weltbundes für seine europäischen Mitgliedskirchen stattfinden konnte. Von vielen Teilnehmern wurde der Verlauf der Konferenz für die Beziehungen des Lutherischen Weltbundes zu Staat und Kirchen in der Sowjetunion als ein großer Schritt nach vorn gewertet. Man war sich einig darin, daß die Festlegungen der Schlußakte der Konferenz für Sicherheit und Zusammenarbeit in Europa (KSZE) breiten Raum für eine aktive Rolle der Kirchen in dem Prozeß der Entspannung und der Annäherung der europäischen Völker gelassen haben und daß diese Konferenz für den Fortgang dieses Prozesses nicht ohne

Bedeutung sein würde.

Die Wirkungen für die deutschen lutherischen Gemeinden und Christen im Lande wurden nicht unmittelbar sichtbar; immerhin ist Harald Kalnins seit der Konferenz von Tallinn der offiziell bestellte Superintendent der deutschstämmigen lutherischen Gemeinden in der Sowjetunion. Ebenfalls bedeutsam, daß im Anschluß an diese Konferenz in dem mecklenburgischen Landesbischof Dr. Heinrich Rathke erstmals ein Vertreter einer deutschen Landeskirche eine offizielle Besuchsreise nach Kasachstan unternehmen konnte[19].

Seit 1981 ist der schwedische Pastor Dr. Sam Dahlgren Nachfolger von Paul Hansen im Amt des Europasekretärs des LWB. Er hat die intensive Reisetätigkeit seines Vorgängers unmittelbar fortgeführt[20]. Sein vorläufiges Fazit: *„Auch ich spürte die große Freude, die die Gemeinden durch die Besuche aus dem Ausland erfahren. Endlich ist die Isolierung durchbrochen, wenn es auch noch ein weiter Weg ist, bis diese Gemeinden aktiver an der internationalen Kirchenarbeit werden teilnehmen können"*[21].

Viele andere Besucher haben in den letzten Jahren vor allem zu denjenigen Gemeinden gefunden, die an touristischen Wegen liegen. Sie alle zeigten sich tief beeindruckt von der Glaubenstreue, die in den Gottesdiensten, Zusammenkünften und persönlichen Begegnungen spürbar wird. Einer von ihnen, Ernst Eberhard, schreibt: *„Das ist überhaupt der durchgehende nachhaltige Eindruck, daß diese oft und lange gedemütigten Menschen mit Gottes Gegenwart rechnen — und mit seiner Barmherzigkeit. So liegt über ihren Gottesdiensten ein Hauch vom Leben der Urgemeinde..."*[22].

Wenn einmal jener von Sam Dahlgren und vielen anderen ersehnte Augenblick eines noch stärkeren Miteinanders in der lutherischen Weltfamilie kommen sollte: diese Gemeinden werden nicht so sehr die Empfangenden, als vielmehr die sogar im Empfangen Gebenden sein.

Lehre, Gemeinschaft, Brotbrechen, Gebet

Noch einmal muß gesagt werden: auch hinsichtlich des gottesdienstlichen Lebens und der geistlichen Praxis sind wir nicht in der Lage, ein für alle Gemeinden und Gemeinschaften gültiges Bild zu entwerfen. Die Informationen und Beobachtungen sind zufällig.

Ohne Zweifel sind die gottesdienstlichen Traditionen der alten evangelisch-lutherischen Kirche Rußlands lebendig geblieben. Von den 1914 in

Gebrauch befindlichen sieben (!) Gesangbüchern haben sich einzelne Exemplare, vor allem wohl des Petersburger Gesangbuchs und der an der Wolga gebräuchlichen „Sammlung christlicher Lieder", bis in die Gemeinden in Mittelasien erhalten. Auch gibt es hier und da das schon erwähnte freikirchliche Liederbuch. Von all diesen Vorlagen sind viele Abschriften hergestellt worden — und man denke daran, wie viele Menschen jahrelang kaum je die Möglichkeit hatten, ihre Handschrift zu üben; andere haben nur kurze Zeit eine Schule besuchen können. So hat sich denn oft die Praxis ergeben, daß die Liedverse einzeln vorgesprochen und dann gesungen wurden. Dabei bedient man sich der Unterstützung des in sehr vielen Gemeinden vorhandenen Chores, der zumeist auch einfache drei- oder vierstimmige Sätze beherrscht. An dieser Stelle ist eine der Möglichkeiten für das Engagement auch jüngerer Menschen gegeben, und sie wird mit Freude wahrgenommen.

Die Gottesdienstordnung folgt ebenfalls oft dem aus Tradition Vorgegebenen. Diejenige in Zelinograd glich derjenigen, die im Heimatdorf des Pastors, in Worms bei Odessa, gebräuchlich gewesen war, wohl am ehesten der Ordnung der württembergischen Landeskirche vergleichbar.

Ähnlich in Karaganda, wo ein Besucher an einem Sonntag genauer protokolliert hat: Chorgesang — Gemeindelied (einzeln angesagt) — Sündenbekenntnis — Kyrie — Gnadenzuspruch — Gloria — Gruß — Gebet — Epistel — Halleluja — Apostolisches Glaubensbekenntnis (in der Wir-Form) — Hauptlied — Evangelium (von der Kanzel) — Lesepredigt (Einleitung, Ankündigung der Gliederung) — Chorgesang — 1. und 2. Teil der (Lese-) Predigt — Chorgesang — 3. Teil der Predigt — Gebet — Predigtlied — Abkündigungen — Lobgesang — Kirchengebet — Vaterunser — Trinitarischer Segen — Schlußlied.

Im Anschluß daran in Karaganda eine Handlung, die „Der Erde übergeben" heißt: Ein Blatt mit dem Namen eines in der Ferne verstorbenen Angehörigen, der nicht kirchlich bestattet werden konnte, wird auf den Altar gelegt. Nun wird die Bestattungsformel und Aussegnung gesprochen, und nach einem dreimaligen Erdwurf auf das Blatt wird dieses mit der Erde zu einer Tasche gefaltet und den Angehörigen mitgegeben, die dann die Erde auf ihre Gräber streuen.

Die Predigten im Gottesdienst werden, soweit wir sehen, weithin als Lesepredigten gehalten. Man benutzt dazu die alten Predigtbücher von Ludwig Hofacker, Gustav Knak, Karl Gerok, Klaus Harms, des wolgadeutschen Pastors Blum u. a. Auch hier sind inzwischen zahllose Abschriften und Predigtsammlungen entstanden. Es ist nicht zu übersehen, daß die gottesdienstliche Verkündigung in der Sprache und geistigen Welt des 18. und 19. Jahrhunderts befangen bleibt; aber immer wieder bezeugen Besucher erstaunt und beeindruckt die Kraft und Zeitnähe der gelesenen Predigten. Einer unserer Gewährsleute schließt aus seiner Erfahrung in einer Gemeinde in Kasachstan: *„Unser Väter Zeugnis lebt und wirkt dort weiter, während wir meinen, wir könnten ohne Geschichte leben, nur vom Augenblick..."* Allerdings fügt er gleich hinzu, daß Kenntnis von Person und Werk etwa Dietrich Bonhoeffers oder Jochen Kleppers noch nicht nach Kasachstan gelangt ist.

Gehalten wird der Gottesdienst von ordinierten Pastoren, die, wie schon erwähnt, keinerlei geordnete theologische Ausbildung haben erfahren können, die aber als die „Gehilfen" des jeweiligen Vorgängers und im Laufe des eigenen Dienstes zumeist ein gründliches biblisches Wissen erworben haben. Der Fundus des auswendig Gelernten ist erstaunlich groß. Theologische Literatur ist selten vorhanden; wichtigstes Hilfsmittel ist die − oft mit der Hand abgeschriebene oder selbst erstellte − biblische Konkordanz.

Die Pastoren sind die geistlichen Leiter der Gemeinde. Einige wurden, wie Eugen Bachmann an anderer Stelle berichtet, noch von den Pastoren der alten Evangelisch-lutherischen Kirche eingesetzt und ordiniert. Bei anderen geschah die Einsetzung aus der Gemeinde heraus, sie haben dann ihrerseits Gehilfen, die zunächst weiterhin in ihrem Beruf blieben, herangebildet und, wenn sie sich aus Altersgründen zurückzogen bzw. nach Deutschland übersiedelten, als ihre Nachfolger eingesetzt und ordiniert. Auch Superintendent Kalnins hat inzwischen des öfteren solche Ordinationen vorgenommen.

Taufe, Trauung und Austeilung des Heiligen Abendmahls obliegen durchweg den Pastoren, Beerdigungen und Konfirmationen werden, wo es nötig wird, auch von den leitenden Brüdern der Brüderversammlungen vorgenommen[23]), zumal diese Dienste von weit mehr Menschen, als die Gemeinden der Zahl nach an Mitgliedern zählen, in Anspruch genommen werden: oft übersteigt dies die Kraft eines Einzelnen.

Die Abendmahlspraxis scheint weithin der überkommenen Sitte zu entsprechen. Wie vielfach auch in Deutschland noch gibt es bestimmte Abendmahlszeiten. Anderswo wird die Sakramentsfeier öfter gehalten, in Karaganda z. B. einmal im Monat anstelle der sonst im Anschluß an den Gottesdienst stattfindenden Brüderversammlung. Etwa fünfhundert Abendmahlsteilnehmer empfangen an einem solchen Sonntag das Sakrament. Grundsätzlich geht – offenbar überall – der Abendmahlsfeier die Allgemeine Beichte und Absolution voran.

Erstaunlich ist, in welch großem Maße die Taufe erbeten wird[24]. Dabei stellt sich als unlösbares Problem die Frage, in welcher Weise die getauften Kinder nun auch im Raum der christlichen Gemeinde aufwachsen dürfen. In einigen Gemeinden (bzw. von den jeweiligen Ortsbehörden) wird das Verbot der religiösen Beeinflussung bis zur Volljährigkeit mit 18 Jahren so restriktiv ausgelegt, daß man sich gezwungen sieht, die Kinder und Jugendlichen geradezu fernzuhalten von der Gemeinde und ihren Gottesdiensten. Aber auch dort, wo die Schranken nicht ganz so hoch sind, kann es eine christliche Unterweisung der Jugend nicht geben. Konfirmiert werden die über 18-Jährigen; was sie als „Eiserne Ration" christlichen Glaubens gelernt haben (das Maß des Gelernten ist naturgemäß sehr unterschiedlich), das haben sie im Elternhaus empfangen.

In enger Verbindung mit dem Gottesdienst steht die sogenannte „Brüderversammlung", die sich gewöhnlich an den Gottesdienst anschließt. Auch während der Woche werden Brüderversammlungen gehalten.

„Der Gottesdienst [in Nowosibirsk] enthielt alles, was dazugehört: die Liturgie mit Sündenbekenntnis und Zuspruch der Vergebung, Glaubensbekenntnis und biblische Lesung, eine Lesepredigt aus dem vorigen Jahrhundert, Gebet und Segen. Bei dem, was danach kam, war das Herz noch stärker dabei: in der Brüderversammlung mit viel Singen, freier Wortverkündigung der (vom Gemeindeleiter dazu bestimmten) Brüder und dem gleichzeitigen halblauten Beten der Gläubigen"[25].

Auch dieses Element des Gemeindelebens leitet sich aus dem Erbe der Vorfahren her. Die Gemeinschaftsbewegung hatte stets schon dem kirchlichen Leben in den lutherischen Gemeinden nicht so sehr im Sinne der Kritik und Absonderung (dies allerdings hatte es auch gegeben – bis hin zu Abspaltungen), sondern vor allem im Sinne einer geistlichen Verlebendigung wesentliche Impulse gegeben, übrigens nicht immer nur zur Freude der „offiziellen" Kirche. Wiedergeburt und Heiligung, allgemeines Priestertum: hier lag das Gewicht bei den Brüderkreisen, und diese Tatsache, verbunden mit der anderen, daß es die institutionelle Kirche nicht mehr gab, von ihr eine Neubelebung also nicht ausgehen konnte, brachte es wie von selbst mit sich, daß den Brüdern und den Kreisen, die sich in den Häusern sammelten, zumeist die entscheidende Rolle zufiel, als die Gemeinschaften und Gemeinden wieder ans Licht treten konnten.

Gottesdienstgemeinde und Brüdergemeinde sind zum Teil identisch, zum Teil ist die letztere eine Art „Kerngemeinde", die beieinander bleibt, wenn die anderen Gottesdienstteilnehmer nach Hause gegangen sind. Oft steht die Brüderversammlung unter der Leitung des Pastors. Im Mittelpunkt steht die — nunmehr frei gehaltene, spontane — Schriftauslegung mehrerer, zumeist erst in der Versammlung dazu bestimmter Brüder. Auch die Lieder werden spontan angestimmt und dann von allen Versammelten aufgenommen. Das freie Gebet vollzieht sich in einer bemerkenswerten Form: Jeder betet für sich, halblaut. Diese — wohl zehnminütige — Gebetszeit wird mit einem laut, für alle gesprochenen Gebet vom Pastor oder einem der leitenden Brüder abgeschlossen.

Nicht überall haben sich die Hauskreise in die Gemeinden integriert. Dies mag im geistlichen Herkommen begründet sein, gelegentlich wohl auch in der Scheu, in eine irgendwie geartete Verbindung zu den Behörden zu treten, wie es bei einer Registrierung unumgänglich wäre. Zu den deutschsprachigen Gruppen der Evangeliumschristen/Baptisten und ähnlichen unabhängigen Gemeinschaften sind die Grenzen oft fließend. Zu den Gemeinden der russisch-orthodoxen Kirche bestehen gelegentlich freundschaftliche Kontakte. Ein ökumenisches Miteinander, wie wir es vielerorts in Westeuropa kennen, ist in der Sowjetunion nirgendwo entstanden.

Wesentliches gemeinsames Kennzeichen der evangelisch-lutherischen Gemeinden ist das Festhalten an der deutschen Sprache. Es hat sich geradezu eine Identifikation lutherisch = deutsch ergeben. Fraglich bleibt, ob eine evangelisch-lutherische Kirche in der Sowjetunion, welche das Problem des Übergangs in die russische Sprache nicht bewältigt, wird überdauern können.

Es sei hinzugefügt: Daß lutherische Kirche über Jahrhunderte hier bestanden hat, ist nicht zuletzt gerade ihrem Festhalten an der überkommenen Sprache und an der Heiligen Schrift, so wie sie sie von ihrem Reformator empfangen hat, zuzuschreiben. Und umgekehrt: wie ist es um eine Kirche bestellt, die in eine andere Sprachwelt übergeht, in welcher das einzig geistlich-theologische Werk auf der Basis der eigenen Konfession der Kleine Katechismus ist — und eine Bibel, deren Sprachgestalt im Raum der russischen Orthodoxie angesiedelt ist?!

Trotzdem darf niemand übersehen, daß die Sprache der Jugend in den evangelisch-lutherischen Gemeinden zunehmend das Russische ist. Die Sprache der Eltern beherrschen viele junge Leute nur noch gebrochen. Erlaubt ihnen ihre Kirche nicht, sich in der Sprache auszudrücken, die sie beherrschen, werden sie, so sagen Kenner der Verhältnisse, auf die Dauer dorthin abwandern, wo man ihre Sprache spricht und wo sie verstehen

können. In den Gemeinden gibt es beide Haltungen gegenüber dem Sprach-
problem. Dort, wo die jungen Menschen russisch singen dürfen, sind auffal-
lend viele zu finden. Auch bei Beerdigungen bedient man sich um der
Nachbarn und Bekannten willen oft des Russischen.

*Der Jugendchor singt russisch. Viele junge Menschen engagieren sich
für die Musik im Gottesdienst. Oft begleiten Instrumente die Lieder;
die Texte sind mit der Hand geschrieben.*

Von der Frömmigkeit der Menschen war schon die Rede. Sie ist vor
allem gekennzeichnet durch die Freude am Wort Gottes. Noch nach Stunden hat man nicht genug davon gehört, darin gelebt, aus ihm empfangen.
Ein großer Ernst durchzieht das Leben — hier und da wird schon die Kra-
watte als dem Christen nicht angemessen empfunden! Und Geduld hat man
gelernt in all den Leiden der Vergangenheit. Vielleicht am erstaunlichsten:
kaum einmal, daß Groll und Haß laut werden über dem, was man erlitten
hat. Es ist beinahe erschütternd, in den Gemeinden trotz der Hypothek des
Erlebten und trotz aller Schikanen, die auch heute noch vorkommen, unbe-

fangen von der „Obrigkeit" reden zu hören. Es wäre sehr abwegig, die evangelisch-lutherischen Gemeinden mit dem Kampf um die Menschenrechte in Verbindung zu bringen, der anderswo in der Sowjetunion geführt wird und der anderswo auch Christen nicht unbeteiligt läßt. Der eigene Weg hat die deutschstämmigen evangelischen Christen eher die christliche Tugend des Duldens lernen lassen.

Waldemar Eichholz, Pastor in Tokmak (Kirgisien). Wird er einmal Nachfolger finden? Und wer wird sie ausbilden?

Trotzdem ist es natürlich naheliegend, daß viele Deutsche in der Sowjetunion keine Heimat mehr sehen können. Die Sehnsucht nach dem Lande, aus dem die Väter kamen, ist groß. 85 000 Menschen haben seit 1955 nach Deutschland fahren können, und man rechnet damit, daß weitere hunderttausend einen Ausreiseantrag gestellt haben, zum Teil schon seit Jahren.

200

Wieviel Resignation mag es geben unter denen, die innerlich die Zelte schon abgebrochen haben und die von den Behörden und an ihren Arbeitsplätzen als Randsiedler der Gesellschaft behandelt werden. Dabei sind ihre Chancen gering: im Jahre 1981 haben nur etwa 5 500 die ersehnte Genehmigung erhalten.

Wir wissen nicht, wie viele Menschen durch die evangelisch-lutherischen Gemeinden in der Sowjetunion erreicht werden. Man muß annehmen, daß es eine Minderheit ist und daß die Mehrheit sich immer weiter entfernt von dem christlichen Erbe, das ihre Vorfahren einmal mitbrachten. Aber zumindest für die christliche Minderheit gilt: Der Drang zur Auswanderung brauchte nicht zu sein. Es wäre so leicht, sie fest einzuwurzeln in jenen Gebieten, wo sie nun schon seit Jahrzehnten arbeiten und leben. Es würde genügen, ihnen wieder die Kirche zu geben, in der sie unangefochten zu Hause sein dürften, und sie würden an ihrem jetzigen Ort Heimat haben. Wird die evangelisch-lutherische Kirche in der Sowjetunion künftig Entgegenkommen und Anerkennung finden?

Es steht uns nicht an, Prognosen für die Zukunft zu stellen. Das am Anfang zitierte Bild vom Sachalinschen Weizen ließe sich auf den beschriebenen Neuanfang deuten. Es hat sich Erstaunliches ereignet in den letzten vier Jahrzehnten. Wir haben allen Anlaß zu Dank und Gotteslob.

Das Bild ließe sich auch eschatologisch verstehen. Letztlich wird die Verheißung, daß die Kirche Gottes von den Pforten der Hölle nicht überwunden wird, erst am Tage des Heils eingelöst: Wir haben viel Anlaß zur Fürbitte.

Anmerkungen

1 Theophil Meyer, Jerusalem, du hochgebaute Stadt!, Breslau 1931, S. 49 f.
2 Notiz in der „New York Herald Tribune" vom 8. 8. 1938, mitgeteilt von Wilhelm Kahle, Geschichte der Evangelisch-Lutherischen Gemeinden in der Sowjetunion 1917–1938, Leiden 1974, S. 142. Zur Geschichte der Jahre vor dem Untergang vgl. auch Erik Amburger, Geschichte des Protestantismus in Rußland, Stuttgart 1961, S. 113 ff.
3 Die baltischen lutherischen Kirchen hatten ein ganz anders Schicksal; sie gerieten erst bei der Annexion der baltischen Staaten im Zusammenhang mit dem Zweiten Weltkrieg, der den Kirchen eine gewisse Duldung brachte, in den sowjetischen Machtbereich und wurden deshalb niemals ihrer äußeren Existenz beraubt. Zwar erlitten sie durch die Umsiedlung ihrer deutschen Gemeindeglieder, durch Flucht und Deportation sowie aufgrund der staatlichen Kirchenpolitik starke Verluste an Gemeindegliedern, blieben aber in ihrer Struktur erhalten

und bewahrten eine Kontinuität, die ihre volkskirchliche Vergangenheit noch heute stark hervortreten läßt.

4 Wir vermeiden bewußt den Begriff der „Untergrundkirche", der inzwischen für Gruppen und Gemeinden gebräuchlich geworden ist, die sich bewußr in der Illegalität formieren oder in ihr verharren, und dies zumeist in kämpferischer Frontstellung gegen eine staatliche Autorität, die des öfteren mit dem Antichrist ineins gesetzt wird. Eine Untergrundkirche dieser Art hat es unter den lutherischen Christen Rußlands, schon aufgrund des ihnen eigenen geistlichen Erbcs, nicht gegeben. Wo es später Widerstände gegen die — ja erst in den sechziger Jahren mögliche — offizielle Registrierung gab und gibt, resultieren sie eher aus den schweren persönlichen Erfahrungen der Gemeindeglieder und der sehr verständlichen Scheu davor, sich gegenüber einer staatlichen Instanz als praktizierender Christ zu bekennen. Auch die Tatsache, daß in vielen lutherischen Gemeinden und Gruppen die Grenzen zu den geistlichen Traditionen der Baptisten und Evangeliumschristen fließend sind, läßt es einleuchtend erscheinen, wenn hier und da die Illegalität als unverzichtbarer Teil des Christseins verstanden wird.

5 Z. B. Katharina Drotleff (Hrsg.), Laßt sie selber sprechen. Berichte rußlanddeutscher Aussiedler, Hannover 1978; Karl Stumpp (Hrsg.), Heimatbuch der Deutschen aus Rußland 1966, Stuttgart 1966; Berta Bachmann, Erinnerungen an Kasachstan, Wuppertal 1981.

6 S. z. B. Harald Vetter, Gottes Kraft ist in den Schwachen mächtig, S. 138.

7 Laßt sie selber sprechen, a. a. O., S. 121 f.

8 Zur Lage der Rußlanddeutschen und der evangelisch-lutherischen Gemeinden nach dem Zweiten Weltkrieg bis in die Gegenwart vgl. vor allem die einzelnen Folgen des Heimatbuches der Deutschen aus Rußland (1954 und 1955 „Heimatbuch der Ostumsiedler"), Stuttgart 1954 ff.; Karl Stumpp, Die Rußlanddeutschen, Freilassing 1964; Volk auf dem Weg, Monatszeitschrift, Stuttgart 1950 ff.; Volk auf dem Weg. Deutsche in Rußland und in der Sowjetunion 1763—1980, hrsg. vom Arbeitskreis zur Erforschung des europäischen und außereuropäischen Rußlanddeutschtums, Stuttgart 1980; Lutheraner in der Sowjetunion. Deutsche Diasporagemeinden, Themaheft von „Glaube in der 2. Welt", 9. Jg., Nr. 7/8 1981.

9 Vgl. zum folgenden u. a. Wilhelm Kahle, Evangelische Christen in Rußland und der Sovetunion, Wuppertal und Kassel 1978; Heinrich Roemmich, Stundisten — Evangeliumschristen — Baptisten, in: Die Kirchen und das religiöse Leben der Rußlanddeutschen. Evangelischer Teil, 2. Aufl., Stuttgart 1978.

10 Eine Umfrage unter 2 895 während dreier Monate in den Jahren 1977/78 in die Bundesrepublik gekommenen Übersiedler — von denen 60 % unter 35 Jahre alt waren! — erbrachte folgende Angaben: Evangelisch-(-lutherisch): 41 %; römisch-katholisch: 24 %; Baptisten: 19 %; Mennoniten: 12 %; andere: 3 %; ohne Konfession bzw. ohne Angabe: 1 % (!). Zu berücksichtigen ist, daß die Übersiedler bzw. ihre Vorfahren aufgrund der Regeln der Familienzusammenführung gewöhnlich ihre Heimat im Schwarzmeergebiet haben.

11 Die „Registrierung" einer Gemeinde bedarf nach dem am 8. 4. 1929 erlassenen „Dekret über die Rechtsstellung der Religionsgemeinschaften" folgender Voraussetzungen:

a) Eine bestimmte Zahl von Unterschriften.

b) Es muß einen Prediger bzw. Priester geben, der keine andere Tätigkeit ausüben darf, also finanziell von der Gemeinde unterhalten werden muß. Er darf nur am Ort tätig sein.

c) Die Antragsteller haften für die Einhaltung der Gesetze. Erlaubt ist nur der Gottesdienst, dagegen nicht die Arbeit mit Gemeindegruppen (Ausnahme:

Kirchenchor), missionarische Tätigkeit außerhalb des eigenen Bereichs oder diakonische Arbeit.

d) Keine Sammlung von regelmäßigen Beiträgen. Nur − nicht erbetene − Spenden sind erlaubt (bzw. der Verkauf von Kerzen, der nur der orthodoxen Kirche möglich ist). Bleibt die Gemeinde mit einer finanziellen Verpflichtung im Rückstand, wird ihr Gotteshaus sofort geschlossen.

12 Vgl. Johannes Schlundt, Die Gemeinschaftsbewegung unter der deutschen Bevölkerung in Rußland bzw. der UdSSR in Vergangenheit und Gegenwart. Erfahrungsbericht, o. J.

13 Insofern wäre die Entwicklung nach dem Zweiten Weltkrieg gewiß nicht richtig charakterisiert, verstünde man sie als einen Neuaufbruch aus dem Nichts. In dem Maße, wie die Gesamtkirche der Auflösung entgegenging und wie die Zahl der Pastoren zurückging, gewann schon in den zwanziger Jahren das allgemeine Priestertum der Gläubigen an Bedeutung. Dabei ging es nicht ohne Konflikte ab. Insbesondere gelang es nicht, den Küsterlehrern und den Brüderkreisen eine hinsichtlich der Wortverkündigung und Sakramentsverwaltung geordnete Funktion zuzuweisen; der sehr bald erkannte Mangel der Kirchenverfassung von 1924 sollte sich später sehr nachteilig auswirken. Vgl. W. Kahle, a. a. O., S. 395 ff.; 422 ff.

14 Zum Verhältnis von Kirche und Staat sowie zur religiösen und weltanschaulichen Situation in der Sowjetunion vgl. u. a. zusammenfassend: Trevor Beeson, Mit Mut und Klugheit. Zur religiösen Situation in Osteuropa, Wien 1979.

15 Allein 1981 wurden nach Angaben von Kalnins zwanzig weitere lutherische Gemeinden staatlich registriert.

16 Paul Wilhelm Gennrich, Evangelische Bruderhilfe in Rußland und der Sowjetunion, in: Die Evangelische Diaspora. Jahrbuch des Gustav-Adolf-Werkes, 42 Jg., Kassel 1971, S. 118 ff.

17 S. z. B. „Als wenn noch einmal Pfingsten wäre", in: lutherischer dienst, Jg. 15, 1979, Nr. 1, S. 2 ff. In der gleichen Zeitschrift beschrieb auch Hansens Nachfolger Dr. Sam Dahlgren seine Reiseeindrücke: „Wir predigen Christus, den Gekreuzigten", a. a. O., 18. Jg., 1982, Nr. 1, S. 2 ff.

18 Mitschrift eines Vortrages, im Archiv des Martin-Luther-Bundes.

19 S. Lutherische Welt-Information, Nr. 6/81 v. 5. 2. 1981.

20 S. oben Anm. 17.

21 A. a. O., S. 5.

22 Ernst Eberhard, Den Glauben durchgehalten, in: lutherischer dienst, 17. Jg., 1981, Nr. 1, S. 2 ff.

23 Vgl. hierzu Siegfried Springer, Beobachtungen über die Frömmigkeit in lutherischen Gemeinden, in: Glaube in der 2. Welt, 9. Jg., 1981, Nr. 7−8, S. 326.

24 Z. B. im Jahre 1979 in einer Gemeinde mit etwa 100 eingeschriebenen über 18-jährigen Mitgliedern in einem Quartal 15 Täuflinge; in einer anderen mit etwa 300 Mitgliedern ebensoviele Taufen! Hier wurden an dem Sonntag, über den uns ein Besucher berichtete, drei Kinder und zwei junge Männer getauft.

25 Ernst Eberhard, a. a. O., S. 2.

EUGEN BACHMANN

IN IHM GEBORGEN

Ein persönlicher Bericht über den Dienst
in der evangelisch-lutherischen Kirche
in der Sowjetunion 1929—1972

In diesem Bericht ist niedergelegt, „was wir gehört und gesehen haben".
Am 2. März 1904 in Worms, in der Nähe der ukrainischen Hafenstadt Odessa, geboren, habe ich noch als Kind etwas ahnen können von dem ländli-
chen Frieden und dem Familienglück des deutschen Kolonistenlebens in
der zuendegehenden Zarenzeit. Die grausame Periode der beiden Revolutio-
nen im Februar und im Oktober 1917 habe ich schon bewußt erlebt, ebenso
wie die für uns Deutsche zunächst hoffnungsvollen Jahre der Neuen Ökonomischen Politik. Ich war zitternder Zeuge des politischen und religiösen
Terrors 1937/38 und bin in den Kriegs- und Nachkriegsjahren den ganzen
Leidensweg unserer Landsleute und Glaubensgenossen mitgegangen — bis
zu meiner Übersiedelung 1972 in die Bundesrepublik. Dies alles sei vorausgeschickt, um deutlich zu machen: hier redet kein unberufener Berichterstatter.

Mein Elternhaus

Mein Vater, Johann Bachmann, war Lehrer und Küster in verschiedenen
Kolonien des Odessaer Gebiets, und es ist nicht übertrieben zu sagen: in
diesem Amte (das oft unterschätzt worden worden ist) hat er in den Dörfern, in denen er wirkte, das schulische, kirchliche und nationale Leben
der Bewohner geprägt. Als Küster war er der Stellvertreter des Pastors und
hatte in dessen Abwesenheit den Lesegottesdienst abzuhalten, wobei er auch
die Orgel spielte. Dies geschah — da der Pastor gewöhnlich ein sehr großes
Kirchspiel mit vielen Filialgemeinden zu betreuen hatte und sich deshalb
nur wenig mit den einzelnen Gemeinden beschäftigen, geschweige denn persönliche Kontakte mit den Gemeindegliedern anknüpfen konnte — sehr
oft. War doch der Küster nur für eine kirchliche Dorfgemeinde zuständig
und wußte er deshalb auch von jedem Gemeindeglied, wo ihn der Schuh
drückte.

Außer dem Gottesdienst war er zuständig für Taufe und Begräbnis, für den Konfirmandenunterricht (wie auch überhaupt für den Religionsunterricht) und für den Sängerchor. Die Feier des Heiligen Abendmahls, die Konfirmation und die Trauung sowie einige andere geistliche Handlungen durften dagegen nur vom Pastor vollzogen werden.

Im Sommer hielt der Küster die Sonntagsschule mit den Schulkindern, im Winter allsonntäglich die Kinderlehre, welche die Konfirmierten drei Jahre lang nach ihrer Konfirmation besuchten. Zu jeder Kinderlehre mußten sie – damit sie das Schreiben nicht verlernten – einen aus dem Neuen Testament abgeschriebenen Abschnitt mitbringen! Nach den drei Jahren erhielt man bei seiner Entlassung vom Pastor ein Neues Testament geschenkt. Nichterscheinen zur Kinderlehre kostete zehn Kopeken „Strafe". Eine strenge geistliche Begleitung von der Kindheit an, bis man dann, erst mit dem 18. Lebensjahr, aus eigener Einsicht sein religiöses und kirchliches Leben ordnete.

Im Lehramt war der Küster, der über eine gute pädagogische Ausbildung verfügte, Leiter der Elementarschule, die jedes Kind vom 7. bis zum 15. Lebensjahr besuchen mußte. Verständlich, daß es unter den deutschen Kolonisten kaum Analphabeten gab. Zum besonderen Bereich des Küsterlehrers gehörte natürlich der Religionsunterricht, daneben war ihm die besondere Verantwortung für die ABC-Schützen sowie die Pflege der deutschen Sprache anvertraut.

Der Schulunterricht nahm während des Schuljahres, das am 1. September begann, einen großen Teil der Arbeitskraft in Anspruch. Vormittags war von acht bis elf Uhr Unterricht, nachmittags von 13 bis 16 Uhr. Zur Mittagspause gingen die meisten Schüler nach Hause; nur die entfernter wohnenden blieben über Mittag in der Schule.

Mein Vater war im Laufe der Jahre in vielen deutschen Dörfern tätig, am längsten in Worms, wo ich geboren und aufgewachsen bin, zuerst in der reformierten, dann sieben Jahre in der evangelisch-lutherischen Gemeinde. Er war – was ich erst recht einzuschätzen wußte, als ich selber Lehrer war – ein geborener Pädagoge! Ich erinnere mich, eines Tages mit angehaltenem Atem an der Tür des Klassenzimmers gelauscht zu haben, wo er den Kleinsten biblische Geschichte vortrug. Kindlich einfach und doch packend erzählte er den still dasitzenden Kindern die Geschichte, mit eigenen Worten, aber doch zugleich den biblischen Wortlaut berücksichtigend. Ich fühlte, wie er mit ganzem Herzen und frohem Glauben bei der Sache war. Jahrzehnte später wurde mir dieser Eindruck von einer seiner Schülerinnen bestätigt: „Wir saßen mäuschenstill und wagten kaum zu atmen, so spannend und herandringend konnte er die biblischen Geschichten erzählen", sagte sie mir.

Unsere Familie war groß, das Gehalt eines Küsters aber klein. Unsere Mutter verstand es jedoch, sparsam zu wirtschaften, und so sind wir immer satt geworden und waren ordentlich gekleidet. Eine kleine „Wirtschaft" und insbesondere der Gemüsegarten waren dabei eine gute Hilfe. Zwar betrieb der Vater keine Landwirtschaft größeren Stils, aber er verstand sich auf jegliches Handwerk. In seiner Freizeit war er ein leidenschaftlicher Tischler, und aus dem Dorfe brachte man ihm viele Uhren zur Reparatur.

Viel Zeit blieb ihm allerdings nicht für diese Tätigkeiten; mit großer Gewissenhaftigkeit bereitete er sich auf die Schulstunden vor. Auch die Lesepredigt für den Sonntagsgottesdienst prägte er sich durch lautes Lesen ein. Am Samstag und am Sonntagmorgen übte er auf der Orgel die für den Gottesdienst vorgesehenen Choräle; ungestört und ohne peinliche Pausen sollte die Andacht verlaufen.

Großen Eindruck machte auf uns, eingerahmt an der Wand seines Arbeitszimmers hängend, ein Zeugnis des Petersburger Generalkonsistoriums für Fleiß und Treue; das Ministerium hatte unserem Vater als Anerkennung für seine Tätigkeit eine Medaille verliehen und ihn zum „potschotnyj grashdanin", zum Ehrenbürger ernannt, nicht zuletzt wohl auch darum, weil der Küsterlehrer in manchen Dörfern auch das Amt des Dorfschreibers zu versehen hatte und mein Vater, dessen schöne Handschrift mir noch vor Augen steht, die Kirchenbücher mit der ihm gewohnten Genauigkeit geführt hatte.

Die Tatsache, daß der Küsterlehrer von der Gemeinde, in der er angestellt war, materiell völlig abhängig war, brachte manchen Kummer mit sich. Das geringe Gehalt und die vielköpfige Familie zwangen zu größter Sparsamkeit. Und öfter kam es vor, daß ein Gemeindeglied – „ich bezahle den Lehrer, also kann ich ihm auch meine Meinung sagen" – sich in die Unterrichtsmethode und das erzieherische Verhalten des Lehrers einmischen zu dürfen meinte.

Als Kind habe ich wenig von den inneren und äußeren Schwierigkeiten, mit denen mein Vater fertigwerden mußte, gemerkt. Meine Kindheit war sonnig und sorglos, und erst als ich älter wurde, merkte ich, daß das Leben eines Küsterlehrers bei weitem nicht eitel Sonnenschein war.

An Winterabenden setzte sich Vater gelegentlich ans Harmonium, und wir Kinder sangen mit den Eltern das Lied vom armen Dorfschulmeisterlein.

Es lag etwas Wehmütiges in dem einfachen Liedlein, so daß manchmal beim Singen das Auge feucht wurde und die Stimme stockte. Leider erinnere ich mich nur der ersten Strophe:

> Auf diesem weiten Erdenrund
> wer ist geplagter wie ein Hund?
> Scheint nunmehr ausgemacht zu sein:
> das arme Dorfschulmeisterlein!

Als sich am Anfang der zwanziger Jahre die Küsterlehrer entscheiden mußten, ob sie Küster oder Lehrer bleiben wollten, entschied sich mein Vater ohne Zögern für den nunmehr sehr unsicheren Beruf des Küsters. Schikanen und Nachstellungen blieben nicht aus. Und als dann in den Jahren nach 1930 die Kirchen geschlossen waren, mußte er sich in großer Armut durchschlagen. Nur im hohen Alter, als im Zweiten Weltkrieg deutsche Truppen in die Ukraine einmarschiert waren und die Kirchen wieder geöffnet waren, hat er noch einmal in seinem alten Küsterberuf tätig werden können.

Es war ein Alter in Ungeborgenheit. Aus dem Warthegau, wohin sie 1943 mit vielen anderen Deutschen evakuiert worden waren, wurden meine Eltern — von den russischen Truppen eingeholt — in den hohen Norden des europäischen Rußland verschleppt, wo sie in einem „Invalidenheim" versorgt werden sollten. Mein Vater starb im 81. Lebensjahr an Unterernährung. Bei großer Kälte und Schneegestöber wurde sein Leichnam von zwei Männern in einem groben Kasten auf eine Anhöhe in der Taiga gebracht; es ist das beinahe Unbegreifliche im Leben meines Vaters, daß er, der Hunderte zur letzten Ruhe geleitet und sie unter Gottes Wort und dem Gesang der Gemeinde der Erde übergeben hatte, ohne Gebet und ohne menschliches Geleit in der Erde der Komi-Republik eingescharrt wurde.

Wie viele Küsterlehrer in Rußland mußten den gleichen oder einen noch schwereren Weg gehen! Aber ihr Leben und ihr Weg ist nicht vergeblich gewesen. Was sie uns gegeben haben, hat uns später begleitet und den Halt gegeben. „Die Lehrer aber werden leuchten wie des Himmels Glanz, und die, so viele zur Gerechtigkeit weisen, wie die Sterne immer und ewiglich!" (Daniel 12,3). Wie oft habe ich auch angesichts einer anderen prophetischen Verheißung an meinen Vater denken müssen: „Deine Lehrer werden sich nicht mehr verbergen müssen; sondern deine Augen werden deine Lehrer sehen" (Jesaja 30,20).

Folgenschwere Entscheidung

Der Entschluß zum Theologiestudium, den ich trotz aller Leiden, die er mir gebracht hatte, bis heute nicht bereue, ist mir nicht leichtgefallen. Das Amt in der Kirche hatte in den Jahren, da die Entscheidung über den beruflichen Weg zu treffen war, keine Zukunft. Es waren mein Vater und ein älterer, im Glauben bewährter Christ, deren Wort den Ausschlag gab.

Zunächst aber war ich Lehrer. In diesen Jahren, von 1922 bis 1926, konnte ich zugleich Lesegottesdienst halten und Religionsunterricht erteilen. Eine Studienzeit 1924/25 am Institut für Volksbildung in Odessa blieb indessen, weil ich nicht länger die Kosten aufbringen konnte, Episode. So wurde ich wieder Lehrer.

Im Jahre 1925 war es Bischof Arthur Malmgren nach schwierigen Verhandlungen mit den staatlichen Stellen gelungen, den Auftrag der Generalsynode zu erfüllen und die Theologische Hochschule in Leningrad zu gründen, deren Rektor er wurde. Der offizielle, von der Regierung vorgeschriebene Name des Instituts lautete „Biblische Hochschulkurse", allgemein bürgerte sich die Bezeichnung „Predigerseminar" ein. An der feierlichen Eröffnung Anfang September 1925, vollzogen in einem feierlichen Gottesdienst in der St. Annenkirche, in deren Gemeinderäumen auch die Vorlesungen stattfanden, nahmen die Mitglieder des Oberkirchenrats aus Moskau mit Bischof Theophil Meyer an der Spitze und aus Deutschland der damalige Rektor der Berliner Universität, Karl Holl, sowie D. Grützmacher aus Münster teil. Ein Ereignis, das bei allen Beteiligten einen tiefen Eindruck hinterlassen hat.

1926 wurde ein weiterer Kursus eröffnet, in den auch ich aufgenommen wurde. Außer den beiden 1925 und 1926 begonnenen Kursen wurden nur noch zweimal — im Abstand von zwei Jahren — neue Studenten aufgenommen, ehe das Seminar 1935 nach den dauernden Schikanen der GPU, welche die Studenten einfach einen nach dem anderen aus Leningrad auswies, geschlossen werden mußte.

In seinem Studienplan schloß sich das Predigerseminar an die deutschen theologischen Fakultäten an, die Studiendauer betrug allerdings wegen des Pfarrermangels nur drei Jahre. Trotzdem gehörte zur Ausbildung wie in Deutschland das Erlernen der biblischen Ursprachen Hebräisch und Griechisch, zu den überall üblichen theologischen Disziplinen kamen außerdem das Studium der neueren deutschen Literatur und, da es nicht mehr auf den Oberschulen geschah, des Lateinischen.

Im übrigen lebten wir während dieser drei Jahre, die ich zu den glücklichsten und erfülltesten meines Lebens zähle, durch die Unterbringung im Konvikt nicht nur auf der akademischen Ebene, sondern auch in der Gestaltung des täglichen Lebens zusammen. Unsere Gemeinschaftswohnung befand sich im obersten Stock des sechsstöckigen Gebäudes auf der Kirotschnaja-Straße 8, das früher der Annengemeinde gehört hatte und nach der Revolution 1918 von der Regierung verstaatlicht worden war. Der Gebäudekomplex umschließt einen Hof, in dessen Mitte die St. Annenkirche steht, die bis heute unter Denkmalschutz steht. In zwei dieser Gebäude war die Annenschule, jetzt sowjetische Schule, untergebracht. Für die Räume, die wir einnahmen, wurde an den Staat Miete gezahlt. Unser Konvikt bestand aus einem großen Speisesaal, mehreren Wohnzimmern, Küche und Wirtschaftsräumen. An diese Räume schloß sich die Wohnung des Studienleiters, Propst Wacker, an. Etwa die Hälfte der Studenten bewohnten gemietete Zimmer in anderen Teilen des Gebäudekomplexes. Auch befanden sich hier die Wohnungen von Bischof Malmgren, Dozent Wenzel und der Hauseltern, des Ehepaars Waldmann.

Der Tagesverlauf war im allgemeinen folgender: Frühstück mit anschliessender Morgenandacht, die Propst Wacker hielt und an der auch seine Familie teilnahm. Ein Student begleitete den Gesang am Klavier. Danach folgten in der Aula der Annenkirche und den anderen Gemeinderäumen die Vorlesungen. Um 13 Uhr Mittagessen, danach ein kurzer Spaziergang; und am Nachmittag widmete man sich dem Studium und beschäftigte sich in der Bibliothek. Nach dem Abendbrot ging jeder seinen Wünschen nach: Unterhaltung, Lesen, Kino, Philharmonie oder Theater, Besuche bei Bekannten.

Die Verpflegung war sehr gut; dafür sorgten unsere immer freundlichen Hauseltern, Herr und Frau Waldmann. Letztere verstand es ausgezeichnet, den Haushalt zu führen und die Arbeit unter dem Dienstpersonal zu verteilen und zu beaufsichtigen. Unter ihrer Regie bereitete eine kundige Köchin eine schmackhafte und abwechslungsreiche Kost; die Mägde hielten die Wohnzimmer sauber und in guter Ordnung. Unter solcher Betreuung konnten wir uns ohne lästige Einschränkung ganz dem Studium widmen, das wir durchaus ernst nahmen und darum mit großem Lerneifer betrieben. Kneipenbesuch war uns unbekannt und man betrieb auch keinerlei Studentenallotria.

Bis heute denke ich mit großer Dankbarkeit an Waldmanns, die uns im wahren Sinne des Wortes Hausvater und Hausmutter waren, so daß wir uns wie in einer Familie umsorgt und geborgen fühlten. Herrn Waldmanns Gutmütigkeit und Hilfsbereitschaft nützten manche Studenten aus und pumpten ihn um ein Darlehen an, wenn sie in Geldverlegenheit waren. Frau Waldmann verstand es, uns unauffällig gute Manieren beizubringen, was auch nötig war, kamen doch die meisten Zöglinge aus dörflichen Verhältnissen und mußten erst lernen, sich in der großstädtischen Gesellschaft frei zu bewegen.

Was die Lehrkräfte am Seminar betrifft, die im Dozentenrat, der unter der Leitung des Rektors stand, zusammengeschlossen waren, so möchte ich an erster Stelle den Studienleiter, Propst Friedrich Wacker, nennen, der ein väterlicher und geistlich geprägter Begleiter und Berater der Studenten war. Er war ein von festen christlichen Grundsätzen geleiteter Mann, der geduldig und gelassen uns anhören konnte, wenn wir uns über etwas zu beklagen hatten, was uns beim Studium Schwierigkeiten bereitete. Im freien Gespräch mit uns nannte er sich gern einen „Demokraten bis aufs Mark der Knochen", und er trat auch stets mit dem ganzen Gewicht seiner Persönlichkeit für Recht und Gerechtigkeit ein. Seine als richtig erkannte Meinung vertrat er auch im Dozentenrat mit aller Entschiedenheit. Das führte manchmal zu Kontroversen zwischen ihm und Bischof Malmgren, der, umgekehrt, mehr ein „Aristokrat bis aufs Mark der Knochen" war! Propst Wackers Vorlesungen in Kirchen- und Dogmengeschichte sowie Pastoraltheologie zeugten von einer gründlichen und gewissenhaften Vorbereitung und einem soliden Wissen. Mit seinem eigenen Standpunkt hielt er nicht zurück, und der war stets gemäßigt und vermittelnd. Seine Predigten, die er in der Annenkirche hielt, waren immer sorgsam vorbereitet und dienten uns als Musterpredigten. Außerdem war er ein geradezu fanatischer Musikliebhaber! Er hatte während seines Theologiestudiums in Leipzig auch eine Zeitlang das Konservatorium besucht und spielte mit großer Fertigkeit Klavier. Er ließ kein Konzert in der Philharmonie aus, und bei sich veranstaltete er manchmal Hauskonzerte, wobei er Klavier spielte und zwei andere Musiker Geige und Cello. Später wurde er für drei Jahre nach Sibirien verbannt. Nach seiner Rückkehr ernährte er sich und seine Familie mit Musikstunden. Über sein weiteres Schicksal ist nichts bekannt geworden.

Bischof D. Artur Malmgren, Rektor des Seminars, Propst des Leningrader Propstbezirks und Pastor der St. Annengemeinde, las Systematische Theologie (Dogmatik und Ethik) und Religionsgeschichte; er tat es in freiem Vortrag und formgewandter Sprache. Sein eigener Standpunkt war gemäßigt konservativ. Die Probleme der Dogmatik und Ethik behandelte er ohne Engherzigkeit. Er war ein ausgezeichneter Kanzelredner, dem stets mehrere Ausdrücke zur Verfügung standen, seine Gedanken klarzumachen. Er war weltmännisch gewandt und bei der Konversation nie um Worte und Gedanken verlegen, und darum geriet ein Gespräch mit ihm nie ins Stocken. Als Rektor kam er gewissenhaft und ohne Überhebung seinen Pflichten nach. Aber durch seine vornehm-zurückhaltende Art blieb er seinen Gemeindegliedern gegenüber stets auf Distanz. Dennoch genoß er allgemeine Verehrung und Hochachtung.

Professor Brock war eine Kapazität auf dem Gebiet der deutschen Sprache und Literatur und ein Kenner und Liebhaber besonders der neuesten deutschen Literatur. Außerdem lehrte er Griechisch und die lateinische Sprache. Er war ein hochgeachteter und völlig in Anspruch genommener Hochschullehrer in Leningrad. Leider mußte er sich später von seinem Lehrstuhl im Seminar zurückziehen, um drohenden Repressalien der Bildungsbehörden zu entgehen.

Dozent Seewald, der nach Brocks „Rücktritt" deutsche Sprache und Literatur übernahm, führte uns weiter in die Geschichte der deutschen Literatur ein und bemühte sich, uns einen guten deutschen Sprach- und Schriftstil beizubringen. Mündliche und schriftliche Seminare haben uns viel Nutzen gebracht.

Pastor Helmut Hansen, der uns Neutestamentliche Theologie und Leben Jesu erteilte, hat sich durch seine einfache und herzliche Art die Liebe und Freundschaft der Studenten erworben. Seine Vorlesungen wurden gegen Ende der Stunde zu einem lebhaften Zwiegespräch mit den Hörern. Gewöhnlich schwebte Hansen „in höheren Sphären" und wir bemühten uns, ihn zur Erde zurückzuholen. Er war Kettenraucher, in den Pausen versammelten sich die Studenten um ihn und, eingehüllt in Tabakrauch, wurden interessante Themen der Theologie und auch des Alltags erörtert. In der Hitze des Gesprächs, in das wir ihn absichtlich immer tiefer verwickelten, merkte er nicht, daß die Pause schon vorüber war und das Klingelzeichen von uns ganz kurz und möglichst still gegeben worden war. Dieser fromme und herzensgute Mensch hatte später mit seiner Frau durch Verhaftung und Straflager viel Schweres durchzumachen und ist in der Verbannung gestorben. Gewiß im Aufblick zu seinem Herrn, dem er treu gedient hatte.

Pastor Otto Wenzel erteilte hebräische Grammatik, Geschichte des Volkes Israel und Alttestamentliche Theologie und Exegese, wurde von uns hochgeachtet und umschwärmt und war unter unsern Lehrern der „Liberale". Er war ein sehr gelehrter Herr und ein eifriger Alttestamentler. Da er verhältnismäßig noch jung war, wagten wir es, aus unserem meist konservativen Stand heraus, ihm in manchem zu widersprechen. Seine Vorlesungen waren hinreißend interessant und er hat uns die schwere hebräische Sprache und die alttestamentliche Wissenschaft zu Lieblingsfächern gemacht. Die „liberale Theologie", die er vertrat, wurde besonders von den älteren unter uns oft heftig kritisiert, aber er war über diese Kritik nicht beleidigt, und die Vorlesungen wurden dadurch noch interessanter. Manchmal hielt er im Speisesaal für die Studenten, nach dem Abendbrot, Bibelstunden, in denen er das biblische Wort uns so innig ans Herz legen konnte, daß sie für uns zu heiligen Weihestunden wurden und uns bewiesen, daß auch „liberale" Theologen nicht nur „gläubige", sondern ernste, tiefüberzeugte Christen sind! Später ging er als Pastor in die deutschen Kolonien im Kaukasus. Ende der 30er Jahre wurde er von den Behörden der Staatssicherheit fast täglich bedroht und schikaniert, zum Widerruf seiner religiösen Überzeugung aufgefordert und schließlich 1939 verhaftet und zum Tode durch Erschießen verurteilt. Ein Märtyrer des Glaubens! Er war eine feinfühlige Natur von großer Intelligenz und daher für seine dickhäutigen Feinde aus den Polizeiorganen ein gefundenes Fressen! Seine Frau soll in den 60er Jahren in der Stadt Karaganda in Kasachstan gelebt und als Putzfrau gearbeitet haben.

Und nun Pastor Arnold Frischfeld, Exegese der Psalmen und des Neuen Testaments, ein wahrhaft genialer Mensch, in seiner vielseitigen Begabung einem Julius Cäsar vergleichbar! Das schwere Hebräisch las er ebenso fließend wie deutsch, desgleichen griechisch. Zu den Vorlesungen kam er ohne jegliches wissenschaftliches Gepäck, nur das griechische Neue Testament in der Rocktasche oder die Biblia Hebraica unter dem Arm. Man merkte ihm auch nicht an, daß er sich zu den Vorlesungen vorbereiten müßte; es war ganz natürlich, daß er auch ohne dies alles wußte! Er war aber auch nicht nur Theologe, sondern auch Dichter tiefsinniger Gedichte, Kunstkenner, Musiker! Er war auf allen Geistesgebieten bewandert und hielt auf Gemeindeabenden hochinteressante Vorträge. Und schließlich war er ein gottbegnadeter Prediger, nicht rhetorisch, aber aus den Tiefen des göttlichen Wortes schöpfend. Wir Studenten scheuten nicht den weiten Weg in die Katharinenkirche, um seine Predigten zu hören. Ja, Frischfeld war groß in seinem Wissen und Können, aber zuletzt noch größer im Leiden, durch das er hindurch mußte: er ist nach langer schwerer Haft und Krankheit im Straflager umgekommen.

Nicht unerwähnt soll Professor Jürgenson bleiben, der uns im Sinne von Adolf von Harnack Missionsgeschichte vortrug. Ein gutmütiger, etwas gegenwartsfremder Herr, ein Kenner seines Faches, der mit Hingebung seine Vorlesungen hielt. Von uns wurde er geehrt und geachtet. Er war auch Bischof der estnischen evangelisch-lutherischen Kirche in der UdSSR. Leider wurde er uns schon bald durch einen frühen Tod entzogen.

Pastor Paul Reichert erteilte Praktische Theologie und Katechetik. Er war ein erzkonservativer Theologe und Pastor. Ihm verdanken wir manchen praktischen Wink für das pastorale Amt. In den folgenden Jahren kam es zwischen ihm und Bischof Malmgren zu einer unheilvollen Konfrontation in finanziellen Fragen der Seminarverwaltung, von der nur eine dritte, atheistische, Seite profitiert hat.

Noch ein Herr sei erwähnt, dessen Namen ich vergessen habe. Er war Sprachkünstler bzw. Schauspieler oder Phonetiker, der uns die richtige Aussprache lehren sollte.

Anfang 1930 übernahm Pastor Behrendts hebräische Sprache und Altes Testament. Ich selbst las Kirchengeschichte.

Im Laufe seines Bestehens absolvierten 57 Studenten das Seminar. Außer den Vorlesungen wurden Seminare, Praktiken und Kolloquien abgehalten und von den Studenten Referate gelesen. Ein Höhepunkt im Studium waren die Probepredigten, die an Mittwochabenden in der Annenkirche unter Teilnahme der Gemeinde von jedem Studenten gehalten werden mußten. Am nächsten Tag wurden sie bei den Vorlesungen kritisiert, besprochen und nach Inhalt und Form sowie Vortragsweise beurteilt.

Zur Unterstützung des Studiums diente eine reichhaltige theologische Bibliothek. Besonders wertvoll war eine Kopie in Großformat des Codex Sinaiticus, dessen Original sich damals in der Leningrader Öffentlichen Bibliothek befand und nur mit einer Sondererlaubnis des Direktors der Bibliothek besichtigt werden konnte. Leider habe ich es nie zu Gesicht bekommen, trotz allen Bemühens, da, wie man mir sagte, der Direktor abwesend sei! In späteren Jahren wurde der Kodex für einige Millionen nach England verkauft! Unsere Bücherei enthielt Literatur in allen theologischen Disziplinen und wurde laufend mit theologischen Neuerscheinungen aus Deutschland vervollständigt. Die staatliche Zensur wurde damals etwas lax gehandhabt, auch war das Seminar ja mit obrigkeitlicher Erlaubnis gegründet worden, und dazu gehörte auch die Möglichkeit der Versorgung des Seminars mit Fachliteratur. Von den Studenten wurde die Bibliothek fleißig benutzt und hat viel zu unserem theologischen Wissen und allgemeinen Geistesbildung beigetragen.

Das gottesdienstliche Leben der evangelischen Gemeinden in Leningrad war recht lebendig. Außer der St. Annenkirche, der das Seminar angegliedert war, gab es noch mehrere deutsche lutherische Gemeinden in der Stadt und in der Umgebung: die Petrigemeinde (Newskij Prospekt), die Katharinengemeinde (Wassiljewskij Ostrow), die Mariengemeinde (Petrogradskaja Storona) und eine reformierte Gemeinde. Die Kirchengebäude standen und stehen unter Denkmalschutz. Es gab auch je eine finnische, estnische, lettische und schwedische Gemeinde, mit denen man Kontakt unterhielt. Von früher her setzten sich die einzelnen Gemeinden aus den nahewohnenden deutschen Lutheranern und, wie man mir erzählte, auch nach Stand und Beruf zusammen. Zur Annenkirche hielten sich die Deutschen am kaiserlichen Hof, der baltische Adel und die deutsche evangelische Aristokratie im allgemeinen. Auch Kaiser Nikolaus II. und seinerzeit Bismarck waren Gäste der Annenkirche; seitwärts vom Altar befand sich die Grabstätte einer Herzogin von Württemberg. Die Petrigemeinde setzte sich aus Beamten, Angestellten, Handwerkern, Geschäftsleuten zusammen. Zur Katharinenkirche gehörten, außer den umwohnenden Deutschen, Gelehrte und Wissenschaftler der nahegelegenen Akademie der Wissenschaften und der Universitäten sowie Offiziere des Kadettenkorps.

Nach dem Sonntagsgottesdienst, der in allen Kirchen zur gleichen Zeit begann, wurde der Kindergottesdienst abgehalten. Die Kinder waren in Altersgruppen eingeteilt; jede Gruppe wurde von einem Helfer oder einer Helferin betreut. Eine biblische Geschichte, die am Vortag mit dem Pastor vorbereitet worden war, wurde nun den Kindern nahegebracht. Zum Schluß versammelten sich alle Kinder um den Altar, wo der Pastor nach einer kurzen Befragung und Zusammenfassung des Stoffes den Kindergottesdienst liturgisch abschloß. Später wurden Kindergottesdienste verboten.

Mit der sogenannten „liberalen Theologie" kamen die Gemeindeglieder wenig oder garnicht in Berührung. Nur wir Theologiestudenten mußten uns mit ihr auseinandersetzen, worüber ich oben berichtet habe. Die jüngeren unter uns neigten mehr oder weniger zur liberalen Theologie hin, ohne aber den konservativen Glaubensstand, den wir von zu Hause mitgebracht hatten, aufzugeben; die älteren hielten an ihrer konservativen Überzeugung fest. In der Praxis des religiösen und kirchlichen Lebens blieben wir alle „konservativ", d. h. dem Glauben treu, den wir ererbt hatten. Das gilt besonders hinsichtlich unseres Pastorenamtes, denn die evangelischen Gemeinden in Rußland waren und sind durchaus pietistisch geprägt und würden auch heute noch eine „liberale", d. h. bibelkritische Predigt mit Entrüstung zurückweisen und dem „ungläubigen" Pastor das Placet entziehen!

Das Gemeindeleben war vor allem gezeichnet von einem sehr gut besuchten Gottesdienst, an dem auch Jugendliche teilnahmen. Um sie hat sich besonders Pastor Hansen bemüht, der sie in christlichen Kreisen sammelte, was ihm schließlich Verhaftung und Straflager einbrachte. Die Taufen fanden meist im Hause statt, Trauungen immer in der Kirche. In den zahlreichen Gottesdiensten in der Karwoche beteiligte sich fast die ganze Gemeinde am Heiligen Abendmahl, das auch sonst im Laufe des Kirchenjahres gereicht wurde. Konfirmation fand einmal im Jahr statt, am Palmsonntag oder in der österlichen Zeit. Der Konfirmandenunterricht wurde in der Sakristei abgehalten, wo auch die Sitzungen des Kirchenrats stattfanden. Des öfteren wurden Kirchenkonzerte veranstaltet mit namhaften Künstlern, Sängern oder Musikern. Mehrfach gab der Hamburger Organist Sittard Gastkonzerte in der Petrikirche, die die größte Orgel besaß. Ein hervorragender Organist war in Leningrad Professor Fritz Grieben, Organist an der Katharinenkirche und Klavierspieler in der großen Leningrader Oper. In jeder Gemeinde wurden Gemeindeabende veranstaltet mit Vorträgen über biblische, literaturgeschichtliche, religionsphilosophische u. a. Themen. Mit der Zeit wurden alle diese Aktivitäten der Gemeinden verboten; sogar auch das Läuten der Glocken!

Die Freizeit verbrachten wir in verschiedener Weise: ein Teil der Studenten beteiligte sich an den Kirchenchören, manche besuchten Kinovorstellungen, die Musikalischen die Philharmonie, und wieder andere folgten Einladungen zu Familienabenden bei Bekannten. Bei letzteren Gelegenheiten knüpften sich auch hie und da zärtliche Bande, die später zu Eheschliessungen führten. Es geschah auch, daß im Saal der Philharmonie Dispute zwischen Volkskommissar Lunatscharskij und dem Metropoliten der „erneuerten Kirche" stattfanden, die unbedingt besucht wurden. Auch gab es zeitweilige Verbindungen zu den Studenten eines russisch-orthodoxen Instituts, in dem Priester herangebildet wurden. Ein Teil der Studenten hielt an Sonntagen Lesegottesdienste, im zweiten Studienjahr auch Gottesdienste mit freier Predigt, in den zahlreichen deutschen Dörfern der Umgegend von Leningrad. Ich betreute im Auftrag von Propst Wacker zwei Jahre lang die deutsche evangelische Gemeinde in Detskoje Sselo (jetzt Puschkin), wo sich nun eine finnisch-estnische Gemeinde in der deutschen Kirche etabliert hat. Ich leitete auch den Konfirmandenunterricht und gab, wie auch einige andere Studenten, Privatunterricht in Deutsch und Religion.

Das kulturelle Leben der Leningrader Deutschen konnte zu jener Zeit noch aktiv durchgeführt werden. Es gab einen deutschen Bildungsverein, wie auch in anderen Großstädten Rußlands, der auch Theateraufführungen brachte, die von uns und unseren Dozenten gern besucht wurden. Ich erinnere mich an die Aufführung von Sudermanns „Johannisfeuer" im vergoldeten Theatersaal des Jussupow-Palais auf Newskij Prospekt. Ein Dr. Drach, Deklamator aus Deutschland, trug im Bildungsverein Gedichte deutscher Klassiker vor. Auch Tanzabende im Bildungsverein zogen die Jüngeren unter uns an, was zu Kontakten zur deutschen Jugend Leningrads führte.

Nach einer kurzen Zeit als Predigtamtskandidat in den beiden Moskauer Gemeinden Petri-Pauli und Michaelis wurde ich im Herbst 1929 von Bischof Malmgren in der St. Annenkirche in Leningrad zum Pastor ordiniert und vom Oberkirchenrat zum Pastor des Kirchspiels Djelal mit dem Zentrum in Eupatoria auf der Krim ernannt, wo ich 20 bis 25 Gemeinden zu betreuen hatte.

Ein Jahr später, im Herbst 1930, wählte mich die St. Annengemeinde in Leningrad zu ihrem Pastor, als Nachfolger von Bischof Malmgren, der sein Amt in der Gemeinde aufgab, um sich ganz den Aufgaben als Leiter des Leningrader Kirchenbezirks, Rektor des Predigerseminars und Vizepräsident des Oberkirchenrats zu widmen.

Haft und Verbannung

Lange währte die mir so schnell liebgewordene Tätigkeit in einem geordneten Pfarramt nicht: Die Religionsfeindlichkeit der Regierung hatte Anfang der 30er Jahre erheblich zugenommen. Schon 1929 waren einige Pastoren und aktive Gemeindeglieder verhaftet und zu Straflager verurteilt worden. Die Verhaftungswellen begannen regelmäßig ab Oktober und währten bis Ende April. In dieser Zeit war niemand seiner Freiheit sicher! Massenverhaftungen begannen Ende 1933 nicht nur in Leningrad, sondern auch in anderen Städten und Gegenden des Landes; unter den Betroffenen waren viele Geistliche und Gläubige. Da merkte ich, daß auch meine Stunde nicht mehr fern sein konnte und bereitete mich innerlich auf diesen Fall vor. In der Nacht des 22. Januar 1934 wurde ich in meiner Wohnung verhaftet und nach fünfmonatiger Einzelhaft unter dem Vorwand antisowjetischer Tätigkeit und der Spionage zugunsten Deutschlands zu fünf Jahren Straflager verurteilt und in den hohen Norden verbracht. In der Folgezeit ereilte dieses Schicksal auch meine Amtsbrüder aus den anderen Gemeinden der Stadt. Bischof Malmgren ließ nun die Gemeinden von Theologiestudenten betreuen, bis auch diese verhaftet oder aus der Stadt ausgewiesen worden waren, um später in ihren Heimatorten verhaftet zu werden. Schon früher war das Spitzelwesen in die Gemeindeverwaltungen eingedrungen, keiner konnte dem anderen noch trauen. Die Spitzel selbst waren ja zu bedauern, denn sie wurden durch Drohungen und massiven Druck gezwungen, dem Geheimdienst „Material" über andere zu liefern. Schließlich blieb Bischof Malmgren allein, ohne Pastoren, ohne Gemeindeglieder, da die Kirchen eine nach der anderen geschlossen wurden. Dank der Fürsprache des deutschen Generalkonsuls in Leningrad, Dr. Sommer, und der Intervention der deutschen Botschaft in Moskau blieb er vor dem Schlimmsten bewahrt. Schließlich, da er nun „arbeitslos" geworden war, entschloß er sich zur Übersiedlung nach Deutschland, als er dazu die Erlaubnis erhielt.

Bischof Malmgren hat bis zum Schluß auf seinem Posten ausgeharrt, und erst als nichts mehr zu verwalten und nichts mehr zu retten war, verließ er das sinkende Schiff der deutschen evangelisch-lutherischen Kirche in der Sowjetunion.

Er starb während des 2. Weltkrieges einsam, fern von seinen drei Töchtern, die er in Rußland zurückgelassen hatte, in Leipzig, im Hause des Gustav-Adolf-Vereins. Dort wurde er auf einem Leipziger Friedhof bestattet. 1968 wurde er auf Veranlassung des Generalsekretärs Dr. Gennrich umgebettet und ihm ein würdiger Grabstein gestellt.

Zunächst mußte ich im Straflager schwere Waldarbeit verrichten, aber bald schon gelang es einem Amtsbruder, Konstantin Rusch, der schon früher in dieses Lager gebracht worden war, mich durch die Gunst seines Chefs und wegen meiner Lateinkenntnisse in der Apotheke unterzubringen. Dies war der erste von vielen nicht erlernten Berufen, die ich im Laufe der nächsten zwanzig Jahre ausgeübt habe.

1939 bekam ich nach der Entlassung aus meiner Gefangenschaft vorübergehend in Kirow (Wjatka) — nach Leningrad in das alte Amt konnte ich selbstverständlich nicht zurückkehren — Arbeit in diesem neuen Beruf, dann fand ich eine Apothekerstelle im Gebiet Orenburg, die ich bis zum Kriegsausbruch 1941 innehaben konnte. Im Juni 1941 wurde ich von einem Tag zum anderen als nunmehr unzuverlässiges Element meines Postens enthoben, ich war von da an Holzfäller und Stallknecht.

Eine neue und schwere Leidenszeit begann einige Monate später. Nach dem schnellen Vormarsch der deutschen Truppen wurden die Ostukraine, die Krim, der Kaukasus und das Wolgagebiet in größter Eile von der deutschen Bevölkerung „gereinigt". Nur die deutschen Dörfer im Westen der Ukraine, die schon von den Deutschen besetzt waren, entgingen zunächst diesem Schicksal.

Alles Eigentum mußte zurückgelassen werden, das Gepäck durfte 50 kg pro Familie nicht überschreiten. Als die Deportierten, meist Frauen und Kinder — die Männer waren schon früher weggebracht worden —, nach einem Transport, der einen Monat oder sogar länger dauerte, völlig erschöpft, ausgehungert und dürftig bekleidet an ihren Bestimmungsorten in Kasachstan, Kirgisien oder Usbekistan ankamen, blieb ihnen als Unterkunft nur eine Schlafstätte aus Stroh und Lumpen in den Hütten der Einheimischen, und was sie an Kleidungsstücken noch mitgeschleppt hatten, mußten sie, um nicht zu verhungern, gegen Brot und besonders Salz eintauschen. Von frühmorgens bis spätabends, oft bei großer Kälte und furchtbarem Schneegestöber, mußten sie — auch die Kinder! — arbeiten. Nicht selten wurden sie von ihren „Brigadieren" und Aufsehern geschlagen oder ihrer mitgebrachten Habe beraubt. So manche haben sich im Schneesturm verirrt und sind erfroren. Ihre Leichen oder Skelette fand man vielfach erst während der Schneeschmelze.

Das, was man unter einem kirchlichen Leben versteht, gab es in dieser Zeit nicht mehr. Hunger und Entbehrung, Rechtlosigkeit und Unterdrückung hatten fast völlig den Sinn für Kirche oder religiöse Gemeinschaft verdrängt. Nur an Kranken- oder Sterbebetten gab es gelegentlich noch christliche Ermahnung oder Trost aus Gottes Wort, aber auch dies nur im Verborgenen.

Ich selber wurde im März 1942 in die Zwangsarbeitsarmee „eingezogen", d. h. interniert, zuerst im Gebiet Uljanowsk (Simbirsk), dann im Uralgebiet. Hier hatte ich abwechselnd bald physische Arbeit zu verrichten, bald war ich als Apotheker tätig. Im Jahre 1950 (!) wurde ich aus dem Apothekerberuf endgültig entlassen, weil ich früher in Haft gewesen war und darum als politisch unzuverlässig galt. Ich wurde Buchhalter und Angestellter in einer Autovermietung.

Auch nach dem Krieg noch war den Deutschen in der Sowjetunion jeder Ortswechsel verboten. Sie galten weiter als Internierte und mußten sich monatlich oder öfter bei der Polizei melden. 1954 gelang es mir, bei der Kommandatur eine Sondererlaubnis zu erwirken und zu meinen Angehörigen nach Akmolinsk (jetzt Zelinograd) in Kasachstan überzusiedeln. Hier wurde ich Techniker im Straßenbau, ein Beruf, den ich bis zum Ende des

Jahres 1955 ausübte. Erst 1962, 28 Jahre nach dem Urteil, wurde ich im Zuge der „Entstalinisierung" rehabilitiert.

Neues Leben auf dem Kirchenfeld

Erst nach dem Tode Stalins im Jahre 1953 begann es sich wieder zu regen auf dem toten Kirchenfeld. Ängstlich, mit großer Vorsicht begannen zuerst die Frauen, dann auch, als es nicht mehr so gefährlich schien, die christlich gesinnten Männer, geistlich aktiv zu werden. Man versammelte sich um das Bett eines Kranken oder Sterbenden, um ihn in Wort, Gebet und Gesang Trost und sich selbst Mut zu freudigem Bekenntnis zu geben.

Aber auch dies waren in den Augen derer, die die Macht hatten, verbotene Zusammenkünfte und sie erregten deren Verdacht, es könne sich um „konterrevolutionäre" Tätigkeit handeln. Dennoch wurde man sich in diesen kleinen Kreisen wieder der Gemeinschaft des Glaubens bewußt und gewahrte staunend, daß Gott sich „hatte übrigbleibenlassen siebentausend, die ihre Knie nicht gebeugt hatten vor Baal" (1. Könige 19,18). Wo immer Deutsche wohnten, da entstanden christliche Kreise und kleine Gemeinden, die sich um Gottes Wort sammelten und sich in gemeinsamem Singen und Beten ihres Glaubens freuten.

Auch in Akmolinsk. Es begann 1955 mit einem Pfingstgottesdienst, den ich in meiner Wohnung in aller Stille für die im Umkreis Wohnenden hielt. Es kamen so viele, daß die Wohnung sie nicht fassen konnte. Mir ist es bis heute ein Rätsel, wie die Kunde, daß ein Pastor in der Stadt sei und Gottesdienst halten werde, sich so weit verbreitete.

Für den nächsten Sonntag wurde ich gebeten, in einem anderen Stadtteil Gottesdienst zu halten. Ich verband ihn mit der Feier des Heiligen Abendmahls, für fast alle die erste nach 20 oder 25 Jahren! Von nun an fanden regelmäßig, jedesmal in einem anderen Hause, am Sonntag Gottesdienste statt, immer verbunden mit Heiligem Abendmahl oder Taufe.

Im Herbst mußten wir uns nach einem Haus für unsere Zusammenkünfte umsehen; man konnte ja jetzt nicht mehr wie im Sommer die Möbel ausräumen, um Platz zu schaffen. Von zwei deutschen Familien, die in eine wärmere Gegend zogen, konnten wir ein einfaches Haus erwerben. Das dazu nötige Geld wurde durch Vertrauensleute im Stillen unter den deutschen Familien der Stadt gesammelt, auch für das, was an Material für den Umbau nötig war, während der Umbau selber weitgehend durch die eigene Arbeit

Bethaus und Pastorat in Zelinograd

bewerkstelligt wurde. Die eine Hälfte des Hauses wurde durch Entfernung der Mittelwände in einen Saal, den Betsaal, umgebaut, die andere Hälfte als Pfarrhaus eingerichtet.

Am 1. Advent 1955 wurde das Haus eingeweiht. Aber noch war die Gemeinde nicht — entsprechend den staatlichen Vorschriften — registriert, sie war illegal. Trotzdem gab ich am Ende des Jahres 1955 meinen weltlichen Beruf auf und widmete mich von da an ausschließlich der evangelisch-lutherischen Gemeinde in Akmolinsk/Zelinograd, deren Pastor ich nun war.

Schon Mitte Dezember 1955, nach dem Erlaß des Obersten Sowjet über die Aufhebung der Internierung der Deutschen vom 13. 12. 1955, war ich mit einem Gemeindeglied in die ungefähr tausend Kilometer entfernte Hauptstadt der kasachischen Sowjetrepublik, Alma-Ata, gefahren, um die Registrierung der Gemeinde, ihres Pastors und ihres Hauses zu erwirken.

Die Verhandlung mit dem Regierungsbevollmächtigten für Kirchenfragen begann recht freundlich, wurde allerdings im Laufe des Gesprächs immer unfreundlicher. Immerhin gab man uns darüber Bescheid, wie die Registrierung zu beantragen sei. Auf die örtlichen Behörden machte unser Antrag allerdings keinen Eindruck. Man reagierte einfach nicht. Wir mußten uns mit der illegalen Existenz unserer Gemeinde zunächst abfinden.

Im Frühjahr 1956 erwies es sich, daß der gottesdienstliche Raum die Kirchgänger nicht mehr fassen konnte. Wir entschlossen uns, den kleinen Saal abzureißen, um ihn größer wieder aufzubauen. Die erforderlichen Geldmittel waren wieder in erstaunlich kurzer Zeit zusammen. Männer und Frauen aus der Gemeinde, vor allem auch die Konfirmanden, halfen mit großer Bereitwilligkeit bei den Bauarbeiten. Ich denke besonders noch an den stets gegenwärtigen und unermüdlichen Gustav Pidde! Ein Jahr nach dem ersten Gottesdienst, am Pfingstfest 1956, konnte sich die Gemeinde in dem Neuen Bethaus zum Gottesdienst versammeln. Nur an einem einzigen Sonntag war wegen des Umbaus der Gottesdienst ausgefallen!

Unsere „ungesetzliche" Tätigkeit war inzwischen höheren Ortes ruchbar geworden. Aus Alma-Ata erschien ein Regierungsbeamter, der sich sehr ungehalten über unser „unerlaubtes Vorgehen" äußerte. Aber man wagte nicht, unser Tun direkt zu unterbinden. Harte Auseinandersetzungen mit den Behörden blieben uns allerdings nicht erspart.

Um diese Zeit gelang es mir, zur Evangelischen Kirche in Deutschland und zum Gustav-Adolf-Werk in Leipzig den Kontakt aufzunehmen. Dessen

Generalsekretär Dr. Gennrich setzte es unter Einschaltung der Sowjetbotschaft in Ostberlin und mit Hilfe des Regierungsmitgliedes Otto Nuschke durch, daß uns aus der DDR ein Harmonium, ein Altarbild und ein Kruzifix übersandt werden konnte. Auch erhielten wir, was später nicht mehr möglich war, Bibeln, biblische Geschichtenbücher, Katechismen, Gesangbücher und zahlreiche andere religiöse Bücher.

Konfirmanden in Zelinograd

Wir sollten allerdings bald zu spüren bekommen, daß man seitens des Staates unser Tun weiterhin mit Unwillen verfolgte. Am Gründonnerstag 1957 erschienen zwei Beamte, ein Offizier vom Sicherheitsdienst und der Leiter der städtischen Feuerwehr, und verboten uns die Benutzung des Saales für Gottesdienste, angeblich wegen Feuergefährlichkeit. Unser neuer, geräumiger und schön ausgestatteter Betsaal stand leer und wir mußten unsere Gottesdienste in einer Art Scheune abhalten. Glücklicherweise ging es dem Sommer entgegen.

Unser neues Bethaus gaben wir nicht verloren! Im Mai 1957 sandten wir eine Frau aus der Gemeinde nach Moskau zum Obersten Sowjet! Sie sollte eine Eingabe mit der Bitte um Registrierung unserer Gemeinde überbringen. Tatsächlich wurde sie auch nach einigem Zögern und Vertrösten, wohl weil man einsah, daß sie sich nicht wegschicken ließ, zum stellvertretenden Vorsitzenden des Obersten Sowjet vorgelassen. Er versprach, die Registrierung unserer Gemeinde anzuordnen. Aber wieder mußten wir lange warten und schickten schließlich unsere Abgesandte noch einmal vor, diesmal nach Alma-Ata, wo die endgültige Entscheidung zu treffen war. Nach einigen Tagen kehrte sie mit der Nachricht zurück, der Pastor solle selbst zu den Verhandlungen kommen. So machte ich mich auf die Reise, und noch einmal bedurfte es viertägiger Verhandlungen, bis man mir endlich die Registrierungsurkunden aushändigte.

Mündlich wurden mir folgende Bedingungen gestellt: Ich dürfe als Pastor, der für Zelinograd registriert sei, keine auswärtigen Gemeinden mehr betreuen. Mir sei Religionsunterricht, Kindergottesdienst, kirchliche Jugendarbeit, Konfirmandenunterricht sowie jede Aktivität zur Wohltätigkeit verboten. Hilfe für andere Gemeinden sei nicht zulässig. Kinder oder gar Schüler dürften nicht am Gottesdienst teilnehmen. Das Kreuz auf dem Bethaus sei nicht an der Straßenfront, sondern an der Hofseite anzubringen, wie überhaupt das Haus nicht als Bethaus erkenntlich sein dürfe.

Trotz allem, wir waren nun als erste deutsche Kirchengemeinde staatlich anerkannt! Zehn Jahre lang waren wir außerhalb des Baltikums die einzige lutherische Gemeinde mit diesem „Privileg". Es schien nun, als würden wir jetzt ohne Störungen von außen, in Ruhe und Geborgenheit unserem Herrn dienen und uns Seiner Gegenwart im Frieden Seines Hauses freuen können. Aber der Schein trog.

Zeit der Bedrückung

Im Jahre 1959 brach unter Nikita Chruschtschow, der ein erbitterter Feind des Christentums war, eine regelrechte Verfolgung aller Gläubigen aus, die besonders die orthodoxe Geistlichkeit traf. In Zelinograd war die deutsche Gemeinde das spezielle Angriffsziel. Es kam zu einer schmutzigen Hetzkampagne, die darauf gerichtet war, die Gemeinde aufzulösen und ihren Pastor einzusperren. Zeitungen und Rundfunk konnten sich nicht genug tun darin, mich auf geradezu widerwärtige Weise zu diffamieren. In den Betrieben wurden die Arbeiter zusammengetrommelt, um Resolutionen gegen mich und gegen die Existenz unserer Gemeinde zu verabschieden. Eine Einladung an mich, welche die Bischöfe Lilje und Mitzenheim ausgesprochen hatten, die DDR und die Bundesrepublik zu besuchen, nahm man zum

Anlaß der Kampagne. Man prophezeite, ich würde im Ausland die Sowjetunion verleumden, man versuchte, in meiner Wohnung Abhörgeräte anzubringen, man schikanierte mich auf jegliche Art.

Schließlich wurde mir eine Kontribution (anders kann man es nicht nennen!) von 70 000 Rubeln auferlegt. Natürlich konnte ich diese Summe nicht bezahlen, und ich hatte den Eindruck, als erwartete man dies auch gar nicht von mir. So wurde denn mein Hausstand beschlagnahmt und weggebracht. Als man sich davon überzeugt hatte, daß ich den Betrag immer noch nicht aufbringen konnte, verminderte man die aufzubringende Summe auf 22 000 Rubel, die natürlich ebensosehr außerhalb meiner Möglichkeiten lag; aber man hatte wohl auch von Anfang an im Sinne, die ganze Gemeinde als Schuldnerin zu treffen. Den Kirchenrat, der die friedliche Existenz der Gemeinde auf jede Weise zu sichern versuchte, gelang es auch, diesen immer noch enormen Betrag unter den Gemeindegliedern zu sammeln. So war denn dieser Angriff, vorgetragen über das städtische Finanzamt, abgewehrt.

Eines Tages wurde ich in den Stadtrat abgeholt. Der Vorsitzende des Stadtrates zeigte mir eine dicke Mappe: dies seien die Resolutionen, die auf Versammlungen der Werktätigen gegen mich und meine religiöse Tätigkeit gefaßt worden seien. Er forderte mich auf, von meiner „schädlichen" Tätigkeit abzulassen, und drohte mir mit Repressalien. An diesem Gespräch nahmen auch die Staats- und Parteifunktionäre der Stadt und die Direktoren der Schulen teil, und ich wurde einer Art Kreuzverhör ausgesetzt. Als ich schließlich den Saal verließ, rief mir der Vorsitzende drohend nach: „Wir werden alles tun, um Ihre Kirche zu schließen!" Ich erwiderte: „Auch wir werden alles tun, aber um sie zu erhalten!"

Mich hat damals die ganze Prozedur nicht besonders aufgeregt, um so mehr aber meine Frau, die während der ganzen Zeit auf dem Flur wartete und als indirekte Zeugin an dem ganzen Vorgang teilnahm. Für mich gehörte es zur Alltagsbeschäftigung, unangenehme und aufregende Gespräche mit Regierungsbeamten zu führen, was gewiß zu den Ursachen meines späteren Herzinfarktes gehörte. Die Gemeinde erfuhr in der Regel nichts von diesen Torturen, den vielen Vorladungen und Telefonanrufen, bei denen man zusammenzuckte, den anonymen Anrufen, in denen unbekannte Feiglinge mit zotigen Worten meine Ehre zu beschmutzen suchten. Ich ließ meine Telefonnummer ändern und verzichtete auf den Eintrag ins Telefonbuch, aber in kurzer Zeit hatten sie sie doch herausgefunden! — Die Gemeinde wurde erst dann von Unruhe erfaßt, wenn ein von den staatlichen Stellen Beauftragter erschien, um auszukundschaften, was unter uns getrieben wurde.

Obwohl solche Späher nicht nach Schwefel rochen — die versammelte Gemeinde merkte trotzdem, daß manchmal auch der Teufel zur Kirche geht!

Schließlich reichte die Gemeinde beim Rat für Kultusfragen in Moskau eine mit über 500 Unterschriften versehene Beschwerde über die Verfolgung einer (registrierten!) Gemeinde und die Schikanen gegen ihren vom Staat anerkannten Geistlichen ein. Daraufhin erschien aus Moskau ein Beamter, der diesem Vorwurf nachzugehen hatte. Er besprach die Lage der Gemeinde mit den Kirchenräten, den deutschen Funktionären des Atheistenbundes, die sich durch ihre Feindseligkeit besonders hervorgetan hatten, und mit mir. Sicherlich wird er auch eine Besprechung mit den örtlichen Staats- und Parteiorganen gehabt haben, denn nach seiner Abreise wurde die Hetze eingestellt. Ich bin davon überzeugt. unserer Gemeinde kam dabei zugute, daß man in Deutschland und in der Ökumene von ihrer Existenz wußte und daß die Sowjetregierung den Schein der Religions- und Gewissensfreiheit wahren wollte.

Weihnacht in Zelinograd

Die Zeit der Bedrückung war für uns, trotz allen Leides, das sie uns brachte, ein großer innerer Gewinn. Sie hat die Gemeinde in Zelinograd wie auch die christlichen Gemeinden im Lande umher, die von unserem Schicksal ja aus den Zeitungen wußten und selbst vieles zu ertragen hatten, im

226

Glauben gestärkt und zu freudigem Bekenntnis ermutigt. Unter den Lasten und Leiden lernten lernten Hirt und Herde das Beten, und der Sturm wurde überstanden durch die Hilfe dessen, der auch der Herr über Wind und Meer, über Menschen und Mächte ist. Ohne Leiden würden wir viele Lieder in unserem Gesangbuch vermissen. In der schwersten Zeit der Verfolgung verfaßte ich während der Predigtvorbereitung zu dem Evangelium „Der Hauptmann von Kapernaum" in Gedichtform das folgende Gebet, das am Sonntag im Gottesdienst nach der Predigt verlesen bzw. gebetet wurde:

Sprich nur ein Wort! Mein Heiland, hör mein Flehen,
aus tiefstem Herzen steigt's zu Dir empor.
Sprich nur ein Wort! Laß Deine Hilf mich sehen,
ich bin wie ein vom Wind gebeugtes Rohr.
So bang das Herz, die Seele so verzaget,
von früh bis spät gehetzt, wie Wild gejaget;
Ich ruf' zu Dir, mein Schild und treuer Hort:
Sprich nur ein Wort!

Sprich nur ein Wort! Nicht Menschenhilfe wähl' ich,
ich leg' vertrauensvoll mich an Dein Herz!
In Dir geborgen werd' ich wieder fröhlich
und laß mich segnen auch von diesem Schmerz.
Ich harr' geduldig Deiner Heilandsstunde,
mein flehend' Auge hängt an Deinem Munde.
O hilf doch, Herr! Ich geh' nicht von Dir fort:
Sprich nur ein Wort!

Sprich nur ein Wort! Erbarm' Dich Deiner Knechte!
Du bist doch größer als die größte Not!
Sprich nur ein Wort! Wir harren Tage und Nächte
als Sterbende, vom Haß der Welt umloht.
So schweres Leid hat Hirt und Herd' getroffen,
halt' über unsrer Not den Himmel offen!
Wir flehen, Herr, an diesem heil'gen Ort:
Sprich nur ein Wort!

Daß in Zelinograd (damals hieß es noch Akmolinsk) eine deutsche evangelisch-lutherische Gemeinde mit einem Pastor bestehe, war bald im Lande bekannt geworden. Sie wurde zu einem Anziehungspunkt für viele evangelische Christen aus nah und fern. Viele, die zu den Gottesdiensten kamen, hatten einen Weg von tausend oder mehr Kilometern nicht gescheut, um nach vielen Jahren wieder einen geordneten evangelischen Gottesdienst zu erleben. Man verband diesen Gottesdienstbesuch wegen der hohen Kosten oft mit einem Besuch bei Verwandten, wohnen doch die Deutschen seit der Aussiedlung aus den Dörfern und Städten des europäischen Rußland weit verstreut über Sibirien und Mittelasien.

Schon in den ersten Monaten nach der Gemeindegründung erhielt ich aus den verschiedensten Gegenden Einladungen von evangelischen Gemeinden, sie gottesdienstlich zu betreuen, obwohl zu dieser Zeit noch keine einzige deutsche Gemeinde registriert war. Im Sommer 1956 entschloß ich mich, einer am Anfang des Jahres von einer im hohen Norden des Landes lebenden Gemeinde ausgesprochenen Einladung zu folgen. Ich sollte zu ihrer inneren Festigung beitragen, da sie durch Sekten bedrängt werde. Ich reiste um so lieber in die Komirepublik, als das Grab meines Vaters nur hundert Kilometer von jener Ortschaft, die ich besuchen sollte, entfernt lag.

Mit dem Flugzeug gelangten meine Frau und ich über Moskau nach Syktywkar, der Hauptstadt der Komirepublik, wohl 5000 Kilometer von Zelinograd entfernt. Von hier aus mußten wir noch eine kurze Strecke auf der Wytschegda zurücklegen, um jenes Dorf zu erreichen, das am Ufer des Flusses und am Rande der Taiga liegt. Seine Bewohner waren am Anfang des Zweiten Weltkrieges aus ihrer Heimat im Süden und Osten des europäischen Rußland bzw. (die aus der Ukraine in den Warthegau und nach Deutschland Umgesiedelten) nach Kriegsende hierher verschleppt worden.

Unter der Leitung eines kirchlich gesinnten Laien, Hermann Zielke, war hier eine zahlenmäßig starke evangelisch-lutherische Gemeinde entstanden, die sich reihum in den Häusern versammelte. Sogar ein Streichorchester war ins Leben gerufen worden, das sich oft am Gottesdienst beteiligte und ihn auch für die Jugend anziehend gestaltete.

Wir kamen an einem Freitag in der Siedlung an und fuhren sogleich mit einem Bus weiter in den Wald hinein, um zum Grabe meines Vaters zu gelangen. Nach wohl 75 Kilometern auf einem unglaublich holperigen Wege hatte der Bus sein Ziel erreicht, die letzten 25 Kilometer mußten wir zu Fuß zurücklegen. Zuerst nahm uns ein LKW mit einem völlig betrunkenen Fahrer auf, aber nach zehn Minuten stiegen wir lieber wieder aus. . . Zu Fuß ging es nun weiter zur Fähre über den Wytschegda. Der Weg führte durch endloses Waldgebiet. An einer Stelle lief uns ein Wolf über den Weg, der uns aber nicht weiter beachtete.

Nach einigen Irrwegen und Beschwerlichkeiten erreichten wir endlich die Gebäude des Invalidenheims und fanden noch einige Frauen, auch Verschleppte, mit denen meine Mutter, ehe sie ihre Angehörigen wiedergefunden hatte, zusammengelebt hatte. Sie hatte das Grab meines Vaters liebevoll gepflegt. So standen wir endlich am Grabe jenes Mannes, der vielen Menschen das letze christliche Geleit gegeben hatte und der selber ohne ein Wort zur letzten Ruhe gebettet worden war. Sein Grab war mit einem Holzkreuz geschmückt, und auf einem Blechstück hatte man mit Nägeln seinen Namen eingeschlagen.

Am Sonntagmorgen — nach einem wiederum überaus beschwerlichen Rückweg — feierten wir einen mehrstündigen Gottesdienst mit Taufe und Heiligem Abendmahl in einer überfüllten Wohnung. Den Leiter der Gemeinde segnete ich zum Prediger ein.

Nach einigen Hausbesuchen, um auch Kranken das Heilige Abendmahl zu reichen, mußten wir uns mit der Abreise beeilen, ehe es bei der örtlichen Obrigkeit ruchbar wurde, daß ein Pastor am Orte wäre und verbotene Zusammenkünfte (d. h. Gottesdienst!) hielt. Zwei Tage ging es nun stromaufwärts bis zur Eisenbahnstation Kotlas, wo wir einen weiteren Tag auf den Zug warten mußten, der uns nach Leningrad brachte. Erst hier konnten wir aufatmen und unsere Reise gefahrlos fortsetzen.

Allerdings gab es dann doch noch Schwierigkeiten. Auf der Heimreise war nämlich noch ein Zwischenaufenthalt in dem Uralstädtchen Nytwa und in einer tief im Walde gelegenen Siedlung geplant, wo Gemeinden auf mich warteten. Kaum in Nytwa angekommen, erlitt ich einen heftigen Grippeanfall, und erst nach zwei Tagen konnte ich mich mit einigen Männern aus der Gemeinde auf den Weg zu dem entfernteren Walddorf Dymnoje machen. Nach einer Eisenbahnfahrt stiegen wir auf einen Lastwagen um, dem die Aufbauten fehlten. Ich selber wurde in die Kabine gesetzt, meine Begleiter mußten sich irgendwie auf den Achsen und Holzteilen einrichten und sich so gut wie möglich festzuhalten suchen.

Nach unserer Ankunft hatte ich mich sofort bei dem örtlichen Parteifunktionär zu melden. Mein Betreuer, bei dem ich Gastfreundschaft genoß, begleitete mich auf diesem Wege, um mir, wenn es nötig wäre, Schützenhilfe zu leisten. Der ärmlich aussehende junge Mensch, der in dieser weltabgelegenen Siedlung das Regiment führte, fragte mich gleich, warum ich hierher gekommen sei. Ich erklärte ihm, was ich zu tun gedächte. Meinen Wirt jagte er im Laufe des Gesprächs, das recht hitzig wurde, hinaus. Sein Hauptproblem schien zu sein, daß ich durch mein Tun die Leute, „seine" Leute, von der Arbeit abhalten würde. Aber ich konnte ihn schließlich damit beruhigen, daß ja der Gottesdienst am Abend, also nach der Arbeit, stattfinden würde und daß seine Leute aus Dankbarkeit für die Erlaubnis zum Gottesdienst sicher noch fleißiger arbeiten würden.

Es war am Abend wiederum ein bewegender Gottesdienst, wir hielten Taufe, Abendmahl und Konfirmation, auch ließen sich mehrere Ehepaare trauen. Schon während des Gottesdienstes erlitt ich wieder einen Fieberanfall. Trotzdem mußte man mich, damit ich etwaigen Nachstellungen entging, um Mitternacht dick vermummt auf dem Soziussitz eines Motorrades zur Bahnstation bringen.

Es war fast wie ein Wunder, daß ich am Sonntag wieder im Besitz meiner Kräfte war und in Nytwa den Gottesdienst und die kirchlichen Amtshandlungen halten konnte. Wir waren in einem Haus am Rande der Stadt zusammengekommen; auf der saftig-grünen Wiese vor dem Hause lagerten sich bei strahlendem Sonnenschein, als alle kirchlichen Feiern gehalten waren, die Konfirmanden und andere Kirchgänger und sangen miteinander. Es war ein von Gott sichtbar gesegneter Feiertag!

Am Nachmittag gings wieder zum Bahnhof, und als der Bahnhofsvorsteher seinen Mittagsschlaf beendet hatte, dampfte der kleine Zug nach Perm auch richtig ab. Hier sollte in der zweiten Nachthälfte der Zug aus Moskau eintreffen. Während meine Frau vor dem Fahrkartenschalter Schlange stand, bewachte ich im Freien — es war eine warme Sommernacht — unser Gepäck. Von Müdigkeit überwältigt schlief ich ein und erwachte erst wieder, als meine Frau zurückkam und wir beide den Diebstahl eines Koffers feststellen mußten.

Natürlich meldeten wir den Vorfall bei der Bahnhofsmiliz; hätten wir geahnt, welche Folgen dies hatte, hätten wir es gewiß unterlassen. Zunächst aber machten sich zwei junge Milizionäre auf den Weg und der Dieb war mit seiner Beute auch bald gefaßt. Nur mußten wir — wegen der weiteren Untersuchung — jetzt unsere Weiterreise aufschieben.

Am nächsten Morgen wurden wir einem Verhör unterzogen, nicht von der Miliz, sondern von den Sicherheitsorganen. Aus dem Inhalt des Koffers

230

hatte man mühelos schließen können, welcher Tätigkeit ich auf meiner Reise nachgegangen war. Vom Diebstahl war kaum noch die Rede. Viel wesentlicher schien die Tatsache, daß ich „unbefugt" nicht registrierte Gemeinden geistlich bedient hatte. Meine kostbare Urkunde, der mir erst vor einem Monat nach zweijährigen Bemühungen ausgehändigte Registrierschein (als vom Staat anerkannter Geistlicher) wurde mir unter allerlei Drohungen abgenommen, und erst einen Monat später erhielt ich ihn in Zelinograd wieder.

Ich lernte nach dieser Reise auch die Grenzen kennen, die mir mein Gesundheitszustand auferlegte: meine Grippe kam wieder, und ich mußte einen Monat lang das Bett hüten; nur an den Sonntagen stand ich auf, um Gottesdienst zu halten.

Eine andere Erfahrung hatte sich übrigens ebenfalls auf dieser Reise bestätigt, nämlich das Wort des Herrn: „Wenn sie euch überantworten werden, so sorgt nicht, wie oder was ihr reden sollt; denn es soll euch zu der Stunde gegeben werden, was ihr reden sollt" (Matthäus 10,19).

Im August 1956, kurz vor der Ernte, unternahm ich eine weitere Reise, um eine 600 Kilometer entfernte Gemeinde zu besuchen. Nachdem ich am Sonntag den erbetenen Dienst getan hatte, fuhr ich, auf die Bitte von zwei Gemeindegliedern, am Nachmittag in ein 65 Kilometer entferntes Dorf, um am Abend auch hier Gottesdienst zu halten. Bei meiner Ankunft bemerkte ich zu meinem Leidwesen, daß der Gottesdienst im Zentrum des Ortes, in der Nähe des Hauses, in dem der Dorfrat untergebracht war, stattfinden sollte. Man hatte schon die Bänke zusammengetragen und ich konnte nichts mehr daran ändern. Vor dem Gottesdienst taufte ich die Kinder, damit die Mütter dann am Gottesdienst teilnehmen könnten.

Die Tauffeier war noch nicht zuende, als ich unter den Versammelten Unruhe bemerkte. Der Hausherr hatte vom Dorfrat die schriftliche Aufforderung erhalten, er solle mit mir in den Dorfrat zu kommen. Gutes war davon natürlich nicht zu erwarten.

Als wir dem Vorsitzenden des Dorfrates gegenüberstanden, fragte ich ihn gleich, ob er meine, daß ich die Menschen von der Arbeit abgehalten habe. Er erwiderte mir, dies sei nicht seine Befürchtung, aber der Parteifunktionär habe ihm mitgeteilt, daß man Bänke zusammentrage und daß ein Gottesdienst vorbereitet werde, nun wolle er der Sache auf den Grund gehen.

Offenbar wußte dieser gutmütige Ukrainer nicht sehr genau, wie unser seltsames Tun einzuschätzen war. Jedenfalls rief er in unserer Gegenwart im Rayonszentrum in Jessil an und erhielt von dort die Weisung, mich sofort dorthin bringen zu lassen. Ich war nun in seinen Händen und der Gottesdienst mußte abgesagt werden.

Im Rayonszentrum fanden wir als Wachhabenden einen jungen, nicht gerade nüchternen Kasachen vor. Er nahm mir den Paß ab und sperrte mich im Vorzimmer des Vorsitzenden ein. Dort verbrachte ich auf dem Fußboden die Nacht, ohne deshalb sonderlich an Schlaflosigkeit zu leiden.

Am Montagmorgen um neun Uhr erschien dann der Vorsitzende, den Staatsanwalt des Bezirks hatte er gleich mitgebracht. Während dieser kaum eine Frage stellte und sich sehr höflich verhielt, machte der Vorsitzende kein Hehl aus seiner feindseligen Stimmung. Obwohl der Gottesdienst für den Sonntagabend vorgesehen war und überdies auch gar nicht stattgefunden hatte, behauptete er steif und fest, ich hätte die Arbeit des Dorfes behindert. Die ganze Angelegenheit lief dann doch recht glimpflich ab. Für kurze Zeit wurde ich, während ein Telefongespräch mit dem Gebietsamt Zelinograd geführt wurde, auf den Flur gebeten, um dann mitgeteilt zu bekommen, daß das Gebietsamt wohl die Registrierung meiner Gemeinde verfügt hätte (was ich zu diesem Zeitpunkt noch nicht wußte), mir aber eine Tätigkeit außerhalb Zelinograds nicht erlaubt sei. Damit gab er mir meinen Paß zurück und entließ mich.

Bei einer anderen Gelegenheit handelte ich mit ausdrücklicher Genehmigung der Behörden. Ich folgte im Februar 1957 einer Einladung deutscher evangelischer Gemeinden in den Wäldern Udmurtiens, nordöstlich von Moskau, wo Rußlanddeutsche schwere Waldarbeit verrichten und Torf graben mußten, wobei sie den ganzen Tag im Wasser standen.

Sechs oder sieben Dörfer gab es hier, und jeden Tag hatte ich meines Amtes zu walten. Es waren auch dadurch besonders schöne und gesegnete Tage, daß ich von den Behörden keine Unannehmlichkeiten befürchten mußte. Außer den Gottesdiensten und Amtshandlungen fanden überall auch Gespräche mit den verantwortlichen Männers der Gemeinden statt. Ein besonderes Problem bildete das Thema „Kindertaufe", da es in den Dörfern auch Anhänger der Erwachsenentaufe gab, die ihre Meinung sehr kräftig kundtaten.

Auch für einen Besuch in Peterstal bei Petropawlowsk, ebenfalls etwa 600 Kilometer von Zelinograd entfernt, erhielt ich eine behördliche Erlaubnis, allerdings unter der Einschränkung, daß ich keinen gemeinsamen Gottesdienst abhalten, sondern nur die einzelnen Familien zu Hause besuchen dürfe.

Peterstal ist ein Dorf, das am Anfang unseres Jahrhunderts von deutschen Kolonisten gegründet wurde, die wegen Landmangels aus der Gegend bei Taganrog am Asowschen Meer ausgewandert waren und hier einigen Wohlstand erworben hatten. Treu hielten sie an den deutschen Sitten und Gebräuchen, die sie aus der Ukraine mitgebracht hatten fest.

Bei meiner Ankunft in Petropawlowsk mußte ich mit dem Leiter der Gemeinde zum Bevollmächtigten für Kirchenfragen im Gebietsamt kommen. Er belehrte uns über das, was in Peterstal sein dürfe und was nicht sein dürfe. Vor allem sollte ich mich beim Dorfrat melden. In den Häusern durfte ich Andachten halten und Amtshandlungen vollziehen. Ich bat meinen Gesprächspartner, mir statt zwei Tage nur fünf Stunden Zeit zu geben; ich würde dann doch in einem Raum Gottesdienst halten und die Amtshandlungen vollziehen, um dann zu verschwinden und die Wahlen zum Obersten Sowjet nicht zu „gefährden". Aber er ging auf diesen Vorschlag nicht ein: mein Dienst sei einmalig gestattet worden, und zwar nur deshalb, um die guten Leistungen der Peterstaler Kolchose anzuerkennen.

So gingen wir denn in Peterstal mit einigen Gemeindegliedern von Haus zu Haus. Ich vollzog einzeln alle Amtshandlungen: Abendmahl, Konfirmation, Taufe, Trauung. Um nicht in alle Häuser einkehren zu müssen, fanden wir einen Ausweg: im Nebenzimmer versammelten sich die Abendmahlsgäste aus den Nachbarhäusern, die die Abendmahlsliturgie, Predigt und Beichte mithörten und dann als zweiter, dritter und vierter Tisch ins Andachtszimmer traten, um das Heilige Abendmahl zu empfangen, während die vom Tisch des Herrn Entlassenen ins Nebenzimmer gingen.

Zwei Tage währte dieser Dienst. Erschöpft und heiser, aber auch froh und dankbar, daß ich mit Gottes Hilfe diesen Dienst hatte ausrichten können, verabschiedete ich mich von den Gemeindegliedern, die nicht weniger dankbar waren, daß endlich einmal wieder ein Pastor zu ihnen gekommen war. Das letzte Mal war Bischof Theophil Meyer auf seiner Sibirienreise im Jahre 1927 bei ihnen eingekehrt!

Mit den Behörden gab es auf den Reisen sehr unterschiedliche Erfahrungen. Auf jeden Fall fielen den „Brüdern" solche auswärtigen Besuche gewöhnlich leichter, während der Besuch eines Pastors eigentlich immer Aufsehen erregte. Aber ich habe Dorfratsvorsitzende erlebt, die von meiner Anwesenheit absichtlich keine Notiz nahmen, obwohl ihre Ehefrau an Gottesdienst und Abendmahl teilnahm. Es gibt unter ihnen manch einen Nikodemus! Gelegentlich war es auch die übergeordnete Behörde, die sie zu schärfstem Vorgehen zwang, oder Parteimitglieder bzw. Spitzel forderten sie dazu auf. Auf jeden Fall war es in denjenigen Dörfern leichter, ungestört Gottesdienst zu feiern, in denen ein Russe als Dorfratsvorsitzender fungierte, als dort, wo es ein deutscher Kommunist war. In Sibirien brachte mich einmal der Vorsitzende selber in seinem Dienstwagen nach dem Gottesdienst in meine Unterkunft! Und in einem anderen Dorfe antwortete der Vorsitzende auf die Frage von Gemeindegliedern, ob der Pastor sie besuchen dürfe: „Ich weiß, daß euer Pastor schon mehrmals hier war. Ich habe Anweisung, kirchliche Aktivitäten nicht zuzulassen; ich muß das befolgen, wenn ich von Gegnern der Kirche dazu aufgefordert werde. Aber wenn das nicht der Fall ist, stelle ich mich blind und taub, denn ich weiß, daß die Gläubigen meine besten Arbeiter sind."

Als ich eines Tages vom Leiter einer Sekte angezeigt und deshalb zum Dorfrat zitiert wurde, fragte mich der vom Bezirksamt herbeigeeilte Beamte: „Sind Sie eingeladen worden, welche Dörfer haben Sie schon besucht und welche wollen Sie noch besuchen?" Ich bejahte die erste Frage und ich nannte ihm die Orte, die ich noch besuchen wollte. Er gab mir meinen Paß zurück mit den Worten: „Fahren Sie in diese Ortschaften!"

Ein andermal sollte ich in einer kleinen Stadt Gottesdienst und Konfirmation halten. Ich hatte dies dort schon öfter getan, aber diesmal entschlossen wir uns, vorher die behördliche Erlaubnis einzuholen. Das war jedoch ein Fehler. Es fand sich keim Beamter, der die Verantwortung für eine Genehmigung auf sich genommen hätte, und unverrichteterdinge mußte ich die Stadt wieder verlassen.

Bis 1959 besuchte ich, trotz des Verbotes, auswärtige Gemeinden. Da man mir aber drohte, die Gemeinde in Zelinograd zu liquidieren, wenn ich meine auswärtigen Besuche nicht einstellte, war ich fortan gezwungen, mich meiner Zelinograder Gemeinde zu widmen und nur noch selten auf Reisen zu gehen.

Wieder eine Brüderkonferenz!

Zum Reformationsfest 1956 lud ich die „Brüder", die meist auch die verantwortlichen Männer in den Gemeinden sind, zu einer sogenannten „Brüderkonferenz", wie sie in den früheren Zeiten üblich waren, nach Zelinograd ein. Wohl war unsere Gemeinde noch nicht staatlich registriert, aber es war ja doch weit und breit bekannt geworden, daß diese Gemeinde von einem Pastor betreut wurde und daß sie sich in ihren Gottesdiensten an die frühere, aus der alten Heimat in der Ukraine, an der Wolga oder im Kaukasus wohlbekannte und liebgewordene lutherische Ordnung hielt.

Die Brüder, oft auch „Betbrüder" genannt, deren Gemeinschaftsleben das Bild der evangelisch-lutherischen Gemeinden schon immer sehr stark mitgeprägt hatte, sind nach dem Zweiten Weltkrieg an vielen Stellen zu einem bestimmenden Element in den wieder zusammenfindenden Gemeinden geworden. Sie waren diejenigen, deren oft gründliche Bibelkenntnis und deren reiches Gebetsleben das nötige Rüstzeug darstellte, um die Verantwortung für die Feier des Gottesdienstes und die Leitung der Gemeinde zu übernehmen. Ihre Predigen tragen stets einen erwecklichen Akzent, sie wollen nicht bei einer streng objektiven (und oft ja auch blutleeren!) Auslegung des Textes verharren, sondern das Herz des Hörers erreichen.

Gewiß gibt es auch unter den Brüdern eine Richtung, die dem Werden der Kirche nicht förderlich ist. Wo der Mensch — und sei es auch der glaubende Mensch — allzusehr in den Mittelpunkt gerät, da gibt es die Gefahr der Konkurrenz, der Unzufriedenheit mit den Verantwortlichen, der Spaltungen. Auch ist an manchen Stellen eine durchaus gegen das kirchliche Amt und gegen alle Kirchenordnung gerichtete Einstellung zu spüren.

Um so wichtiger war mir die Einladung zu dieser Brüderkonferenz. Man mußte es wagen zusammenzukommen, um einander in der Gemeinschaft des Glaubens zu stärken und miteinander den gemeinsamen Weg zu besprechen.

Schon am Samstag erschienen in hoher Zahl die Brüder und Vertreter vieler Gemeinden. Am Vormittag wurden sie begrüßt und registriert; am Nachmittag fand die erste, vorwiegend beratende Zusammenkunft im Bethause statt. Die Vertreter berichteten über die Lage in ihren Gemeinden, man sprach über die gottesdienstliche Ordnung, und es stellte sich heraus, daß man vielerorts nach der „Agende für die evangelisch-lutherischen Gemeinden im Russischen Reich" verfuhr, und zwar in der Form der Lesegottesdienste, wie sie von den Küstern abgehalten wurden. Auch wurde der Verlauf der Brüderkonferenz festgelegt, und zwei Brüder wurden zu den Leitern der bevorstehenden Gebetsversammlungen gewählt.

Am Abend fand die erste Gebetsversammlung statt. Unser neues Bethaus, das — die Stehplätze mitgerechnet — wohl 600 Menschen faßte, war überfüllt. Einige Brüder sprachen „über das Wort", und die Zeit für das freie Gebet wurde von vielen in Anspruch genommen.

Bereits am frühen Sonntagmorgen, um sechs Uhr, fand wieder eine Morgenandacht statt, und wiederum war sie gut besucht. Es war noch immer dunkel, als ein Auto in den noch nicht eingefriedeten Hof einfuhr. Ein damals noch sehr ungewöhnliches Ereignis, zumal zu so früher Stun-

Überall wichtiges Element des Gemeindelebens: der Kirchenchor.
Rechts der Nachfolger Eugen Bachmanns, Pastor Reinhold Müller.

de. Der Fahrer setzte sich still auf die letzte Kirchenbank, die gewöhnlich unbesetzt blieb. Es war klar, daß man sich beim Geheimdienst ein Bild über unsere Aktivitäten verschaffen wollte. Aber der ungebetene Gast verließ uns bereits nach fünf Minuten wieder, und die Konferenz wurde in ihrem Verlauf nicht gestört.

Um zehn Uhr begann der Sonntagsgottesdienst. An der Abendmahlsfeier nahmen einige hundert Menschen teil. Zum Schluß wurde der in Karaganda tätige Bruder Friedrich Schäfer von mir zum Prediger der dortigen Gemeinde eingesegnet.

Am Nachmittag leitete ich eine Gebetsversammlung, und am Abend kamen wir noch einmal zusammen. Stets war der Betsaal überfüllt. Während die erste Zusammenkunft am Samstag mehr einer „Synode" glich, also beratenden Charakter hatte, waren die Gottesdienste und Zusammenkünfte des Sonntags mehr den Versammlungen ähnlich, wie man sie wohl früher in Deutschland bei den Kirchentagen erleben konnte.

Für die Zelinograder Gemeinde und für die vielen von nah und fern gekommenen Gäste waren die beiden Tage ein Fest von unvergeßlichem Eindruck, das uns in unserem evangelischen Glauben festigte und unter uns
den Sinn für christliche Gemeinschaft bestätigt hat. Man fühlte sich zur
Familie des Herrn verbunden.

Wir haben Brüder in der Welt

Eines Tages erhielt ich einen Besuch, der mich in all den folgenden Jahren
sehr ermutigt hat. Mein Besucher war ein junger — und wohl auch aben-
teuerlustiger — Pfarrer aus der DDR. Als Tourist war er in die Sowjetunion gekommen, und obwohl er keine Erlaubnis dazu hatte, war es sein
fester Plan, unsere Gemeinde in Zelinograd zu besuchen. Nach der ihm vorgesehenen Reiseroute sollte er auf dem Bahnhof in Petropawlowsk um-
steigen; er tat dies auch, aber er fuhr nicht nach Moskau, sondern nach Süden, und dies, obwohl ihn die Bahnhofsmiliz, der jeder Ausländer verdächtig
erscheint, einem Verhör unterzogen hatte und auf dem Bahnhof darüber
wachte, daß er den richtigen Zug bestieg. Ein unbewachter Augenblick
genügte, um trotzdem nach Zelinograd zu fahren!

In Zelinograd fragte sich unser Besucher zum deutschen Bethaus durch
und kehrte im Pastorat ein. Mit Freude nahmen wir die Bücher und Katechismen entgegen, die er uns mitgebracht hatte. Von unserem Gottesdienst,
der vollen Kirche und dem kräftigen Gemeindegesang zeigte er sich beeindruckt: dies wollte er seiner Gemeinde und anderen Gemeinden berichten.
Umgekehrt hörten auch wir geradezu begierig auf das, was er uns über das
kirchliche Leben in der DDR zu erzählen hatte.

Für mich war dieser Besuch — der einzige eines Pfarrers aus dem Westen — eine große Stärkung. Ich erfuhr durch diesen persönlichen Kontakt,
daß man uns evangelische Christen in der Sowjetunion in unserer Bedräng-
nis nicht vergessen hatte, gerade nicht im Lande der Reformation, gerade
nicht in der DDR, wo man unsere Lage aufgrund der politischen Situation
besonders gur einzuschätzen wußte.

Ähnliches läßt sich über die große Gemeinschaft der lutherischen Gemeinden in der Welt, den Lutherischen Weltbund sagen. Bald nach Gründung der Gemeinde Zelinograd gelang es mir, den Kontakt zum Weltbund
aufzunehmen, von dessen Existenz nur einzelne Glaubensgenossen in der
Sowjetunion etwas wußten. Und ohne Zweifel hat diese Verbindung den

Bestand unserer Gemeinde in hohem Maße gesichert, war doch dadurch außerhalb der Grenzen der Sowjetunion ein offizieller Partner da, der auf diplomatischer Ebene ernstzunehmende Möglichkeiten besaß.

Als im Sommer 1966 eine Delegation des Lutherischen Weltbundes unter Leitung des Generalsekretärs André Appel Moskau besuchen sollte,. riet mir der damalige lutherische Erzbischof in Riga, D. Turs, beim „Rat für kirchliche Angelegenheiten beim Ministerrat der UdSSR" die Bitte vorzutragen, der Delegation ein Besuch in Zelinograd zu erlauben. Ich folgte diesem Rat und mir wurde die Antwort zuteil, daß die Genehmigung erteilt werde, falls der Wunsch seitens der Besucher geäußert würde.

Vom Eintreffen der Delegation erfuhr ich aus der Zeitung „Iswestija", dem einzigen Presseorgan, das gelegentlich − in Kleinschrift auf der letzten Seite − über wichtige kirchliche Ereignisse berichtet. Es schien auch zunächst so, als würde ihr die Reise zu uns ermöglicht werden. Jedenfalls holte uns, welch eine Ehre, in den Tagen darauf ein Vertreter des Zelinograder Stadtrats im Auto ab, und meine Frau und ich wurden im Rathaus dem stellvertretenden Vorsitzenden des Stadtrates vorgestellt. Man habe ihm, so sagte er uns, telefonisch aus Alma-Ata mitgeteilt, daß eine Delegation nach Zelinograd kommen werde, um unsere Gemeinde zu besuchen. Dies geschehe sehr zur Freude der offiziellen Stellen und man wolle uns bei den Vorbereitungen zum Empfang der hohen Gäste aus dem Ausland und während ihres Aufenthaltes in der Stadt in jeder Weise unterstützen. Hotelzimmer, Autos, Nahrungsmittel würden zur Verfügung stehen. Auch sollte ich einige deutsche Familien mit gewissem Wohlstand aussuchen, denen die Delegation Besuche abstatten könnte. Desgleichen möchten sich die Leiter der Gemeinden in einigen nahegelegenen Dörfern für einen Besuch der Delegation bereithalten.

Ich bemerkte dazu, daß die Gläubigen in einem Dorf auch einen Gottesdienst mit Teilnahme der Gäste erwarteten. Auch dies wurde zugesagt, obwohl doch diese Gemeinden nicht registriert waren, und oft genug hatte man sie auseinandergejagt! Nun wurde eine Ausnahme gemacht.

Mit einem Vertreter der Stadtverwaltung fuhren wir alsbald im Wagen des Vorsitzenden (ich, der sonst geächtete „Pfaffe"!) in die Dörfer, um den Boden für den unerwarteten Besuch zu bereiten. Für die eigene Gemeinde planten wir den Aufbau eines Zeltes, weil unser Bethaus bei solcher Gelegenheit die Gottesdienstbesucher mit Sicherheit nicht hätte aufnehmen können. Wir fanden auch die Familien, die zur Aufnahme der Gäste ihre Wohnungen festlich gestalteten.

Aber unsere großen Erwartungen sollten sich dann doch nicht erfüllen. Offensichtlich hatte die Ortsbehörde gegen den geplanten Besuch erfolgreich Widerstand geleistet. Vielleicht befürchtete man zuviel Aufsehen. Zur Entgegennahme des Bescheides wurde ich in das Gebietsamt geladen, wo mir durch eine Kasachin, deren Feindseligkeit ich schon öfter zu spüren bekommen hatte, in einer kurzen, offensichtlich eingeübten und mit geradezu metallischer Stimme vorgetragenen Rede „im Namen der Obrigkeit" mitgeteilt wurde, daß der Besuch einer Delegation des Lutherischen Weltbundes unerwünscht sei und darum nicht stattfinden werde. Die Delegation sei gegenwärtig auf einer Reise durch die baltischen Republiken und ich solle keinerlei Versuch unternehmen, zu ihr Kontakt aufzunehmen.

Unsere Enttäuschung war groß, und sie war, wie ich heute weiß, auf seiten der Brüder aus Genf ebenso groß. Vor ihrer Abreise aus Moskau drückte die Delegation ihr großes Bedauern über das Scheitern des Besuchs bei uns in einem offiziellen Schreiben aus.

Um so größer die Freude, davon zu hören, daß es über ein Jahrzehnt später, im Oktober 1976, dem Europasekretär des Lutherischen Weltbundes, dem dänischen Pastor D. Paul Hansen, der auch ein Mitglied jener Delegation war, gelungen ist, einen Besuch bei den Gemeinden in Zelinograd und Alma-Ata zu machen. In den Jahren danach sind er und sein Nachfolger Dr. Sam Dahlgren noch öfter zu solchen Besuchsreisen in die Sowjetunion aufgebrochen. Einiges ist darüber an anderer Stelle dieses Buches berichtet.

Ausblick

Möglicherweise ist die Erlaubnis zu diesen zuletzt erwähnten Besuchen auch das Zeichen dafür, daß andere Türen sich zu öffnen beginnen. Jahrelang konnten wir trotz immer wieder vorgetragener Bitten nicht mit Literatur versorgt werden. Noch immer werden dringend Bibeln und biblische Geschichtenbücher, Gesangbücher, Predigtsammlungen, Andachts- und Losungsbücher, Agenden für die Gottesdienste und Amtshandlungen, insbesondere für das Begräbnis, theologische und geistliche Arbeitsbücher für die Gemeindeleiter benötigt. Ob möglicherweise eines Tages doch die offizielle Erlaubnis der Sowjetregierung zur Einfuhr solcher Bücher zu erlangen ist? Mit der Erlaubnis an den Lutherischen Weltbund, einige tausend Bibeln an die Gemeinden verteilen zu dürfen, ist ein — bescheidener — Anfang gemacht worden.

Eine Kirchenleitung haben die deutschen Gemeinden in Sibirien und Mittelasien bisher nicht bilden dürfen. Überhaupt fehlt ihnen, was allen anderen Denominationen gewährt ist: eine über die einzelnen Gemeinden hinausgehende kirchliche Ordnung. Ob die Bildung eines Referates für die sowjetdeutschen Gemeinden bei der lettischen Kirchenleitung in Riga und die Ernennung von Pastor Harald Kalnins zum Superintendenten dieser Gemeinden ein erster Schritt auf dem Weg ist? Aber jeder, der die geographischen Gegebenheiten und das kirchliche Leben kennt, weiß, daß das Zentrum der deutschen evangelisch-lutherischen Gemeinden in der Sowjetunion woanders liegt und daß zu ihrem Zusammenwachsen zu einer Kirche auch eine Kirchenleitung, die in der Nähe ist, gehören würde, und Synoden und Kirchenbezirke.

Und dann die Frage des theologischen Nachwuchses. Von den Absolventen des Leningrader Predigerseminars sind nach dem Kriege und der Entlassung aus der Internierung, wenn man von Johannes Schilling absieht, der sich einer Sekte anschloß, überhaupt nur drei in ihrem alten Amte aktiv geworden: der 1972 in Moskau verstorbene Arthur Pfeiffer, Johannes Schlundt, der 1973 in die Bundesrepublik übergesiedelt ist, und ich. So war denn die Frage brennend, wie das kirchliche Amt geordnet werden solle, wenn, was abzusehen war, die Pastoren nicht mehr tätig sein könnten. Natürlich haben viele Gemeinden das Problem in eigener Verantwortung gelöst. Mehrmals wurde ich gebeten, einen Prediger durch die Einsegnung in seinem Amt zu bestätigen. Wohl zehn Laienprediger haben Arthur Pfeiffer und ich im Laufe der Jahre eingesegnet. Der letzte war mein Gehilfe Reinhold Müller, ein früherer Lehrer, der mich in langen Jahren stets, wenn ich krank oder abwesend war, durch Lesegottesdienste vertreten hat. Ich habe ihn am 12. März 1972, dem Lätaresonntag, in meinem Abschiedsgottesdienst zum Pastor ordiniert mit dem Recht, alle Amtshandlungen zu vollziehen und die Sakramente zu verwalten. Woanders haben die Gemeinden selber einem oder mehreren Brüdern die Verantwortung für Wort und Sakrament übertragen.

Aber was ist, wenn die erste Generation der Prediger von einer nächsten abgelöst werden muß? Wird nicht, wenn weiterhin eine gründliche theologische Ausbildung unmöglich ist, die evangelisch-lutherische Kirche deutscher Zunge unmerklich in Irrlehren und Sektierertum verfallen? Die Anzeichen solcher Gefahr ließen sich heute schon deutlich machen. Ob auch in dieser Frage ein Entgegenkommen der Regierungsstellen sich abzeichnet?

Seit 1972 kann ich die Entwicklungen nur noch als innerlich beteiligter und fürbittender Beobachter verfolgen. Mit 68 Jahren mußte ich das Amt in Zelinograd aufgeben. Mein langjähriger Freund Heinrich Roemmich — wir stammen aus dem gleichen Dorfe und ich habe ihn noch als Predigtamtskandidaten auf der Kanzel stehen sehen —, das Deutsche Rote Kreuz

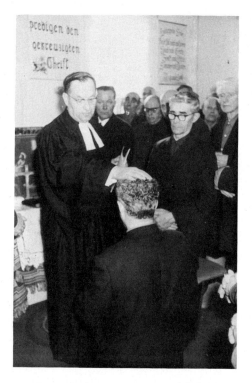

Die Kette der Zeugen setzt sich fort.
Pastor Reinhold Müller, Zelinograd,
segnet in Omsk einen Prediger ein.

und das Kirchliche Außenamt der Evangelischen Kirche in Deutschland ermöglichten meiner Frau und mir die Übersiedlung in die Bundesrepublik. Die jahrelangen Entbehrungen, die nervlichen Belastungen und die körperlichen Strapazen gerade auch der innerlich so erfüllten Jahre seit 1955 hatten meiner Gesundheit viel abverlangt. Schon 1965 hatte ich mich einer schweren Nierenoperation unterziehen müssen, 1967 erlitt ich einen schwe-

241

ren Herzinfarkt, an dessen Folgen ich bis heute trage. 1968 wurde ich von einem Gehirnschlag betroffen, der mich an den Rande des Grabes brachte. 1970 erlitt ich einen Glaukomaanfall des rechten Auges, zwanzig Minuten vor Beginn des Gottesdienstes, und nach einer Operation erblindete das Auge.

Aber immer wieder hat mich mein Herr aus lauter Gnade auf die Füße gestellt. Und mit dankbarem Staunen denke ich daran, daß mir von Sonntag zu Sonntag die geistige und leibliche Kraft geschenkt wurde, meine pastoralen Pflichten zu erfüllen. Ein stückweit habe ich es in meinem eigenen Schicksal erfahren, daß auch die evangelisch-lutherische Kirche in der Sowjetunion unter der Verheißung steht: „... und die Pforten der Hölle sollen sie nicht überwältigen" (Matthäus 16,18).

In dir ist Freude

Morgen- und Abendgebete für jeden Tag des Jahres. Herausgegeben von Konrad Rauh. 400 Seiten. Gebd. 20,– DM – Jedem der rund siebenhundertfünfzig Gebete dieses Buches, von fünfzig Mitarbeitern verfaßt, liegt ein Bibeltext zugrunde. Diese Gebete sind nach dem Kalenderjahr geordnet, damit der einzelne Tag leichter gefunden werden kann, wobei jeder Tag eine Seite mit je einem Morgen- und Abendgebet umfaßt. Die Schrift ist gut lesbar, und die Verwendung eines dünnen Papiers ergab trotz der vierhundert Seiten ein handliches Buch. Es ist geeignet für jeden, der für sein tägliches Gebet Anregung und Hilfe sucht, sowie für Gruppen und Gemeindekreise.

Starks Gebetbuch

Bearbeitet von Karl Lotter. 380 Seiten. Gebd. 15,– DM – Das seit mehr als zweihundert Jahren im In- und Ausland bekannte »Starkenbuch« findet auch in der Gegenwart reges Interesse. Es dient nicht nur den Betern, in deren Familien dieses Gebetbuch schon seit Generationen seinen Platz hat, sondern hilft auch denen, die es zum ersten Mal in die Hand bekommen, bei ihrem Gespräch mit Gott.

Freimund-Verlag · 8806 Neuendettelsau

Was ist und was tut der Martin Luther-Bund?

1. Er hilft gezielt und unbürokratisch.

Viele evangelisch-lutherische Christen und Gemeinden müssen in einer ihnen fremden Umwelt leben. In der Minderheit zu leben bedeutet oft materielle Sorge und geistliche Vereinsamung. Der Martin Luther-Bund möchte hier helfen. Er hat viele Verbindungen, nach Westeuropa ebenso wie in die Länder Osteuropas, aber auch zu den anderen Kontinenten, besonders nach Lateinamerika. Zu einzelnen Gemeindegliedern, zu Pfarrern und kirchlichen Mitarbeitern, zu Kirchenleitungen.
Es gibt viele kirchliche Hilfsprogramme, die auf lange Sicht angelegt sind und in großen, durchgeplanten Aktionen durchgeführt werden. Der Martin Luther-Bund will sie ergänzen. Er hat die Chance, schnell, unbürokratisch und persönlich helfend einzugreifen.

2. Er will beitragen zum Bau und zum Zusammenhalt der evangelisch-lutherischen Kirche.

Es gibt viele Rezepte für die Erneuerung der Kirche. Die im Martin Luther-Bund zusammengeschlossenen Christen sind der Überzeugung, daß die Kirche dort lebendig ist, wo das Wort Gottes lebendig ist und wo das Sakrament die Gemeinschaft begründet. Sie möchten dieser Erfahrung in den Kirchen und Gemeinden wieder Raum geben. Der Martin Luther-Bund betrachtet das lutherische Erbe, die Gewißheit, daß Gottes Gnade allein die Welt und den Menschen erneuert, als notwendigen und weiterführenden Beitrag im ökumenischen Dialog. Er will diesen Dialog führen — nicht in Ängstlichkeit und Enge, sondern offen und freundschaftlich — auch mit denen, die anders denken.

3. Er stützt sich auf die Basis der Gemeinde.

Der Martin Luther-Bund ist ein freies Werk der Kirche. Er kann mit dem Kreis seiner Freunde und Mitglieder, mit Pfarrern und ihren Gemeinden rechnen. Viele ehrenamtliche Mitarbeiter ermöglichen es, den Verwaltungsapparat klein zu halten. Instrumentarium und Organisation werden nicht überbewertet. Wichtig ist der Kontakt unter den Freunden, die sich miteinander für die gleiche Aufgabe engagiert haben. Sie zu einer brüderlichen Dienstgemeinschaft zusammenzuschließen, ist eines der Ziele des Martin Luther-Bundes.

4. Er nimmt sich besonders junger Menschen an, die sich für den Dienst in der Kirche entschieden haben.

Der Martin Luther-Bund vertritt die Auffassung, daß es nicht genügen darf, Gebäude, Kirchen, Gemeindezentren und Pfarrhäuser zu bauen. Mindestens genauso wichtig ist es, für die Menschen zu sorgen, die in diesen Häusern leben und arbeiten können. Deshalb unterhält er in der Universitätsstadt Erlangen eine Begegnungsstätte, in der Studenten, Pfarrer und kirchliche Mitarbeiter miteinander leben, um sich für ihren Dienst in der Kirche vorzubereiten oder fortzubilden. Das Sendschriften-Hilfswerk in Berlin versorgt Theologen und Gemeindeglieder in aller Welt mit theologischer oder geistlicher Literatur sowie mit Arbeitsmitteln für die Gemeindearbeit. Bibeln versendet die Bibelmission des Martin Luther-Bundes in Württemberg. Und für junge Menschen, die als Pfarrer oder Lehrer in einer der abgelegenen Gemeinden in Brasilien arbeiten wollen, gibt es ein spezielles Stipendienprogramm.

5. Er vertritt keinen Vereins-Egoismus, sondern arbeitet mit vielen Partnern zusammen.

Der Martin Luther-Bund ist als Werk der Vereinigten Evangelisch-Lutherischen Kirche Deutschlands anerkannt. Mit dem Lutherischen Weltbund ist er in stetem Kontakt. Mit dem Gustav-Adolf-Werk wird manches Projekt gemeinsam betreut, andere Hilfe wird in gegenseitiger Absprache geleistet. Zu vielen anderen Organisationen bestehen ebenfalls freundschaftliche Kontakte. Konkurrenzdenken schaltet sich hier aus, weil für alle Aktivitäten noch genügend unbearbeitetes Brachland in der Diaspora, ob in Ungarn oder Westeuropa oder Brasilien, auf Arbeit wartet.
Gern würden wir Sie zum Kreis unserer Freunde zählen. (Eine rechtliche Verpflichtung entsteht dadurch nicht. Oder nur dann, wenn Sie sich direkt an der Verantwortung beteiligen und Mitglied werden möchten.) Wenn Sie die fünf Antworten kritisch geprüft haben und mit uns überzeugt sind, daß unsere Freunde in Paris, Ungarn oder Brasilien auf unsere Antwort und auf unsere praktische Hilfe warten, lassen Sie uns kurz wissen, daß wir Sie zum Freundeskreis zählen sollen. Wir senden Ihnen dann auch Informationsmaterial zu.

Martin Luther-Bund · Fahrstraße 15 · 8520 Erlangen

ASSR Oss = Nordossetische ASSR
ASSR Kabardino-Balkaren
In der Zerstreuung lebende Rußlanddeutsche
[ ] Wieviel Prozent geben Deutsch als ihre Muttersprache an